E. A. WALLIS BUDGE

◆

O LIVRO DOS MORTOS
DO ANTIGO
EGITO

The Book of the Dead – The papyrus of Ani in the British Museum (1895)

© 2024 by Book One
Todos os direitos de tradução reservados e protegidos pela Lei 9.610 de 19/02/1998. Nenhuma parte desta publicação, sem autorização prévia por escrito da editora, poderá ser reproduzida ou transmitida sejam quais forem os meios empregados: eletrônicos, mecânicos, fotográficos, gravação ou quaisquer outros.

Coordenadora editorial	*Francine C. Silva*
Tradução	*Lina Machado*
Preparação	*Juliana Roeder*
Revisão	*Isabella C. S. Santucci*
	Rafael Bisoffi
Ilustração e capa	*Marcela Lois*
Projeto gráfico e diagramação	*Renato Klisman • @rkeditorial*

Dados Internacionais de Catalogação na Publicação (CIP)
Angélica Ilacqua CRB-8/7057

W937L   Budge, E. A. Wills
        O livro dos mortos do antigo Egito / E. A. Wallis Budge ; tradução de Lina Machado. –– São Paulo : Excelsior, 2024.
        272 p.

        Bibliografia
        ISBN 978-65-80448-84-5
        Título original: *The Book of the Dead – The papyrus of Ani in the British Museum*

        1. Livro dos mortos 2. Mitologia egípcia I. Título II. Machado, Lina

23-5641   CDD 299.3113

SIGA NAS REDES SOCIAIS:

@EDITORAEXCELSIOR
@EDITORAEXCELSIOR
@EDEXCELSIOR
@EDITORAEXCELSIOR

EDITORAEXCELSIOR.COM.BR

E. A. WALLIS BUDGE

O LIVRO DOS MORTOS DO ANTIGO EGITO

São Paulo
2024

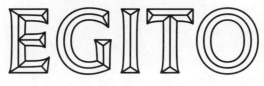
BOOK ONE

SUMÁRIO

APRESENTAÇÃO...7

PREFÁCIO..11

INTRODUÇÃO...13

AS VERSÕES DO *LIVRO DOS MORTOS*..13

A LENDA DE OSÍRIS...36

A DOUTRINA DA VIDA ETERNA...43

A DOUTRINA DA VIDA ETERNA NA 18ª DINASTIA.....................................45

AS IDEIAS DE DEUS DOS EGÍPCIOS..66

A LENDA DE RÁ E ÍSIS..73

A MORADA DOS BEM-AVENTURADOS..85

OS DEUSES DO *LIVRO DOS MORTOS*...90

OS PRINCIPAIS LOCAIS GEOGRÁFICOS
E MITOLÓGICOS NO *LIVRO DOS MORTOS*...114

CERIMÔNIAS FÚNEBRES...119

O PAPIRO DE ANI..124

    PRANCHA 1...129

    PRANCHA 2...138

    PRANCHA 3...141

    PRANCHA 4...144

    PRANCHAS 5 E 6..149

    PRANCHAS 7 A 10...162

    PRANCHAS 11 E 12..177

PRANCHA 13..188

PRANCHA 14..190

PRANCHA 15..192

PRANCHA 16..199

PRANCHA 17..204

PRANCHA 18..208

PRANCHA 19..211

PRANCHA 20..214

PRANCHA 21..216

PRANCHA 22..219

PRANCHAS 23 E 24...221

PRANCHA 25..223

PRANCHA 26..226

PRANCHA 27..229

PRANCHA 28..234

PRANCHAS 29 E 30...237

PRANCHAS 31 E 32...243

PRANCHA 32..246

PRANCHA 32 (CONTINUA)...252

PRANCHA 33..257

PRANCHAS 33 E 34...260

PRANCHAS 35 E 36...266

PRANCHA 37..269

BIBLIOGRAFIA..271

APRESENTAÇÃO

O que você tem em mãos não é uma simples edição de *O livro dos mortos do antigo Egito* – se é possível haver uma –, mas um trabalho de erudição do renomado estudioso britânico E. A. Wallis Budge, que exerceu uma longa carreira no Museu Britânico, da segunda metade do século XIX à primeira do século XX.

Ao adentrar esta obra, você precisa ter em mente três fatos que, a princípio, poderiam ser óbvios, mas que, por uma série de circunstâncias que não convém enumerar, são obscurecidos diante do público leigo a respeito da história do antigo Egito.

O primeiro fato se refere à palavra "livro", que utilizamos tão livremente para designar esta obra. Sabemos que os antigos egípcios haviam desenvolvido uma sofisticada arte de criar papel a partir do papiro, sobre o qual escreviam seus textos. Contudo, essas obras não se assemelhavam nem remotamente com nossos livros contemporâneos, no formato de códice, sobretudo em sua forma impressa, que apenas surgiu no século XV d.C., com Gutenberg, muito posteriormente à queda da grande civilização egípcia.

O *"Livro" dos mortos*, por sua vez, era um texto ritualístico, depositado na tumba dos falecidos, com uma série de instruções e encantamentos destinados a auxiliar o morto em sua jornada para o além-túmulo. Em suas formas mais tardias, ele era um compilado de textos encantatórios e religiosos que já apareciam em formas iniciais nas paredes das pirâmides e tumbas mais antigas.

Não se trata, portanto, de um texto cuidadosamente compilado e editado a fim de apresentar-se de forma coesa para o divertimento ou ilustração das pessoas *vivas*, como nossos livros contemporâneos. Trata-se, antes, de quase uma miscelânea de textos religiosos utilizados em um contexto ritualístico muito específico, produzido sempre a mão pelos escribas, uma casta de profissionais e religiosos advindos de uma parcela específica da sociedade egípcia.

Falamos de uma sociedade, portanto, em que a escrita e a leitura não eram habilidades democratizadas, mas restritas, como função profissional, e ligadas a um fazer quase artesanal dos manuscritos. Budge menciona, em vários momentos, as dificuldades que isso cria para o estudioso: caligrafia variante, inaptidão do escriba ao produzir certo papiro etc.

Um segundo fato que você deve ter em mente é que, em geral, somos levados a formar uma concepção monolítica da sociedade egípcia antiga. É certamente notável que vários aspectos da cultura, da arte e da religião egípcia se mantiveram estáveis ao longo de três milênios. Contudo, não é plausível imaginar que esses mesmos aspectos passaram, por todo este período, sem nenhum tipo de alteração ou variação.

A própria escrita no Egito antigo apresentava variantes. Além dos hieróglifos em si, mais empregados em monumentos e textos religiosos, utilizava-se a escrita hierática (uma versão "simplificada" dos hieróglifos), a escrita demótica (uma versão ainda mais simplificada, que surgiu tardiamente), e, por fim, o alfabeto copta, desenvolvido a partir da escrita grega para registrar o copta, a língua que se desenvolve, em comunidades cristãs, a partir da língua egípcia antiga, após o desaparecimento da religião pagã, nos primeiros séculos da Era Cristã.

O Egito antigo foi regido por diversas dinastias de origens variadas dentro do próprio território, e por uma série de regimes de dominação estrangeira, submetendo-se, em intervalos ao longo de sua vasta história, a poderosos advindos das mais diversas regiões e culturas, e falantes das mais diversas línguas: núbios, assírios, persas, macedônios, romanos.

Isso implica, necessariamente, inúmeras variações, ainda que muito se mantivesse semelhante; sobretudo quando tratamos de um texto que era copiado a mão e produzido artesanalmente por centenas de milhares de pessoas ao longo de três mil anos. Budge também faz um excelente trabalho ao tratar dessas variações, mostrando que elas poderiam até mesmo se associar com contextos políticos específicos, quando, por exemplo, uma facção específica tinha preferência por um certo deus.

O terceiro fato é que a escrita egípcia antiga, o sistema dos hieróglifos e suas versões simplificadas, havia se tornado indecifrável nos primeiros séculos da Era Cristã. O conhecimento para sua interpretação foi lentamente se perdendo junto com a queda do antigo paganismo egípcio, que estava lentamente sendo suplantado pelo cristianismo.

Ao contrário das línguas latina e grega antigas, que continuaram a ser lidas e estudadas por muito tempo, ininterruptamente, após a queda das civilizações que lhes conferiram importância, a língua egípcia caiu em esquecimento, e os hieróglifos tornaram-se um grande mistério que, por muito tempo, apenas podia fascinar exploradores diante da sua inescrutabilidade.

Isso só começaria a mudar mais de um milênio e meio depois, quando a expedição napoleônica ao Egito, em 1799, encontrou a famosa Pedra de Rosetta, a qual continha inscrições em hieróglifos, demótico e grego antigo. A descoberta permitiu que estudiosos, sobretudo o francês Jean-François Champollion, começassem os esforços de decifração da língua perdida. Tais esforços passaram a render resultados sobretudo a partir da década de 1820.

É nesse momento que nasce a egiptologia, a área de estudos acadêmicos dedicados ao Egito antigo. Ao longo do século XIX, vê-se um crescimento espantoso nessa área, que reúne arqueologia, história, antropologia, filologia e linguística. Nesse sentido, este trabalho de Budge se encontra no ápice dessa produção, da qual retira suas bases. Podemos ver isso nos trabalhos de grandes egiptólogos que cita, das mais variadas origens, como o francês Gaston Maspero, o italiano Rodolfo Lanzone, o alemão Heinrich Brugsch e o inglês Samuel Birch.

Trata-se de homens que já apresentavam uma sólida base de formação humanística, aprendendo, desde a educação básica, pelo menos mais uma língua europeia, além de sua nativa, e as línguas clássicas, o grego antigo e o latim. Essa educação, ainda que elitizada na época, explica como tais intelectuais transitavam com tanta tranquilidade entre textos escritos em idiomas tão diferentes como o inglês, o francês, o italiano e o alemão.

Também explica uma certa visão etnocêntrica que às vezes se insinua no trabalho de Budge, sobretudo quando fala, com um certo preconceito, sobre as concepções espirituais dos "orientais". Ele foi, sem dúvida, um homem de seu tempo, muito anterior aos estudos mais críticos da antropologia e da arqueologia. Esse tipo de observação, contudo, não chega a macular o fato de que esse intelectual admirava profundamente a cultura egípcia antiga e dedicou sua vida ao estudo e conhecimento dela.

Um dos pontos altos desse trabalho é justamente sua edição do *Livro dos mortos*, com uma extensa introdução apresentando todos os desafios que um texto desta natureza impõe, os quais já comentamos brevemente, e Budge apresentará com cuidado. Trata-se do resultado dos estudos sobre o Papiro de Ani, a versão mais completa que sobreviveu do *Livro dos mortos*, a qual você tem agora à sua disposição nesta edição traduzida.

O EDITOR

PREFÁCIO

O Papiro de Ani, adquirido pelos curadores do Museu Britânico no ano de 1888, é o maior, o mais perfeito, o mais bem preservado e o mais bem ilustrado de todos os papiros que datam da segunda metade da 18ª Dinastia (cerca de 1500 a 1400 a.C.). Suas raras vinhetas, seus hinos, seus capítulos e suas rubricas descritivas e introdutórias o tornam de importância singular para o estudo do *Livro dos mortos* e o levam a ocupar um lugar de destaque entre os textos oficiais da versão tebana dessa obra notável. Embora contenha menos da metade dos capítulos comumente atribuídos a esta versão, podemos concluir que a elevada posição oficial de Ani como chanceler das receitas e dotações eclesiásticas de Abidos e Tebas teria assegurado uma seleção dos capítulos que seriam suficientes para o seu bem-estar espiritual na vida futura. Podemos, portanto, considerar o Papiro de Ani como típico do livro funerário em voga entre os nobres tebanos de seu tempo.

A primeira edição do fac-símile do Papiro foi publicada em 1890, acompanhada por uma valiosa Introdução por Le Page Renouf, então mantenedor do Departamento de Antiguidades Egípcias e Assírias. Contudo, a fim de satisfazer uma demanda amplamente expressa por uma tradução do texto, o presente volume foi preparado para ser publicado com a segunda edição do fac-símile. Ele contém o texto hieroglífico do Papiro com transliteração interlinear e tradução palavra por palavra, uma descrição completa das vinhetas e uma tradução contínua. Na Introdução, houve uma tentativa de ilustrar, a partir de fontes egípcias nativas, as concepções religiosas do maravilhoso povo que, há mais de cinco mil anos, proclamou a ressurreição de um corpo espiritual e a imortalidade da alma.

As passagens que fornecem omissões e vinhetas que contêm variações relevantes seja no assunto ou na organização, bem como textos suplementares que aparecem nos apêndices, foram, tanto quanto possível, extraídas de outros papiros contemporâneos no Museu Britânico.

A segunda edição do fac-símile foi assinada por F. C. Price.

E. A. WALLIS BUDGE
MUSEU BRITÂNICO
25 DE JANEIRO DE 1895

INTRODUÇÃO

AS VERSÕES DO LIVRO DOS MORTOS

As quatro grandes versões do Livro dos mortos

A história do grande corpo de composições religiosas que formam o *Livro dos mortos* dos antigos egípcios pode ser convenientemente dividida em quatro períodos, representados por quatro versões:

1. A versão editada pelos sacerdotes da escola de Annu (a On bíblica e a Heliópolis grega), baseada em uma série de textos agora perdidos, mas com evidências que comprovam ter passado por uma série de revisões ou edições já no período da 5ª Dinastia. Esta versão foi, até onde se sabe, sempre escrita em hieróglifos e pode ser chamada de versão heliopolitana. É conhecida por cinco cópias inscritas nas paredes das câmaras e passagens nas pirâmides dos reis das 5ª e 6ª Dinastia em Sacara; e seções dessas cópias se encontram inscritas em tumbas, sarcófagos, esquifes, estelas e papiros da 11ª Dinastia até cerca de 200 d.C.

2. A versão tebana, comumente escrita em papiros em hieróglifos e dividida em seções ou capítulos, cada um com seu título distinto, mas sem lugar definido na série. Essa versão foi muito utilizada da 18ª à 20ª Dinastia.

3. Uma versão intimamente ligada à versão anterior, que se encontra escrita em papiros em caracteres hieráticos e em hieróglifos. Nessa versão, que entrou em vigor por volta da 20ª Dinastia, os capítulos não têm ordem fixa.

4. A chamada versão saíta, na qual, em algum período anterior (provavelmente) à 26ª Dinastia, os capítulos foram arranjados em uma ordem determinada. É comumente escrita em hieróglifos e em hierático e foi muito usada desde a 26ª Dinastia até o final do período ptolomaico.

Formas primitivas do *Livro dos mortos*

Os mais antigos monumentos inscritos e restos mortais encontrados no Egito provam que os antigos egípcios faziam o máximo possível para preservar os corpos de seus mortos por meio de vários processos de embalsamamento. A deposição do corpo na tumba era acompanhada de cerimônias de carácter simbólico, durante as quais certas composições que englobam orações, ladainhas curtas e outras, fazendo referência à vida futura, eram recitadas ou entoadas por sacerdotes e familiares em nome dos falecidos. Enorme importância era atribuída a tais composições na crença de que sua recitação garantiria ao morto uma passagem desimpedida até Deus no outro mundo, o capacitaria a superar a oposição de todos os inimigos espirituais, dotaria seu corpo na tumba de poder para resistir à corrupção e o garantiria uma nova vida em um corpo glorificado no paraíso.

Já em época muito remota, alguns grupos de seções ou capítulos haviam sido associados a certas cerimônias que precediam o enterro propriamente dito, e estas acabaram por se tornar um ritual distinto com limites bem definidos. No entanto, paralelamente a este ritual, parece ter existido outra obra, mais extensa, dividida em um número indefinido de seções ou capítulos compostos principalmente por orações, e que tratava, em escala mais ampla, do bem-estar dos falecidos no outro mundo e descrevia o estado da existência nele e os perigos que precisavam ser superados com sucesso antes que se pudesse alcançá-lo, e era baseada, em geral, nos dogmas religiosos e na mitologia dos egípcios.

O Livro dos mortos

O título "Livro dos mortos" é normalmente dado pelos egiptólogos às edições da obra maior que foram feitas na 28ª Dinastia e seguintes, porém, nesta Introdução, o título pretende incluir o corpo geral de textos que fazem referência ao enterro dos mortos e à nova vida no mundo além-túmulo, e que se sabe terem existido em edições revisadas e terem sido usados entre os egípcios desde cerca de 4500 a.C. até os primeiros séculos da era cristã.

INCERTEZA QUANTO À HISTÓRIA DE SUA ORIGEM

O lar, a origem e o início da história da coleção de textos religiosos antigos que chegaram até nós são, até o momento, desconhecidos, e todas as teorias a respeito deles, embora bastante sustentadas por fatos aparentemente bem definidos, devem ser cuidadosamente distinguidas como apenas teorias enquanto uma única necrópole antiga no Egito ainda permanecer inexplorada e suas inscrições não traduzidas. Se foram compostos pelos habitantes do Egito, que os registraram em caracteres hieroglíficos e que deixaram os monumentos, únicas fontes confiáveis de informação sobre o assunto, ou se foram trazidos para o Egito pelos primeiros imigrantes do continente asiático, ou se representam os livros religiosos dos egípcios incorporados aos textos fúnebres de alguns habitantes pré-históricos das margens do Nilo, são questões que somente a possível descoberta de inscrições pertencentes às primeiras dinastias do Antigo Império pode responder. A evidência derivada da enorme massa de material novo que devemos às importantíssimas descobertas de *mastabas* e pirâmides por Maspero, e à sua publicação dos primeiros textos religiosos, prova, sem sombra de dúvida, que a maior parte dos textos compreendidos no *Livro dos mortos* é muito mais antiga do que o período de Menés, o primeiro rei histórico do Egito. Certos trechos, de fato, parecem pertencer a um tempo indefinidamente remoto e primevo.

EVIDÊNCIAS INTERNAS DE SUA ANTIGUIDADE

Os textos mais antigos trazem consigo provas não apenas de terem sido compostos, mas também revisados ou editados muito antes dos dias do rei Menés e, a julgar por muitas passagens das cópias inscritas em hieróglifos nas pirâmides de Unas (último faraó da 5ª Dinastia, por volta de 3333 a.C.), e de Teti, Pepi I, Merenrê I e Pepi II (reis da 6ª Dinastia, cerca de 3300-3166 a.C.), parece que, mesmo naquela data remota, os escribas estavam perplexos e mal compreendiam os textos que tinham diante deles. A estimativa mais moderada indica que certas seções do *Livro dos mortos*, conforme foram sendo conhecidas nessas tumbas, datem de mais de três mil anos antes de Cristo. Em todo caso, temos razão em estimar que a forma mais antiga da obra seja contemporânea à fundação da civilização que chamamos de egípcia no vale do Nilo, já que fixar um limite cronológico para as artes e a civilização do Egito é totalmente impossível.

EVIDÊNCIAS DA ANTIGUIDADE DE CERTOS CAPÍTULOS

A forma ou edição mais antiga do *Livro dos mortos*, conforme a recebemos, não fornece nenhuma informação sobre o período em que ele foi compilado; contudo, uma cópia do texto hierático inscrita em um sarcófago de Menthu-hetep, uma rainha da 11ª Dinastia, cera de 2500 a.C., feita pelo falecido Sir J. G. Wilkinson, nos informa que o capítulo número 64, conforme o arranjo de Lepsius, foi descoberto no reinado de Hesep-ti, quinto rei da 1ª Dinastia, por volta de 4266 a.C. Nesse sarcófago, há duas cópias do capítulo, uma imediatamente após a outra. Na rubrica da primeira, o nome daquele que reinava quando o capítulo foi "encontrado" é dado como Menthu-hetep, o qual, conforme Goodwin inicialmente apontou, é um erro para Miquerinos, quarto rei da 4ª Dinastia, por volta de 3633 a.C.; porém, na rubrica da segunda, o nome do rei é dado como Hesep-ti. Portanto, no período da 11ª Dinastia, ao que tudo indica, acreditava-se que o capítulo poderia ser tão antigo quanto o tempo da 1ª Dinastia. Além disso, ele é atribuído a Hesep-ti em papiros da 21ª Dinastia, período em que se deu particular atenção à história do *Livro dos mortos*. Logo, parece que os egípcios do Médio Império acreditavam que o capítulo datava de um período mais remoto. Citando as palavras de Chabas, o capítulo era considerado "muito antigo, muito misterioso e muito difícil de entender", já quatorze séculos antes de nossa era.

Antiguidade do capítulo 64

A rubrica no caixão da Rainha Menthu-hetep, que atribui o capítulo a Hesep-ti, afirma que "este capítulo foi encontrado nas fundações sob o barco *hennu* pelo capataz dos construtores na época do rei do Norte e do Sul, o triunfante Hesep-ti"; o papiro Nebseni diz que "esse capítulo foi encontrado na cidade de Khemennu (Hermópolis) em um bloco de pedra ferrífera escrito em letras de lápis-lazúli, sob os pés do deus"; e o papiro de Turim (26ª Dinastia ou posterior) acrescenta que o nome do descobridor era Herutataf, 𓄿𓏏𓆑, filho de Khufu ou Quéops, o segundo rei da 4ª Dinastia, por volta de 3733 a.C., que na época fazia uma viagem de inspeção dos templos. Birch[1] e Naville consideram o capítulo um dos mais antigos do *Livro dos mortos*; o primeiro, baseando sua opinião na rubrica, e o segundo, na evidência derivada do conteúdo e do caráter do texto. Maspero, porém, embora admita a grande idade do capítulo, não atribui muita importância à rubrica como meio de fixar qualquer data exata para a sua composição. Sobre Herutataf, aquele que encontrou o bloco de pedra, sabemos, por textos posteriores, que era considerado um homem instruído e que sua fala era compreendida com bastante dificuldade, e também sabemos o papel proeminente que ele desempenhou como um homem letrado e renomado ao trazer, para a corte de seu pai Quéops, o sábio Tetteta[2]. Portanto, não é improvável que o caráter estudioso de Herutataf possa ter

---

1 – "O capítulo mais notável é o 64 [...]. É um dos mais antigos de todos e é atribuído, como já foi dito, à época do rei Gaga-Makheru (𓏠𓏞), ou Menkheres [...]. Este capítulo gozava de grande reputação até um período tardio, pois é encontrado em uma pedra presenteada ao general Perofski pelo falecido imperador Nicholas, que provavelmente veio da tumba de Petemenophis, no El-Assasif e foi produzida durante a 26ª Dinastia." Bunsen, *Egypt's Place in Universal History*, Londres, 1867, p. 142..

2 – De acordo com o papiro de Westcar, Herutataf informou a seu pai Quéops sobre a existência de um homem de 110 anos que vivia na cidade de Tettet-Seneferu: ele conseguiu unir novamente ao corpo uma cabeça que havia sido cortada, possuía poder sobre o leão e estava familiarizado com os mistérios de Thoth. Por ordem de Quéops, Herutataf trouxe o sábio até ele de barco e, em sua chegada, ordenou que um prisioneiro fosse decapitado para que Tetteta pudesse uni-la de volta. Escusando-se de realizar tal ato a um homem, um ganso foi trazido, sua cabeça cortada e colocada em um lado da sala, e o corpo, posto no outro. O sábio pronunciou certas palavras de poder (𓊨𓏌𓄿𓀁), ao que o ganso se levantou e começou a cambalear, e a cabeça a se mover em sua direção; quando esta se juntou novamente ao corpo, o pássaro se levantou e grasnou 𓅯𓄿𓅯𓄿𓀁.

sugerido a conexão de seu nome com o capítulo e, possivelmente, como seu revisor literário; em todos os eventos, já no período do Médio Império, a tradição o associava a ele.

O *Livro dos mortos* durante a 2ª Dinastia

Passando do domínio da tradição egípcia nativa, tocamos em terreno firme com as evidências derivadas dos monumentos da 2ª Dinastia. Um baixo-relevo preservado em Aix-en-Provence menciona Âasen e Ankef, dois dos sacerdotes de Sent ou Senta 𓎡𓏏, o quinto rei da 2ª Dinastia, por volta de 4000 a.C.; e uma estela em Oxford e outra no Museu Egípcio em Gizé registram o nome de um terceiro sacerdote, Shera ou Sheri um "parente real". Na estela de Oxford, estão representados, sentados, o falecido e sua esposa, um de cada lado do altar, coberto com oferendas fúnebres de parentes piedosos; acima, nas linhas perpendiculares de hieróglifos em relevo, estão os nomes dos objetos oferecidos, e, abaixo, uma inscrição que diz: "milhares de pães, milhares de jarros de cerveja, milhares de roupas de linho, milhares de mudas de vestes e milhares de bois". Hoje, diante desse monumento, é evidente que, já na 2ª Dinastia, existia no Egito um sacerdócio que possuía, entre os seus membros, parentes da família real, e que um sistema religioso que prescrevia como dever a oferta de carne e bebida aos mortos também estava em operação ativa. A oferenda de objetos específicos consegue provar a existência de um ritual ou serviço no qual seu significado seria indicado; a coincidência dessas palavras e da oração por "milhares de pães, milhares de vasos de cerveja" etc. com a promessa "Anpu-khent-Amenta lhe dará seus milhares de pães, seus milhares de jarros de cerveja, seus milhares de vasos de unguentos, suas milhares de mudas de roupas, seus milhares de bois e seus milhares de novilhos" permite-nos reconhecer esse ritual no texto inscrito na pirâmide de Teti na 5ª dinastia, do qual tal promessa é retirada. Assim, a evidência tradicional do texto no caixão de Menthu-hetep e a cena no monumento de Shera se apoiam e, juntas, provam, sem sombra de dúvida, que uma forma do *Livro dos mortos* estava em uso pelo menos no período das primeiras dinastias, e que as cerimônias sepulcrais relacionadas a ele eram apropriadamente realizadas[3].

O *Livro dos mortos* na 4ª Dinastia

Na 4ª Dinastia, há um aumento do número de monumentos, principalmente sepulcrais, que dão detalhes sobre o sistema sacerdotal egípcio e as cerimônias fúnebres que os sacerdotes realizavam. As inscrições nos monumentos mais antigos provam que muitos oficiais sacerdotais ainda eram parentes da família real, e as tumbas dos senhores feudais, escribas e outros membros da sociedade registram vários de seus títulos oficiais ao lado dos nomes de seus diversos festivais religiosos. O subsequente aumento no número de monumentos durante esse período pode ter ocorrido em razão do desenvolvimento natural da religião da época, mas é muito provável que a maior segurança de vida e propriedade que havia sido assegurada pelas

---

3 – Os argumentos aqui apresentados como prova da grande antiguidade de um sistema religioso no Egito são complementados de maneira notável pelas inscrições encontradas na mastaba de Seker-kha-baiu ⯐ em Sacara. Nelas vê-se um homem que, como Shera, era um "parente real" e um sacerdote, mas que, ao contrário daquele, exercia algumas das mais altas funções do sacerdócio egípcio em virtude de seu título ⯐ *xerp hem*. (No ⯐, ver Max Müller, *Recueil de Travaux*, t. 9, p. 166; Brugsch, *Aegyptologie*, p. 218; e Maspero, *Un Manuel de Hiérarchie Égyptienne*, p. 9.) Entre as oferendas mencionadas na tumba, estão as substâncias ⯐, que também são mencionadas na estela de Shera da 2ª Dinastia e nos textos da 6ª Dinastia. Mas a tumba de Seker-kha-baiu é diferente de todas as outras que conhecemos, tanto pela forma e recorte dos hieróglifos, que estão em relevo, quanto pela maneira como estão dispostos e agrupados. O estilo de todo o monumento é grosseiro e muito primitivo, e não pode ser atribuído a nenhuma dinastia posterior à Segunda, nem mesmo à ela própria; deve, portanto, ter sido construído durante a 1ª Dinastia ou, nas palavras dos senhores Mariette e Maspero: "A impressão geral que se tem no primeiro contato com o túmulo nº 5 é a da extrema antiguidade. Nada, de fato, do que estamos acostumados a ver nos outros túmulos é encontrado aqui [...] o monumento [...] é certamente o mais antigo dos que conhecemos na planície de Sacara, e não há razão para que não seja da 1ª Dinastia." *Les Mastaba de l'Ancien Empire*, Paris, 1882, p. 73. Como não há prova incontestável de que esta tumba pertence à 1ª Dinastia, os textos na estela de Shera, um monumento de uma dinastia posterior, foram apresentados como as evidências mais antigas da antiguidade de um sistema religioso estruturado e da literatura no Egito.

vigorosas guerras de Seneferu[4], o primeiro rei dessa Dinastia, por volta de 3766 a.C., tenha encorajado os homens a incorrer em maiores despesas, a construir residências maiores e melhores para os mortos e a celebrar o ritual completo nos festivais prescritos. Nessa Dinastia, os mortos reais foram homenageados com monumentos sepulcrais de tamanho e magnificência sem precedentes, e as capelas anexas às pirâmides servidas por congregações de sacerdotes cujos únicos deveres consistiam em celebrar os serviços. A moda de construir uma pirâmide em vez da mastaba retangular de teto plano para uma tumba real foi revivida por Seneferu[5], que chamou sua pirâmide de *Kha*; e seu exemplo foi seguido por seus sucessores imediatos, Khufu (Quéops), Khafra (Quéfren), Menkaura (Miquerinos) e outros.

Revisão de alguns capítulos da 4ª Dinastia

Durante o reinado de Miquerinos, algum trabalho importante parece ter sido realizado em relação a certas seções do texto do *Livro dos mortos*, pois as rubricas dos capítulos 30B e 148 afirmam que essas composições foram encontradas inscritas em "um bloco de ferro do sul em letras de lápis-lazúli verdadeiro sob os pés da majestade do deus no tempo do Rei dos Homens do Norte e do Sul Menkaura pelo triunfante filho real Herutataf". Que um novo impulso fosse dado às observâncias religiosas, e que a revisão dos textos religiosos existentes ocorresse no reinado de Miquerinos, era de se esperar, se acreditamos na tradição grega, pois tanto Heródoto quanto Diodoro Sículo o representam como um rei justo e ansioso por apagar da mente do povo a memória da alegada crueldade de seu predecessor, reabrindo os templos e permitindo que todos celebrassem seus próprios sacrifícios e cumprissem seus próprios deveres religiosos. Sua pirâmide é

---

4 – Ele conquistou os povos da península Sinaítica e, segundo um texto de data posterior, construiu um muro para manter os Aamu fora do Egito. Na história de Saneha, é mencionado um "poço de Seneferu", o que mostra que seu nome era bem conhecido nas fronteiras do Egito. Ver Golénischeff, *Aeg. Zeitschrift*, p. 110; Maspero, *Mélanges d'Archéologie*, t. 3, Paris, 1876, p. 71, l. 2; Lepsius, *Denkmäler*, II, 2a.

5 – A construção da pirâmide de Mêdûm foi comumente atribuída a Seneferu, porém as escavações feitas no local em 1882 não foram capazes de esclarecer a incerteza que existe a esse respeito. Para escavações posteriores, ver Petrie, *Medum*, Londres, 1892, p. 40.

aquela agora conhecida como a "terceira pirâmide de Gizé", sob a qual foi enterrado em uma câmara verticalmente abaixo do ápice e cerca de 18 metros abaixo do nível do solo. Quer a pirâmide estivesse terminada ou não quando o rei morreu, seu corpo seguramente foi depositado nela e, apesar de todas as tentativas dos governantes maometanos do Egito[6] de destruí-la no final do século XII de nossa era, ela sobreviveu para revelar fatos importantes para a história do *Livro dos mortos*.

EVIDÊNCIA DA INSCRIÇÃO NO CAIXÃO DE MIQUERINOS

Em 1837, o coronel Howard Vyse conseguiu forçar a entrada da pirâmide. Em 29 de julho, iniciou as operações, e em primeiro de agosto, abriu caminho para a câmara sepulcral, onde, porém, nada foi encontrado, com exceção de um sarcófago retangular de pedra sem a tampa. As grandes lajes de pedra do chão e os revestimentos das paredes foram, em muitos ocasiões, removidos por ladrões em busca de tesouros. Em uma câmara inferior, conectada à câmara sepulcral por uma passagem, foi encontrada a

---

6 – De acordo com 'Abd el-Latif, o nome do califa era Mâmûn, mas M. de Sacy duvida que ele tenha sido o primeiro a tentar esta obra. As fontes sobre o assunto são oferecidas em sua *Relation de l'Égypte*, Paris, 1810, p. 215-221. A tradição, conforme representada nas "Mil e uma noites", diz que Al-Mâmûn pretendia derrubar as Pirâmides e que gastou uma fortuna tentando esse feito; no entanto, ele conseguiu apenas abrir um pequeno túnel em uma delas, no qual se conta que encontrou um tesouro no valor exato do dinheiro que gastara na obra, nem mais nem menos. O escritor árabe Idrîsî, que escreveu sobre A.H. 623 (d. C. 1226), afirma que há alguns anos a "Pirâmide Vermelha", isto é, a de Miquerinos, havia sido aberta na face norte. Depois de atravessar várias passagens, chegou-se a um aposento onde foi encontrado um longo recipiente azul, bastante vazio. A abertura desta pirâmide foi realizada por pessoas que estavam em busca de tesouros; trabalharam nela com machados por seis meses e eram numerosos. Encontraram no vaso, depois de terem quebrado sua tampa, os restos mortais decompostos de um homem, mas nenhum tesouro, exceto algumas tábuas de ouro inscritas em caracteres de uma língua que ninguém compreendia. A parte de cada homem dessas tábuas equivalia a cem dinares (cerca de 50 libras). Outra história lendária diz que a pirâmide ocidental contém trinta câmaras de sienito multicoloridos cheias de pedras preciosas e armas caras ungidas com unguentos para que não enferrujem até o dia da Ressurreição. Ver Howard Vyse, *The Pyramids of Gizeh*, vol. 2, p. 71, 72; e Burton, *The Book of the Thousand Nights and a Night*, 1885, vol. 5, p. 105 e vol. 10, p. 150.

maior parte da tampa do sarcófago[7], com pedaços de um esquife de madeira, e parte do corpo de um homem, consistindo de costelas e vértebras e de ossos das pernas e dos pés, envoltos em um pano grosso de lã de cor amarela, ao qual estava aderida uma pequena quantidade de substância resinosa e goma[8]. Parece, portanto, que, como o sarcófago não pôde ser removido, apenas a caixa de madeira contendo o corpo foi trazida para o grande apartamento para exame. Agora, se os restos humanos ali encontrados são de Miquerinos ou de outra pessoa, como alguns sugeriram, isso de nada afeta a questão da propriedade do sarcófago, pois sabemos, por sua inscrição hieroglífica, que ele foi feito para abrigar o corpo mumificado do rei. Esta inscrição, disposta em duas linhas perpendiculares na frente do caixão, diz:

Ausar suten net   Men-kau-Rá anx   t'etta   mes   en   pet   aur Nut,
Rei do Norte e do Sul Men-kau-Rá, vivendo para sempre, nascido do céu, concebido de Nut

---

7 – Com considerável dificuldade, esse interessante monumento foi retirado da pirâmide por Raven, e, envolto em madeiras resistentes, foi enviado ao Museu Britânico. Foi embarcado em Alexandria no outono de 1838, a bordo de um navio mercante, que se supôs ter se perdido ao largo de Cartagena, pois nunca se ouviu falar dele depois de sua partida de Livorno, em 12 de outubro daquele ano, e já que algumas partes dos destroços foram recolhidas perto do antigo porto. O sarcófago é representado por Vyse, *Pyramids*, vol. 2, faceamento da placa p. 84.

8 – Como existe um considerável equívoco sobre a descoberta desses restos mortais, o relato das circunstâncias em que foram descobertos será de interesse. "Senhor, a seu pedido, envio-lhe os detalhes da descoberta dos ossos, tecido de múmia e partes do sarcófago na Terceira Pirâmide. Ao limpar o entulho do grande salão de entrada, depois que os homens trabalharam ali por vários dias e avançaram alguma distância em direção ao canto sudeste, alguns ossos foram descobertos sob o entulho; e os ossos restantes e partes do sarcófago foram imediatamente descobertos todos juntos. Nenhuma outra parte do esquife ou dos ossos foi encontrada no salão; portanto, mandei reexaminar cuidadosamente os escombros que haviam sido previamente retirados do mesmo salão, quando vários pedaços do sarcófago e do tecido de múmia foram encontrados; mas em nenhuma outra parte da pirâmide foram encontradas quaisquer partes deles, embora todos os lugares tenham sido minuciosamente examinados, para completar o sarcófago o máximo possível. Havia cerca de um metro de entulho em cima dele; e devido à circunstância de que os ossos e parte do esquife foram encontrados todos juntos, parece que o sarcófago havia sido trazido para aquele local e ali desempacotado. – H. Raven." Vyse, *Pyramids*, vol. 2, p. 86.

aa en Seb mer - f peses - s mut-k Nut her-k,

herdeiro de Seb, seu amado. Estende-se ela, tua mãe, Nut, sobre ti

em ren - s en seta pet ertat-nes un-k em neter

em seu próprio nome de "Mistério do Céu", ela concede que tu possas existir como um deus

an xeft - k suten net Men-kau-Rá anx t'etta

sem teus inimigos, ó Rei do Norte e do Sul, Men-kau-Rá, vivendo para sempre!

Deve-se notar que a passagem "Tua mãe, Nut, se estende sobre ti em seu próprio nome de 'Mistério do Céu', ela concede que tu possas estar sem inimigos" ocorre nos textos que estão inscritos nas pirâmides construídas pelos reis da 6ª Dinastia. Desse modo, temos evidências do uso da mesma versão de um texto religioso tanto na 4ª quanto na 6ª Dinastias.

Mesmo que admitíssemos que o caixão é uma falsificação da 26ª Dinastia, e que a inscrição nele foi retirada de uma edição do texto do *Livro dos mortos*, ainda assim o valor do monumento como prova da antiguidade desse livro quase não foi prejudicado, pois aqueles que acrescentaram a inscrição certamente a teriam escolhido de um texto da época de Miquerinos.

O *Livro dos mortos* na 5ª Dinastia

Na 5ª Dinastia temos, em um número maior de mastabas e outros monumentos, evidências da ampliação de cerimoniais religiosos, incluindo a celebração de ritos fúnebres; no entanto, um texto formando o *Livro dos mortos* como um todo não ocorre até o reinado de Unas (3333 a.C.), o último rei da Dinastia, que, de acordo com o papiro de Turim, reinou por trinta anos.

Evidências dos textos da pirâmide de Unas

Este monarca construiu, na planície de Sacara, uma pirâmide de pedra com cerca de dezenove metros de altura, cada lado medindo em torno de sessenta metros na base. Na época de Perring e Vyse, ela estava rodeada por montes de pedras quebradas e entulho, resultado das repetidas tentativas de abri-la, e de pedras de revestimento feitas de calcário compacto das pedreiras de Tura. Em fevereiro de 1881, Maspero começou a limpar a pirâmide e, pouco tempo depois, conseguiu entrar nas câmaras mais internas, cujas paredes estavam cobertas de inscrições hieroglíficas, dispostas em linhas perpendiculares e pintadas de verde. O estado do interior mostrava que, em algum momento, ladrões já haviam conseguido entrar, pois a tampa do sarcófago de basalto negro de Unas havia sido arrancada e deslocada para perto da porta da câmara; as pedras de revestimento haviam sido arrancadas na vã tentativa de encontrar um tesouro enterrado; e a múmia havia sido quebrada em pedaços e nada restava dela, exceto o braço direito, uma tíbia e alguns fragmentos do crânio e do corpo. As inscrições que cobriam certas paredes e corredores da tumba foram posteriormente publicadas por Maspero. O aparecimento do texto de Unas marca uma era na história do *Livro dos mortos*, e sua tradução deve ser considerada um dos maiores triunfos da decifração egiptológica, pois a falta de determinantes em diversos trechos do texto e a ortografia arcaica de muitas palavras e passagens representaram dificuldades que não foram superadas com facilidade. Nesse texto, pela primeira vez, foi demonstrado que o *Livro dos mortos* não era uma compilação de um período comparativamente tardio na história da civilização egípcia, mas uma obra pertencente a uma antiguidade muito remota; e compreendeu-se, obviamente, que os textos então conhecidos, os quais se pensava serem eles próprios textos antigos originais, eram apenas versões que passaram por duas ou mais revisões sucessivas.

O *Livro dos mortos* na 6ª Dinastia

Evidência do texto da pirâmide de Teti

Continuando suas escavações em Sacara, Maspero abriu a pirâmide de Teti[9], rei do Egito por volta de 3300 a. C., na qual Vyse pensou que nunca haviam entrado e da qual, em sua época, a alvenaria de apenas um lado podia ser vista. Aqui, mais uma vez, descobriu-se que ladrões já haviam agido e despedaçado paredes, pisos e muitas outras partes das câmaras em sua busca frenética por tesouros. Como no caso da pirâmide de Unas, certas câmaras e outras áreas dessa tumba foram encontradas cobertas com inscrições em hieróglifos, mas menores em tamanho. Um breve exame do texto mostrou que ele era formado por uma série de trechos do *Livro dos mortos*, alguns idênticos aos da pirâmide de Unas. Assim foi trazido à luz um *Livro dos mortos* da época do primeiro rei da 6ª Dinastia.

Evidência do texto da pirâmide de Pepi I, Merenrê e Pepi II

A pirâmide de Pepi I, rei do Egito por volta de 3233 a.C., foi aberta em seguida. Situa-se no grupo central em Sacara e é comumente conhecida como a pirâmide de Shêkh Abu-Mansûr. Descobriu-se que certas câmaras e outras partes da tumba eram cobertas por textos hieroglíficos, que não apenas repetiam em parte aqueles que foram encontrados nas pirâmides de Unas e Teti, mas também continham um número considerável de seções adicionais do *Livro dos mortos*. Na mesma área, Maspero limpou a pirâmide de Merenrê, quarto rei da 6ª Dinastia, por volta de 3200 a.C.; e a pirâmide de Pepi II, quinto rei da 6ª Dinastia, por volta de 3166 a.C.

Resumo da evidência monumental

Portanto, temos, antes do final da 6ª Dinastia, cinco cópias de uma série de textos que formavam o *Livro dos mortos* daquele período, e um

---

9 – A múmia do rei havia sido retirada do sarcófago por um buraco que os ladrões fizeram nele. Eles a quebraram em pedaços, e os únicos restos mortais encontrados por Maspero consistiam em um braço e um ombro. Partes do ataúde de madeira estão preservadas no Museu de Gizé.

trecho de uma passagem bem conhecida dessa obra no caixão de madeira de Miquerinos. Também vimos, em várias mastabas e estelas, que as cerimônias fúnebres relacionadas ao *Livro dos mortos* foram realizadas, sem dúvidas, na Segunda e, com quase igual certeza, na 1ª Dinastia. É fácil demonstrar que certas seções do *Livro dos mortos* desse período foram copiadas e usadas nas dinastias seguintes até um período por volta de 200 d.C.

O *LIVRO DOS MORTOS,* UMA COLEÇÃO
DE OBRAS SEPARADAS

O fato de que não apenas nas pirâmides de Unas e Teti, mas também nas de Pepi I e de seus sucessores imediatos, encontramos passagens selecionadas, sugere que o *Livro dos mortos* era, mesmo naqueles primeiros tempos, tão extenso que até um rei preferia fazer uma seleção apenas das passagens que se adequavam ao seu gosto individual ou eram consideradas suficientes para garantir seu bem-estar no outro mundo. Nas pirâmides de Teti, Pepi I, Merenrê e Pepi II, são encontrados muitos textos idênticos aos empregados por seus predecessores, e um exame da inscrição de Pepi II mostrará que cerca de três quartos do total podem ser encontrados nos monumentos de seus ancestrais. Qual princípio guiou cada rei na seleção de seus textos, e se as adições em cada um representam desenvolvimentos religiosos, é impossível dizer; entretanto, como a religião egípcia não pode ter permanecido imutável em todos os detalhes, é provável que alguns textos reflitam as mudanças nas opiniões dos sacerdotes sobre questões de doutrina. Os "textos das pirâmides" provam que cada seção dos livros religiosos dos egípcios era originalmente uma composição separada e independente, escrita com um objetivo definido, que pode ser organizada em qualquer ordem em uma série de textos semelhantes. O que a precedia ou o que se seguia nunca era levado em consideração pelo escriba, embora pareça, às vezes, que as tradições definiram uma sequência a certos textos.

Referência histórica

É provado que os eventos da história contemporânea, às vezes, eram refletidos no *Livro dos mortos* das primeiras dinastias por conta disto: aprendemos com a inscrição no túmulo do governador de Elefantina, Heru-khuf ⸺𓈖𓏏𓀀, em Aswân, que este foi ordenado a trazer para o rei Pepi II um pigmeu 𓂀𓊪𓀀, do interior da África, para dançar e diverti-lo. Foi-lhe prometido que, caso conseguisse trazer o homem vivo e com boa saúde, sua majestade iria conferir-lhe um posto e dignidade mais elevados do que aquele que o rei Assa conferiu a seu ministro Ba-ur-Tettet, que desempenhou esse serviço, muito apreciado, para o seu mestre. Ora, Assa era o oitavo rei da 5ª Dinastia, e Pepi II foi o quinto rei da 6ª Dinastia e, entre os reinados desses reis, houve, segundo Maspero, um intervalo de pelo menos sessenta e quatro, mas mais provavelmente oitenta anos. Contudo, no texto da pirâmide de Pepi I, que deve ter sido elaborado em algum período entre os reinados desses reis, temos a passagem: "Salve tu que [por tua vontade] passas para o Campo de Aaru a alma que é correta e honesta, ou a faz naufragar. Rá-meri (*ou seja*, Pepi I) é correto e honesto em relação ao céu e em relação à terra, Pepi é correto e honesto em relação à ilha de terra para onde ele nada e aonde ele chega. Aquele que está entre as coxas de Nut (isto é, Pepi) é o pigmeu que dança [como] o deus, e que agrada o coração do deus [Osíris] diante de seu grande trono... Os dois seres que estão sobre o trono do grande deus proclamam que Pepi é são e saudável, [portanto] Pepi navegará no barco para o belo campo do grande deus e, lá, ele fará o que é feito por aqueles a quem veneração é devida". Aqui claramente temos uma referência ao fato histórico da importação de um pigmeu das regiões ao sul da Núbia; e a ideia que parece ter predominado na mente daquele que redigiu o texto era que, assim como o pigmeu agradou ao rei para quem foi trazido neste mundo, assim também o falecido Pepi poderia agradar ao deus Osíris no outro mundo. Da mesma forma que o pigmeu foi levado de barco até o rei, Pepi seria levado de barco até a ilha onde o deus morava; do mesmo modo que as condições estipuladas pelo rei foram cumpridas por aquele que trouxe o pigmeu, aquelas estipuladas por Osíris a respeito dos mortos também seriam cumpridas por aquele que transportou Pepi à sua presença. A redação da passagem justifica amplamente a suposição de que essa adição foi feita ao texto após a missão de Assa e durante a 6ª Dinastia.

AUTORIA DO *LIVRO DOS MORTOS*

Como outras obras de natureza semelhante, os textos das pirâmides, no entanto, não nos fornecem nenhuma informação sobre sua autoria. Nas versões posteriores do *Livro dos mortos*, certos capítulos são declarados obra do deus Thoth. Decerto pertencem àquela classe de literatura que os gregos chamavam de "hermética", e é bastante certo que, sob algum grupo, foram incluídos na lista das quarenta e duas obras que, de acordo com Clemente de Alexandria, constituíam o sagrado livros dos egípcios. Como Thoth, a quem os gregos chamavam de Hermes, é denominado nos textos egípcios como "senhor dos livros divinos", "escriba da companhia dos deuses" e "senhor da fala divina", essa atribuição é bem fundamentada.

Influência dos sacerdotes de Annu em sua compilação

Os textos das pirâmides são versões de antigas composições religiosas que os sacerdotes do colégio ou escola de Annu conseguiram estabelecer como a versão autorizada do *Livro dos mortos* nas primeiras seis dinastias. Rá, a forma local do deus-sol, usurpa o lugar ocupado pela forma mais antiga Tmu; e parece que, quando um dogma era promulgado pela escola de Annu, era aceito pelo sacerdócio de todas as grandes cidades do Egito. A grande influência do colégio de sacerdotes Annu, mesmo na época de Unas, é comprovada pela seguinte passagem do texto na pirâmide deste: "Ó Deus, teu Annu é Unas; ó Deus, teu Annu é Unas. Ó Rá, Annu é Unas, teu Annu é Unas, ó Rá. A mãe de Unas é Annu, o pai de Unas é Annu; o próprio Unas é Annu e nasceu em Annu". Em outro trecho, somos informados de que Unas "chega ao grande touro que vem de Annu, e que ele profere palavras de significado mágico em Annu". Em Annu, o deus Tmu produziu os deuses Shu e Tefnut, e em Annu habitava a grande e mais antiga companhia de deuses, Tmu, Shu, Tefnut, Seb, Nut, Osíris, Ísis,

Set e Néftis. A morada dos bem-aventurados no céu era chamada[10] de Annu, e afirmava-se que as almas dos justos estavam ali unidas aos seus corpos espirituais ou glorificados, e que ali viviam face a face com a divindade por toda a eternidade[11]. A julgar pelo fato de que os textos nas tumbas de Heru-hetep e Neferu, e aqueles inscritos no sarcófago de Taka, todos das 11ª e 12ª Dinastias, diferem apenas em extensão e não em caráter ou conteúdo daqueles das pirâmides reais de Sacara da 5ª e 6ª Dinastias, foi declarado que a religião, bem como a arte do primeiro império tebano, nada mais é que uma cópia servil daquelas do norte do Egito.

A VERSÃO TEBANA

A versão tebana, muito usada no Alto Egito da 18ª à 20ª Dinastia, era comumente escrita em papiros em caracteres hieroglíficos. O texto está

---

10 – Ao ler os textos religiosos egípcios, a existência do Annu celestial, que era, para os egípcios, o que Jerusalém era para os judeus, e o que Meca ainda é para os muçulmanos, deve ser lembrada. O Annu celestial era a capital do mundo mitológico (ver Naville, *Todtenbuch* (Einleitung), p. 27), e, para os espíritos dos homens, o que o Annu terrestre era para seus corpos, isto é, a morada dos deuses e o centro e fonte de toda instrução divina. Como muitas outras cidades mitológicas, como Abtu, Tattu, Pe, Tep, Khemennu etc., o Annu celestial não tinha posição geográfica.

11 – A importância de Annu e seus deuses na 6ª Dinastia é bem indicada por uma oração da pirâmide de Pepi II (para os textos, ver Maspero, *Recueil*, t. 10, p. 8, e t. 12, p. 146), que diz: "Salve, vós, grandes nove deuses que habitam em Annu, concedei que Pepi possa prosperar e concedei que esta pirâmide de Pepi, este edifício construído para a eternidade, possa prosperar, assim como o nome do deus Tmu, o chefe da grande companhia dos nove deuses, prospere. Se o nome de Shu, o senhor do santuário celestial em Annu prosperar, então Pepi prosperará, e esta pirâmide dele prosperará, e esta obra dele perdurará por toda a eternidade. Se o nome de Tefnut, a senhora do santuário terrestre em Annu perdurar, o nome de Pepi perdurará, e esta pirâmide perdurará por toda a eternidade. Se o nome de Seb... prosperar, o nome de Pepi prosperará, e esta pirâmide prosperará, e esta obra dele perdurará por toda a eternidade. Se o nome de Nut prosperar no templo de Shenth em Annu, o nome de Pepi prosperará, e esta pirâmide prosperará, e esta obra dele perdurará por toda a eternidade. Se o nome de Osíris prosperar Neste, o nome de Pepi prosperará, e esta pirâmide prosperará, e esta obra dele perdurará por toda a eternidade. Se o nome de Osíris Khent-Amenta prosperar, o nome de Pepi prosperará, e esta pirâmide prosperará, e esta obra dele perdurará por toda a eternidade. Se o nome de Set prosperar em Nubt, o nome de Pepi prosperará, e esta pirâmide prosperará, e esta obra dele perdurará por toda a eternidade."

escrito em tinta preta em fileiras perpendiculares de hieróglifos, separados entre si por linhas pretas; os títulos dos capítulos ou seções, e certas partes dos capítulos e rubricas a eles pertencentes, são escritas em tinta vermelha. Observa-se um desenvolvimento contínuo na iluminação das vinhetas nos papiros desse período. No início da 18ª Dinastia, as vinhetas aparecem em contorno preto, mas vemos no papiro de Hunefer (Brit. Mus. nº 9901), inspetor de gado de Seti I, rei do Egito por volta de 1370 a.C., que as vinhetas são pintadas em vermelho, verde, amarelo, branco e outras cores e emolduradas, como o corpo do texto, por uma borda vermelha e amarela.

Paleografia da versão

Originalmente, o texto era a parte mais importante da obra, e tanto ele quanto as vinhetas eram obra do escriba; aos poucos, no entanto, as vinhetas brilhantemente iluminadas receberam cada vez mais cuidado e, quando a habilidade do escriba falhava, o artista era chamado. Em muitos papiros elegantes do período tebano, é evidente que todo o plano das vinhetas foi elaborado por artistas que muitas vezes não deixaram espaço suficiente para os textos aos quais pertenciam; por essa razão, muitas linhas de capítulos são com frequência omitidas, e as últimas linhas de alguns textos estão tão apertadas que ficam quase ilegíveis. Os frequentes erros clericais também mostram que, embora um artista da maior habilidade pudesse ter sido empregado nas vinhetas, a execução do texto era deixada para um escriba ignorante ou descuidado. Novamente, o artista por vezes colocava suas vinhetas na ordem errada, e é evidente, em certas ocasiões, que nem o artista nem o escriba entendiam o material com o qual estavam envolvidos. De acordo com Maspero, os escribas da 6ª Dinastia não compreendiam os textos que estavam redigindo, e mesmo na 19ª Dinastia, é possível notar que o escriba de um papiro hoje preservado em Berlim sabia ou se importava tão pouco com o texto que estava copiando, que transcreveu o capítulo 77 do lado errado e, aparentemente, nunca descobriu seu erro, embora tenha concluído a transcrição com o título dele. Originalmente, cada cópia do *Livro dos mortos* foi escrita por encomenda, mas logo tornou-se costumeiro preparar cópias com espaços em branco nos quais o nome do comprador poderia ser inserido; e muitos erros ortográficos e a maior parte das omissões de palavras devem-se, sem dúvida, à pressa com que tais cópias "de estoque" foram escritas pelos membros da casta sacerdotal, cuja profissão era copiá-las.

Os papiros de Tebas

Os papiros sobre os quais as cópias da versão tebana foram escritas variam em comprimento de cerca de 6 a 27,5 metros e em largura de 35,5 a 45 centímetros; na 18ª Dinastia, as camadas do papiro são de textura mais espessa e de cor mais escura do que nas dinastias seguintes. A arte de fazer grandes extensões de papiro de cor clara e textura fina atingiu sua mais alta perfeição na 19ª Dinastia. Um exame dos papiros de Tebas mostra que o trabalho de escrever e iluminar uma bela cópia do *Livro dos mortos* era frequentemente distribuído entre dois ou mais grupos de artistas e escribas, e que as seções eram posteriormente unidas em um todo. Ocasionalmente, por engano, dois grupos transcreviam o mesmo capítulo; por isso, no papiro de Ani, na prancha 12, o capítulo 18 aparece duas vezes.

Seleção e disposição dos capítulos

As seções ou capítulos da versão tebana são uma série de composições separadas e distintas, que, tal qual as seções dos textos das pirâmides, não tinham uma ordem fixa nem nos caixões nem nos papiros. Ao contrário desses textos, no entanto, com raras exceções, cada composição tinha um título especial e uma vinheta que indicava seu propósito. A seleção geral dos capítulos para um papiro parece ter sido deixada para a preferência individual do comprador ou escriba, mas alguns deles eram, sem dúvida, definitivamente necessários para a preservação do corpo do falecido na tumba e para o bem-estar de sua alma em seu novo estado de existência. As seleções tradicionais provavelmente seriam respeitadas, e as seleções recentes, aprovadas por qualquer escola dominante de pensamento religioso no Egito, foram indubitavelmente aceitas.

Mudança nas formas

Enquanto, no período dos textos das pirâmides, as várias seções eram ditas ou cantadas por sacerdotes, provavelmente com o auxílio de alguns membros da família do falecido, o bem-estar de sua alma e corpo sendo proclamados para ele como um fato consumado, na versão tebana, os hinos e orações aos deuses eram colocados na boca do falecido. Como ninguém, exceto os poderosos e ricos, podia pagar pelas cerimônias realizadas nas primeiras dinastias, a economia foi provavelmente a principal causa dessa mudança que ocorreu em Tebas já na 12ª Dinastia. Pouco a pouco, as porções rituais do *Livro dos mortos* desapareceram, até que, finalmente, na versão tebana, os únicos capítulos dessa classe que permanecem são o 22º, o 23º, o 105º e o 151º. Todos os capítulos e orações dessa versão deveriam ser ditos no outro mundo, onde as palavras, proferidas da forma apropriada, permitiam ao falecido vencer todos os inimigos e alcançar a vida da alma aperfeiçoada que habitava em um corpo espiritual na morada dos bem-aventurados.

Título tebano do *Livro dos mortos*

O nome comum para o *Livro dos mortos* no período tebano, e provavelmente também antes dessa data, é ⌇⌇⌇, *per em hru*, cujas palavras foram traduzidas de várias maneiras: "manifestado na luz", "saindo para o dia", "saindo durante o dia", entre outras. Esse título provavelmente tinha um significado para os egípcios que ainda não foi totalmente apreendido em uma língua moderna, mas uma ideia importante em conexão com toda a obra é expressa por outro título, que o chama de "o capítulo de fortalecer (ou aperfeiçoar) o *Khu*".

Continuidade de doutrina

Na versão tebana, os princípios mais importantes da religião egípcia nos tempos em que os textos das pirâmides foram escritos são mantidos, e as ideias sobre a existência eterna da alma permanecem inalteradas. Muitas passagens na obra, no entanto, mostram que ocorreram modificações e desenvolvimentos nos detalhes, e muito do que não se vê nas primeiras dinastias aparece, até onde sabemos, pela primeira vez. As vinhetas também são acréscimos à obra; porém, embora representem cenas da vida além-túmulo, não parecem formar uma série conectada e é duvidoso que estejam dispostas em algum plano definido. Uma ideia geral do conteúdo dessa versão pode ser obtida a partir de uma lista de capítulos[12].

---

12 – Os vários capítulos do *Livro dos mortos* foram numerados por Lepsius em sua edição do papiro de Turim em 1842. Esse papiro, no entanto, é um produto do período ptolomaico e contém vários capítulos que faltam na versão tebana. Por conveniência, os números

A VERSÃO SEMELHANTE À TEBANA

A versão semelhante esteve em voga da 20ª à 25ª Dinastia, ou seja, cerca de 1200-550 a. C., e foi, como a tebana, geralmente escrita em papiro. Os capítulos não têm ordem fixa e são escritos em linhas em caracteres hieráticos; as rubricas, palavras de poder e certos nomes, como o de Apep, estão em vermelho. As vinhetas são traçadas grosseiramente em contorno preto e não têm ornamentos, mas nas extremidades dos melhores papiros são frequentemente encontradas cenas bem pintadas nas quais o falecido é retratado adorando Rá ou Hórus.

Paleografia

Os nomes e títulos do falecido são escritos em linhas perpendiculares de hieróglifos. O caráter da caligrafia muda em diferentes períodos: no papiro da princesa Nesi-Khonsu (cerca de 1000 a.C.), é firme e claro, e muito se assemelha ao belo estilo encontrado no grande papiro de Harris[13;] mas em cem anos, aparentemente, o estilo fino e fluido desaparece, e a escrita torna-se muito menor e um tanto apertada; o processo de redução de tamanho continua até a 26ª Dinastia, por volta de 550 a.C., quando os caracteres pequenos e escritos de modo grosseiro são com frequência difíceis de decifrar. Os papiros nos quais tais textos são escritos variam em comprimento, de 1 até cerca de 30 metros, e em largura, de 23 a 45 centímetros; à medida

---

de Lepsius são mantidos e os capítulos que pertencem à versão saíta são indicados por um asterisco. Para o texto hieroglífico, ver Naville, *Einleitung*, p. 193 e seguintes. A lista completa de capítulos está disponível neste endereço: https://issuu.com/editoraexcelsior.

13 – Os *Livros dos mortos* escritos nos caracteres hieróglifos e hieráticos que pertencem ao período do governo dos reis-sacerdotes da irmandade de Amen formam uma classe à parte e têm relativamente pouco em comum com as versões mais antigas. Um exemplo notável dessa classe é o papiro de Nesi-Khonsu que M. Maspero publicou (*Les Momies Royales de Déir el-baharî*, p. 600 e seguintes). O texto é dividido em parágrafos, que não contêm orações nem hinos, mas sim um verdadeiro contrato entre o deus Amen-Ra e a princesa Nesi-Khonsu. Após a lista dos nomes e títulos de Amen-Ra com os quais começa, seguem onze seções nas quais o deus declara em fraseologia legal que deificou a princesa em Amenta (𓀀𓏏𓈖𓏏𓏤) e em Neter-khert; que ele deificou sua alma e seu corpo para que nenhum deles fosse destruído; que ele a tornou divina como todos os deuses e deusas; e que ele decretou que tudo o que fosse necessário em sua nova existência fosse feito para ela, assim como era feito a todos os outros deuses e deusas.

que nos aproximamos do período da 6ª Dinastia, a textura torna-se mais grosseira e o material mais escuro. Os papiros de Tebas desse período são de cor mais clara do que os encontrados no norte do Egito e são menos quebradiços; e, certamente, sofrem menos ao serem desenrolados.

A VERSÃO SAÍTA E PTOLOMAICA

A versão saíta e ptolomaica esteve em voga desde o período da 26ª Dinastia, por volta de 550 a.C., até provavelmente o fim do governo dos ptolomeus no Egito. Os capítulos têm uma ordem fixa e definitiva, e parece que foi realizada uma revisão cuidadosa de toda a obra, e também várias alterações de natureza importante foram feitas. Diversos capítulos que não são encontrados em papiros mais antigos aparecem durante esse período, mas estes não são necessariamente novas criações, pois, como os reis da 26ª Dinastia são famosos por terem revivido as artes, ciências e literatura das primeiras dinastias, é bem possível que muitos ou a maioria dos capítulos adicionais sejam nada mais do que novas edições de trechos de obras mais antigas. Muitas cópias dessa versão foram redigidas por escribas que não entendiam o que estavam copiando, e omissões de sinais, palavras e até passagens inteiras são muito comuns. Em papiros do período ptolomaico, é impossível ler muitas passagens sem a ajuda de textos de períodos anteriores. Os papiros desse período variam em cor, do marrom claro ao marrom escuro, e, em geral, consistem em camadas compostas de tiras da planta medindo cerca de 5 centímetros de largura e 37 a 40 centímetros de comprimento. Belos exemplares do *Livros dos mortos* dessa versão variam em comprimento, de cerca de 7,5 metros (B.M. nº 10.479, escrito para o *utcheb* Heru, filho do *utcheb* Tchehra 𓅬𓃒𓏤𓅬𓏏𓈖𓏥) a 18 metros.

Paleografia

Os textos hieroglíficos são escritos em preto, em linhas perpendiculares entre réguas, e os textos hieráticos, em linhas horizontais; tanto os hieróglifos quanto os caracteres hieráticos carecem da firmeza da escrita do período tebano e exibem as características de uma caligrafia convencional.

Os títulos dos capítulos, as palavras de ordem, as palavras 𓆑 que introduzem uma leitura variante etc. são, por vezes, escritas em vermelho.

As vinhetas normalmente são traçadas em contorno preto e formam uma espécie de borda contínua acima do texto. Em bons papiros, no entanto, a cena que forma o Capítulo 26, a cena dos Campos da Paz (Capítulo 110), a cena do julgamento (Capítulo 125), a vinheta do Capítulo 148, a cena que forma o Capítulo 151 (a câmara sepulcral) e a vinheta do Capítulo 161 preenchem toda a largura da parte inscrita do papiro e são pintadas com cores um tanto grosseiras. Em alguns papiros, o disco na cabeça do falcão de Hórus é coberto com folha de ouro, em vez de ser pintado de vermelho, como é comum nos papiros mais antigos.

No período greco-romano, tanto os textos quanto as vinhetas são executados com muito descuido, e é evidente que foram escritos e desenhados por operários ignorantes da maneira mais rápida e desleixada possível. Também, nesse período, certas passagens do texto foram copiadas em hierático e demótico em pequenos pedaços de papiro que eram enterrados com partes dos corpos dos mortos e em bandagens estreitas de linho grosso nas quais eram envoltos.

A LENDA DE OSÍRIS

As principais características da constância da religião egípcia

As principais características da religião egípcia permaneceram inalteradas desde a 5ª e 6ª Dinastias até o período em que os egípcios adotam o cristianismo, após a pregação do apóstolo São Marcos em Alexandria em 69 d.C., tão firmemente as primeiras crenças se apossam da mente egípcia; os cristãos no Egito, ou coptas, como são comumente chamados os descendentes raciais dos antigos egípcios, no entanto, parecem nunca ter conseguido se livrar das supersticiosas e estranhas concepções mitológicas que herdaram de seus ancestrais pagãos. Não é necessário repetir aqui as provas desse fato que Amélineau reuniu, ou apresentar evidências da vida dos santos, mártires e ascetas; porém, é interessante fazer uma breve observação de que os tradutores do Novo Testamento para o copta traduziram o grego ἅδης (o Hades, o além-túmulo) por ⲁⲙⲉⲛϯ, *amenti*, o nome que os antigos egípcios deram à morada humana após a morte[14], a qual os coptas povoaram com seres cujos protótipos se encontram nos monumentos antigos.

Persistência da lenda de Osíris e a crença na ressurreição

Os principais deuses mencionados nos textos das pirâmides são idênticos àqueles cujos nomes são dados em tumbas, caixões e papiros nas últimas dinastias; e se os nomes dos grandes deuses cósmicos, como Ptah e Khnemu, raramente ocorrem, deve-se lembrar que os deuses dos mortos devem naturalmente ocupar o lugar principal nessa literatura que

---

14 – Veja Mateus xi, 23; Atos ii, 27 etc.

diz respeito aos mortos. Além disso, observa-se que a doutrina da vida eterna e da ressurreição de um corpo glorificado ou transformado, baseada na antiga história da ressurreição de Osíris após uma morte cruel e terrível mutilação infligida pelos poderes do mal, foi a mesma em todos os períodos, e que as lendas dos tempos mais antigos eram aceitas sem alteração ou acréscimo material nos textos das dinastias posteriores.

A VERSÃO DE PLUTARCO DA LENDA

A história de Osíris não é encontrada de forma conectada em nenhum lugar na literatura egípcia, mas em todos os lugares, e em textos de todos os períodos, a vida, os sofrimentos, a morte e a ressurreição de Osíris são aceitos como fatos universalmente reconhecidos. Escritores gregos preservaram, em suas obras, as tradições relativas a esse deus, e devemos a Plutarco, em particular, uma importante versão da lenda como era contada em sua época. Está claro que ele erra em alguns pontos, mas isso era desculpável, tratando-se de uma série de tradições já com cerca de quatro mil anos. De acordo com o escritor, a deusa Reia [Nut], esposa de Hélio [Rá], era amada por Cronos [Seb]. Quando Hélio descobriu a intriga, amaldiçoou a esposa e declarou que ela não daria à luz seu filho em nenhum mês ou ano. Então o deus Hermes, que também amava Reia, apostou em um jogo com Selena e ganhou dela a septuagésima parte de cada dia do ano, que, somadas, perfaziam cinco dias inteiros. Estes, ele juntou aos trezentos e sessenta dias dos quais consistia o ano naquele tempo. No primeiro desses cinco dias, Osíris nasceu[15]; e no momento de seu nascimento, uma voz foi ouvida, proclamando que o senhor da criação havia nascido. Com o passar do tempo, ele se tornou rei do Egito e se dedicou a civilizar seus súditos e a ensiná-los o ofício do lavrador; ainda, estabeleceu um código de leis e ordenou que os homens adorassem os deuses. Tendo tornado o Egito pacífico e próspero, ele partiu para instruir as outras nações do mundo. Durante sua ausência, sua esposa Ísis governou tão bem o estado, que

---

15 – Osíris nasceu no primeiro dia, Hórus no segundo, Set no terceiro, Ísis no quarto e Nephthys no quinto; o primeiro, o terceiro e o quinto dias eram considerados de azar pelos egípcios.

Tifão [Set], o maligno, não era capaz de causar o mal ao reino de Osíris. Quando Osíris voltou, Tifão conspirou com setenta e dois camaradas e com Aso, a rainha da Etiópia, para matá-lo; secretamente obteve a medida do corpo de Osíris e preparou um lindo baú, que foi trazido até seu salão de banquetes quando o rei estava presente com outros convidados. Por meio de um ardil, Osíris foi induzido a deitar-se no baú, que foi imediatamente fechado por Tifão e seus companheiros conspiradores e o transportaram para a foz tanaítica do Nilo. Isso aconteceu no décimo sétimo dia do mês Hathor[16], quando Osíris estava no vigésimo oitavo ano de seu reinado ou de sua vida. Os primeiros a saber o que havia acontecido foram os pãs e os sátiros, que moravam perto de Panópolis; por fim, a notícia foi levada a Ísis em Coptos, que cortou uma mecha de cabelo e vestiu roupas de luto. Ela, então, partiu em profunda tristeza para encontrar o corpo do marido. No decorrer de suas andanças, descobriu que Osíris havia se unido a sua irmã Néftis e que Anúbis, o filho da união, havia sido revelado pela mãe assim que nasceu. Ísis o localizou com o auxílio de cães e o criou para ser seu guarda e assistente. Logo depois, ela soube que o baú havia sido levado pelo mar até Biblos, onde fora colocado pelas ondas, com delicadeza, entre os galhos de uma tamargueira (ἐρείκῃ τινί), que em muito pouco cresceu até um tamanho magnífico e encerrou o baú dentro de seu tronco. O rei do país, admirado com a árvore, cortou-a e fez um pilar para o telhado de sua casa com aquela parte que continha o corpo de Osíris. Quando Ísis soube desse fato, foi até Biblos e, ao ser admitida no palácio por meio da recomendação das donzelas reais, foi nomeada ama de um dos filhos do rei. Em vez de amamentar a criança da forma costumeira, Ísis dava a ele o dedo para que ele chupasse e, todas as noites, colocava-o no fogo para consumir suas partes mortais, enquanto ela se transformava em uma andorinha e lamentava o próprio destino. Contudo, a rainha, certa vez, viu o filho em chamas e gritou, privando-o, desse modo, da imortalidade. Ísis, então, contou sua história à rainha e implorou pelo pilar que sustentava o

---

16 – No calendário do quarto papiro Sallier (nº 10.184), esse dia é marcado como triplamente azarado ⚱⚱⚱, e conta-se que grande lamentação de Ísis e Néftis ocorreu por Un-nefer (Osíris) naquele dia.

teto. Este ela abriu e retirou o baú e o corpo do marido[17]. Suas lamentações foram tão terríveis que uma das crianças reais morreu de medo. Ísis, na sequência, trouxe o baú de navio para o Egito, onde o abriu e abraçou o corpo do marido, chorando amargamente. Em seguida, procurou o filho Hórus em Buto, no Baixo Egito, tendo primeiro escondido o baú em um lugar secreto. Tifão, no entanto, uma noite, caçando à luz da lua, encontrou o baú e, reconhecendo o corpo, partiu-o em catorze pedaços, que espalhou por toda a terra. Quando Ísis soube disso, pegou um barco feito de papiro[18] — planta abominada pelos crocodilos — e, navegando, reuniu os fragmentos do corpo de Osíris. Onde ela encontrava um pedaço, ali construía uma tumba. No entanto, agora Hórus havia crescido, e encorajado a usar armas por Osíris, que voltara do outro mundo, foi lutar contra Tifão, o assassino de seu pai. A luta durou vários dias e Tifão foi feito cativo. Todavia, Ísis, a quem o cuidado do prisioneiro fora dado, longe de ajudar o filho Hórus, libertou Tifão. Hórus, em sua raiva, arrancou o diadema real da cabeça de Ísis, porém Thoth deu a ela um capacete em forma de cabeça de vaca. Em duas outras batalhas travadas entre Hórus e Tifão, Hórus foi o vencedor[19].

---

17 – A história continua dizendo que Ísis, então, envolveu o pilar em linho fino, o ungiu com óleo, e o devolveu à rainha. Plutarco acrescenta que o pedaço de madeira é, até hoje, preservado no templo de Ísis e adorado pelo povo de Biblos. O prof. Robertson Smith sugere (*Religion of the Semites*, p. 175) que o rito de cobrir e ungir um toco sagrado fornece a resposta para a questão não resolvida da natureza das práticas rituais relacionadas à Ashera. Fica claro que algum tipo de cortina pertencia à Ashera em 2 Reis xxiii, 7.

18 – A arca de "juncos" destinava-se, sem dúvida, a proteger o menino Moisés dos crocodilos.

19 – Um relato da batalha também é dado no quarto papiro Sallier, no qual nos é informado que ela ocorreu no dia 26 do mês Thoth. Hórus e Set lutaram na forma de dois homens, mas depois se transformaram em dois ursos, e passaram três dias e três noites nessa forma. A vitória ora pendia para um lado, ora para o outro, e o coração de Ísis sofria amargamente. Quando Hórus viu que ela afrouxou os grilhões que ele havia colocado sobre Set, ele ficou como uma "feroz pantera do sul de fúria". Ísis fugiu dele, mas ele a perseguiu e cortou sua cabeça. Thoth a transformou através de suas palavras de poder mágico, recolocando-a sobre o corpo de Ísis na forma da cabeça de uma vaca. Nos calendários, o 26º dia de Thoth era marcado como triplamente mortal ⟅⟆⟅⟆⟅⟆.

Identificação do falecido com Osíris

Esta é a história dos sofrimentos e da morte de Osíris contada por Plutarco. Osíris era o deus por meio de cujos sofrimentos e morte os egípcios esperavam que seus corpos pudessem ressurgir em alguma forma transformada ou glorificada, e para aqueles que haviam derrotado a morte e se tornado rei do outro mundo, os egípcios apelavam orando pela vida eterna por meio de sua vitória e poder. Em todas as inscrições fúnebres que conhecemos, desde os textos das pirâmides até as orações escritas de modo grosseiro sobre os caixões do período romano, o que é feito para Osíris é feito também para o falecido; o estado e a condição de Osíris são o estado e a condição do morto. Em uma palavra, o falecido é identificado com Osíris. Se Osíris vive para sempre, o falecido viverá para sempre; se Osíris morrer, então o falecido perecerá.[20]

---

20 – A origem da história de Plutarco sobre a morte de Osíris e a concepção egípcia de sua natureza e atributos podem ser encontradas no seguinte hino notável:

"(1) Saudações a ti, Osíris, senhor da eternidade, rei dos deuses, tu, que tens muitos nomes, tu, que dispões das coisas criadas, tu, que escondeste formas nos templos, tu, sagrado, tu, KA que habitas em Tattu, tu, poderoso (2) em Sekhem, tu, senhor a quem as invocações são feitas em Anti, tu, que estás acima das oferendas em Annu, tu, senhor que fazes inquisição em duplo direito e verdade, tu, alma oculta, o senhor de Qerert, tu, que administras assuntos na cidade da Muralha Branca, tu, alma de Rá, tu, o próprio corpo de Rá que descansas em (3) Suten-henen, tu, a quem são feitas adorações na região de Nart, tu, que fazes a alma subir, tu, senhor da Grande Casa em Khemennu, tu, poderoso de terror em Shas-hetep, tu, senhor da eternidade, tu, chefe de Abtu, tu, que te sentas no teu trono em Ta-tchesert, tu, cujo nome é estabelecido nas bocas dos (4) homens, tu, matéria informe do mundo, tu, deus Tum, tu, que forneces comida aos kas que estão na companhia dos deuses, tu, *khu perfeito* entre *os khus*, tu, provedor das águas de Nu, tu, doador do vento, tu, gerador do vento da noite de tuas narinas para a satisfação de teu coração. Tu fazes (5) plantas crescerem conforme o teu desejo, tu dás à luz […]; a ti são obedientes as estrelas nas alturas, e tu abres os portões grandiosos. Tu és o senhor a quem hinos de louvor são cantados no céu do sul, e a ti são prestadas adorações no céu do norte. As estrelas que nunca se põem (6), estão diante de tua face, e elas são teus tronos, assim como são aquelas que nunca repousam. Uma oferta vem a ti pelo comando de Seb. A companhia dos deuses te adora, as estrelas do *tuat* se curvam à terra em adoração diante de ti, [todos] os domínios prestam homenagem a ti, e os confins da terra oferecem rogos e súplicas. Quando aqueles que estão entre os santos (7) te veem, eles tremem de ti, e o mundo inteiro te louva quando encontra a tua majestade. Tu és um *sahu* glorioso entre os *sahus*, a ti foi conferida dignidade, teu domínio é eterno, ó tu bela Forma da companhia dos deuses; tu, gracioso que és, amado por aquele que (8) te vê. Tu estabeleces teu medo em todo o mundo, e por amor a ti todos

Osíris investido com os atributos de Rá

Mais tarde, na 18ª ou no início da 19ª Dinastia, encontramos Osíris sendo chamado "rei da eternidade, senhor da eternidade, que atravessa milhões de anos na duração de sua vida, filho primogênito do ventre de Nut, gerado por Seb, príncipe dos deuses e dos homens, deus dos deuses, rei dos reis, senhor dos senhores, príncipe dos príncipes, governante do mundo desde o ventre de Nut, cuja existência é eterna, Unnefer de muitas

---

proclamam teu nome diante de todos os outros deuses. A ti são feitas oferendas por toda a humanidade, ó tu, senhor para quem as comemorações são feitas, tanto no céu quanto na terra. Muitos são os gritos de alegria que se elevam para ti no festival de Uak*, e gritos de prazer sobem até ti do (9) mundo inteiro em uma só voz. Tu és o líder e príncipe de teus irmãos, tu és o príncipe da companhia dos deuses, tu estabeleces o direito e a verdade em todos os lugares, tu colocas teu filho em teu trono, tu és objeto de louvor de teu pai Seb, e do amor de tua mãe Nut. Tu és extremamente poderoso, tu derrotas aqueles que se opõem a ti, tu tens mão poderosa, e tu abates teu (10) inimigo. Tu causas medo em teu inimigo, tu removes os limites dele, teu coração é firme e teus pés são vigilantes. Tu és o herdeiro de Seb e o soberano de toda a terra; Seb viu teu poder glorioso e te ordenou dirigir o (11) universo para todo o sempre por tua mão.

Tu fizeste esta terra pela tua mão e, da mesma origem, as águas, o vento, a erva, todo o gado, todas as aves aladas, todos os peixes, todas as criaturas rastejantes e todos os animais de quatro patas (12). Ó tu, filho de Nut, o mundo inteiro fica satisfeito quando tu ascendes ao trono de teu pai igual a Rá. Tu brilhas no horizonte, tu envias tua luz para a escuridão, tu tornas a escuridão leve com tua pluma dupla, e tu inundas o mundo com luz como o (13) Disco ao raiar do dia. Teu diadema perfura o céu e se torna um irmão das estrelas, ó tu, forma de todos os deuses. Tu és gracioso no comando e na fala, tu és o favorecido da grande companhia dos deuses, e tu és o muito amado da menor companhia dos deuses. Tua irmã estendeu seu poder protetor sobre ti, ela dispersou aqueles que eram inimigos dela, (14) ela repeliu o mal, pronunciou grandiosas palavras de poder, ela tornou a própria língua astuta, e suas palavras não falharam. A gloriosa Ísis era perfeita no comando e na fala e vingou o irmão. Ela o procurou sem cessar, (15) vagou por toda a terra proferindo gritos de dor e não descansou** até que o encontrou. Ela o encobriu com suas penas, fez vento com suas asas e soltou gritos durante o enterro do irmão. Ela levantou a forma prostrada dele cujo coração estava inerte, tomou parte da essência dele, concebeu e deu à luz um filho, ela o amamentou em segredo e ninguém sabia onde, e o braço do filho se fortaleceu na grande casa de Seb. (17) A companhia dos deuses se regozija e está feliz com a vinda do filho de Osíris, Hórus, e firme de coração e triunfante é o filho de Ísis, o herdeiro de Osíris."

[* Esse festival acontecia nos dias 17 e 18 do mês Thoth.] [**. Literalmente, "ela não pousou" ⌐ ◎ 𓅱 ʌ; toda a passagem aqui justifica a declaração de Plutarco (*De Iside* de *Osiride*, 16) sobre Ísis: Αὐτὴν δὲ γενομένην χελιδόνα τῇ κίονι περιπέτεσθαι καὶ θρηνεῖν (Ela, transformando-se em andorinha, voou em torno do pilar e chorou).

formas e de muitos atributos, Tmu em Annu, senhor de Akert[21], o único, senhor da terra de cada lado do Nilo celestial."

Osíris, o deus da ressurreição

Na 26ª Dinastia e posteriormente, desenvolveu-se uma classe de literatura representada por obras como *O livro das respirações*, *As lamentações de Ísis e Néftis*, *As canções festivais de Ísis e Néftis*, *As litanias de Seker* e semelhantes, cujos hinos e orações são dirigidos a Osíris mais como deus dos mortos e modelo da ressurreição do que como sucessor do grande deus cósmico Tmu-Rá. Ele é chamado de "a alma que vive novamente", "o ser que se torna uma criança de novo", "o filho primogênito da matéria informe, o senhor de múltiplos aspectos e formas, senhor do tempo e doador dos anos, senhor da vida por toda a eternidade". Ele é o "doador da vida desde o princípio"; "a vida brota para nós de sua destruição", e o germe que procede dele gera vida tanto nos mortos quanto nos vivos.

---

21 – Quer dizer, o submundo.

A DOUTRINA DA VIDA ETERNA

Crença egípcia em uma vida futura

As ideias e crenças que os egípcios tinham em relação a uma existência futura não são facilmente definidas devido às muitas dificuldades de traduzir os textos religiosos e de combinar as declarações feitas em diferentes obras de diferentes períodos. Alguma confusão quanto aos detalhes também parece ter existido na mente dos próprios egípcios, e ela não pode ser esclarecida até que a literatura do assunto tenha sido mais estudada e até que mais textos tenham sido publicados. É certo que os egípcios acreditavam em algum tipo de vida futura; e a doutrina da existência eterna é a principal característica de sua religião e é enunciada com a maior clareza em todos os períodos. Se essa crença teve sua origem em Annu, a principal cidade de adoração ao deus-sol, não é certo, apesar de muito provável; pois já nos textos das pirâmides encontramos a ideia de vida eterna associada à existência do sol, e diz-se que Pepi I é "o Doador da vida, estabilidade, poder, saúde e toda a alegria do coração, como o Sol, vivendo para sempre".

Dinastia com D maiúsculo

O sol nascia a cada dia com força e vigor renovados, e a restauração da juventude em uma vida futura era o objetivo e o desejo de todo crente egípcio. Foi para esse fim que toda a literatura religiosa do Egito foi composta. Tomemos como exemplo os seguintes trechos de textos da 6ª Dinastia:

1.
ha   Unas   an   sem-nek   as   met-th   sem-nek   anxet
Salve Unas, não foste, eis que [como] um falecido, tu foste [como] um vivo

hems   her   xent   Ausar.
sentar-se no trono de Osíris.

2.
O Ra-Tum i-nek   sa-k   i-nek   Unas ... sa-k   pu en

Ó, Rá-Tum, vem a ti teu filho, vem a ti Unas... teu filho é este de

t'et-k   en t'etta

teu corpo para sempre.

3.
Tem   sa-k   pu penen Ausar ta-nek   set'eb-f   anx-f   anx-f

Ó Tum, teu filho é este Osíris; tu lhe deste o sustento e ele vive; ele vive,

anx   Unas pen   an   mit-f   an mit   Unas   pen

e vive este Unas; não morre ele, não morre este Unas.

4.
hetep   Unas   em anx em Amenta

Instala-se Unas na vida em Amenta.

5.
au am-nef   saa   en neter neb   ahau pa neheh t'er-f

Ele comeu o conhecimento de cada deus, [sua] existência é por toda a eternidade

pa t'etta   em sah-f pen en merer-f ari-f   mest'et'-f

e para a eternidade este em seu *sah*; o que quer ele faz, [o que] ele odeia

an ari-nef

ele não faz.

6.
anx   anx   an   mit-k

Viva a vida, não morrerás.

A DOUTRINA DA VIDA ETERNA NA 18ª DINASTIA

No papiro de Ani, o falecido é representado como tendo chegado a um lugar remoto e distante, onde não há ar para respirar nem água para beber, mas onde ele conversa com Tmu. Em resposta à sua pergunta: "Quanto tempo ainda tenho de vida?", o grande deus de Annu responde:

auk er heh en heh aha en heh

Tu existirás por milhões de milhões de anos, um período de milhões de anos.

No capítulo 84, Prancha 28, conforme consta no mesmo papiro, a duração infinita da existência passada e futura da alma, bem como sua natureza divina, é proclamada por Ani nas palavras:

nuk Su paut ba-a pu neter ba-a pu heh

Eu sou Shu [o deus] da matéria informe. Minha alma é Deus, minha alma é a eternidade.

Quando o falecido se identifica com Shu, ele torna o período de sua existência coevo ao de Tmu-Rá, ou seja, ele existia antes de Osíris e dos outros deuses de sua companhia. Estas duas passagens provam a identidade da crença na vida eterna na 18ª Dinastia com a da 5ª e 6ª Dinastias.

Contudo, enquanto temos essa evidência da crença egípcia na vida eterna, em nenhum lugar é dito que o corpo corruptível do homem ressuscitará; de fato, os trechos a seguir mostram que prevalecia a ideia de que o corpo jazia na terra enquanto a alma ou o espírito vivia no céu.

1.
ba ar pet sat ar ta

Alma para o céu, corpo para a terra. (5ª Dinastia.)

2.
mu-k er pet xa-k er ta

Tua essência está no céu, teu corpo, na terra. (5ª Dinastia.)

3.

pet xer ba-k ta xeri tut-k

O céu tem tua alma, a terra tem teu corpo. (período ptolomaico).

CONSTÂNCIA DA CRENÇA NA RESSURREIÇÃO

Entretanto, não há dúvida de que, do princípio ao fim, os egípcios acreditavam firmemente que, além da alma, havia algum outro elemento do homem que ressuscitaria. A preservação do corpo corruptível também estava, de alguma forma, ligada à vida no mundo vindouro, e a preservação era necessária para garantir a vida eterna; caso contrário, as orações recitadas para esse fim teriam sido inúteis, e o antigo costume de mumificar os mortos não faria sentido. A existência eterna da alma é afirmada em uma passagem citada acima sem referência a Osíris; porém, a menção frequente à união de seus ossos, à reunião de seus membros e à eliminação de toda corrupção de seu corpo parecem demonstrar que os egípcios devotos associavam esses fatos à ressurreição dos próprios corpos de alguma forma, e argumentavam que o que havia sido feito por aquele proclamado como doador e fonte da vida deveria ser necessário para o homem mortal.

O *KHAT* OU CORPO FÍSICO

O corpo físico do homem considerado um todo era chamado de *khat*, uma palavra que parece estar ligada à ideia de algo passível de se decompor. A palavra também é aplicada ao corpo mumificado na tumba, como sabemos pelas palavras "meu corpo (*khat*) está enterrado". Tal corpo era atribuído ao deus Osíris; no capítulo 162 do *Livro dos mortos:* "seu grande corpo divino repousava em Annu". Nesse aspecto, o deus e o falecido estavam em igualdade. Conforme visto anteriormente, o corpo não deixa a tumba nem reaparece na terra, porém sua preservação era necessária. Portanto, o falecido se dirige a Tmu: "Louvado seja, ó meu pai, Osíris, eu vim e eu embalsamei esta minha carne, para que meu corpo não decaia. Estou inteiro, assim como meu pai Khepera estava inteiro, ele que é para mim o modelo daquilo que não perece. Venha então, ó Forma, e dê-me fôlego, ó senhor da respiração, ó tu que és maior que teus companheiros. Estabeleça-me e forme-me, ó tu que és o senhor da sepultura. Concede-me que perdure para sempre, assim como concedeste a teu pai Tmu que perdurasse; e seu corpo não pereceu nem se deteriorou. Eu não fiz aquilo que é odioso para ti, não, eu falei o que teu *ka* ama; não me repulses e não me lances atrás de ti, ó Tmu, para decair, assim como tu fazes com todo deus e com toda deusa e todo animal e criatura rastejante que perece quando a alma sai após sua morte, e que se despedaça após sua decadência... Glória a ti, ó meu pai Osíris, tua carne não sofreu decadência, não havia vermes em ti, tu não desmoronaste, tu não murchaste, tu não te tornaste corrupção e vermes; e eu mesmo sou Khepera, possuirei minha carne para todo o sempre, não decairei, não desmoronarei, não murcharei, não me tornarei corrupção."

O *SAHU* OU CORPO ESPIRITUAL

Mas o corpo não jaz inerte na tumba, pois, pelas orações e cerimônias no dia do enterro, é dotado com o poder de se transformar em um *sahu*, ou corpo espiritual. Dessa forma, temos frases como: "eu germino como as plantas", "minha carne germina", "eu existo, eu existo, eu vivo, eu vivo, eu germino, eu germino", "tua alma vive, teu corpo ⟨hieróglifo⟩ germina ao comando do próprio Rá sem diminuição e sem defeito, como Rá para todo o sempre". A palavra *sahu*, ⟨hieróglifos⟩ embora, às vezes, escrita com o determinante de uma múmia deitada em um esquife como *khat*, "corpo", indica um corpo que obteve um grau de conhecimento, poder e glória, por meio dos quais se torna doravante duradouro e incorruptível. O corpo que se tornou um *sahu* tem o poder de se associar à alma e de conversar com ela. Nesta forma, pode ascender aos céus e habitar com os deuses, e com o *sahu* dos deuses, e com as almas dos justos. Nos textos das pirâmides, temos as passagens:

1. ⟨hieróglifos⟩

Thes-thu   Teta   pu   un–thu   aaa   peh–tha   hems-k

Levanta-te,   Teti,   este. Levanta-te, tu poderoso, forte. Sente-se *xent neteru ari-k ennu ari en Ausar em Het-aa amt Annu*

com os deuses, faça aquilo que Osíris fez na grande casa em Annu.

sesep-nek sah-k an t'er ret-k em pet an

Tu recebeste teu *sah*, não será agrilhoado teu pé nos céus, não

xesef-k em ta

serás devolvido à terra.

2. *anet' hra-k Teta em hru-k pen aha tha xeft Ra*

Saudações a ti, Teti, neste teu dia [quando] tu estás diante de Rá [como]

per-f em aabt t'eba-tha em sah-k pen am baiu

ele vem do leste, [quando] tu és dotado com este teu *sah* entre as almas.

3. *ahau pa neheh t'er-f pa t'etta em sah-f*

A duração de [sua] vida é a eternidade, o limite de vida dele é a eternidade em seu *sah*.

4. *nuk sah em ba-f*

Eu sou um *sah* com sua alma.

Na última edição do *Livro dos mortos*, publicada por Lepsius, diz-se que o falecido "olha para o seu corpo e descansa sobre o seu *sahu*", e diz-se que as almas "entram em seu *sahu*"; e uma passagem existente tanto nesta quanto na edição tebana mais antiga faz com que o falecido receba o *sahu* do deus Osíris. Contudo, fica claro que os escritores egípcios às vezes confundiam o *khat* com o *sahu*, como em uma passagem no *Livro das respirações*, na qual é dito: "Salve Osíris, teu nome perdura, teu corpo está estabelecido, teu *sahu* germina"; em outros textos, a palavra "germinar" é aplicada apenas ao corpo natural.

O *AB* OU CORAÇÃO

Em íntima conexão com os corpos natural e espiritual, estava o coração, ou melhor, aquela parte dele que era a sede do poder vital e a fonte dos bons e maus pensamentos. Além dos corpos natural e espiritual, o ser humano tinha uma individualidade ou personalidade abstrata dotada de todos os seus atributos característicos. Essa personalidade abstrata tinha uma existência totalmente independente. Conseguia se mover livremente de um lugar a outro, separando-se ou unindo-se à vontade e desfrutando da vida com os deuses no céu.

O *KA* OU DUPLO

Este era o *ka* ⊔, palavra que, por vezes, transmite os significados de sua equivalente copta **КШ**, e do εἴδωλον, imagem, gênio, duplo, caráter, disposição e atributos mentais. As oferendas funerárias de carne, bolos, cerveja, vinho, unguentos, entre outras, eram destinadas ao *ka*; o cheiro do incenso queimado lhe era grato. O *ka* residia na estátua da pessoa do mesmo modo que o *ka* de uma divindade habitava a estátua da divindade. A este respeito, o *ka* parece ser idêntico ao *sekhem* ⸙ ou imagem. Nos tempos mais remotos, as tumbas tinham câmaras especiais onde o *ka* era adorado e recebia oferendas. O sacerdócio contava, entre seu corpo, com uma ordem de homens que recebiam o nome de "sacerdotes do *ka*" e que prestavam serviços em homenagem ao *ka* na "capela do *ka*".

No texto de Unas, conta-se que o falecido está "feliz com seu *ka*" no outro mundo, e que seu *ka* se une a seu corpo na "grande morada"; tendo sido o seu corpo enterrado na câmara mais baixa, "seu *ka* sai para ele". Diz-se de Pepi I:

ai su ka-k hems ka-k am-f ta hena-k at ur

Lavado está teu *ka*, senta-se teu *ka* [e] come pão contigo sem cessar

en t'et t'etta

para sempre.

aha   uab-k   uab   ka-k   uab   ba-k   uab   sexem - k

Tu és puro, teu *ka* é puro, tua alma é pura, tua forma é pura.

O *ka*, como vimos, podia comer, e era necessário fornecer-lhe comida. Na 12ª Dinastia e em períodos posteriores, os deuses são instados a conceder comida e bebida ao *ka* do falecido; e parece que os egípcios pensavam que o futuro bem-estar do corpo espiritual dependia da manutenção de um suprimento constante de oferendas sepulcrais. Quando as circunstâncias tornavam impossível continuar o suprimento material de comida, o *ka* se alimentava das oferendas pintadas nas paredes da tumba, que eram transformadas em alimento adequado por meio das orações dos vivos. Quando não havia oferendas materiais nem semelhantes pintadas das quais se alimentar, parece que o *ka* pereceria; no entanto, os textos não são definitivos quanto a este ponto.

Uma oração do ka

O que se segue é um exemplo da petição do *ka* por comida, escrita na 18ª Dinastia:

"Que os deuses concedam que eu entre e saia de minha tumba, que a Majestade refresque sua sombra, que eu beba água de minha cisterna todos os dias, que todos os meus membros cresçam, que Hapi me dê pão e flores de todos os tipos em suas estações, que eu passe por minha propriedade todos os dias sem cessar, que minha alma pouse nos galhos dos bosques que plantei, que eu me refresque sob meus sicômoros, que eu coma o pão que eles fornecem. Que eu tenha minha boca para que eu possa falar com ela como os seguidores de Hórus, que eu possa ir até o céu, que eu desça à terra, que eu nunca seja preso na estrada, que jamais seja feito a mim aquilo que minha alma abomina, que minha alma não seja aprisionada, mas que eu esteja entre os veneráveis e abençoados, que eu possa arar minhas terras no Campo de Aaru, que eu chegue ao Campo da Paz, que alguém venha até mim com jarros de cerveja, bolos e pães dos senhores da eternidade, que eu receba carne dos altares dos grandiosos, eu, o *ka* do profeta Amsu."

O *BA* OU ALMA

A parte do homem que, sem dúvida, se acreditava gozar de uma existência eterna no céu em um estado de glória, os egípcios nomearam *ba* 𓅃, uma palavra que significa algo como "sublime", "nobre", e que até agora sempre foi traduzida como "alma". O *ba* não é incorpóreo, pois, embora resida no *ka* e seja, em alguns aspectos, como o coração, o princípio da vida no ser humano, ainda assim possui substância e forma. Na forma, é representado como um falcão com cabeça humana 𓅃; na natureza e substância, é descrito como extremamente refinado ou etéreo. Ele revisitava o corpo na tumba e o reanimava e conversava com ele; podia assumir qualquer forma que desejasse; e tinha o poder de passar para o céu e habitar ali com as almas aperfeiçoadas. Era eterno. Como o *ba* estava intimamente associado ao *ka*, tomava parte das oferendas funerárias e, pelo menos em um aspecto de sua existência, estava sujeito à decadência se não fosse alimentado de maneira adequada e suficiente. Nos textos das pirâmides, a morada permanente do *ba* ou alma é o céu com os deuses, cuja vida ele compartilha.

1.
    sek   Unas   per   em   hru   pen   em   aru   maa   en

    Eis que Unas surge neste dia na forma exata de

    ba   anx

    uma alma vivente.

2.
    ba – sen   met   Unas

    Sua alma está em Unas.

3.
    aha   ba-k   emma   neteru

    Permanece tua alma entre os deuses.

4. *ha*   *Pepi*   *pu*   *i-nek*   *maat*   *Heru*   *metu-s*   *thu*

Salve, este Pepi! Vem a ti o olho de Hórus, ele fala contigo.

i-nek   *ba-k*   *sou*   *neteru*

Vem a ti tua alma que está entre os deuses.

5. *uab ba-k*   *am*   *neteru*

Pura é tua alma entre os deuses.

6. *anx*   *Ausar*   *anx*   *ba*   *din*   *Netat*   *anx*   *Pepi pen*

Como vive Osíris, e como vive a alma em Netat, assim vive Pepi.

7. *ta-s*   *baiu-k*   *Pepi pen*   *xent*   *paut neteru*   *em*

Ele coloca esta tua alma, Pepi, entre os ciclos maiores e menores dos deuses na

tut   *arat*   *am-tha*   *hat-k*

forma dos ureus[22] [que] estão na tua testa.

8. *ha*   *Pepi pen*   *ba-k*   *baiu*   *Annu*   *as*   *ba-k*   *baiu*

Eis este Pepi, tua alma é a alma de Annu; eis que tua alma é a alma

Nexen As   *ba-k*   *baiu*   *Pe*   *as*   *ba-k*   *seb*   *anx*   *as*

de Nekhen; eis que tua alma é a alma de Pe; eis que a tua alma é uma estrela viva, ei-la

xent   *senu - f*

entre seus irmãos.

---

22 – Imagem de serpente colocada na coroa dos faraós.

O *KHAIBIT* OU SOMBRA

Em conexão com o *ka* e *ba*, deve ser mencionado o *khaibit* ⸢ ⸣ ou sombra do homem, que os egípcios consideravam parte da economia humana. Pode ser comparado com o σκιά (sombra) e a *umbra* dos gregos e romanos. Supunha-se que tivesse uma existência inteiramente independente e que fosse capaz de separar-se do corpo; era livre para ir aonde quisesse e, como o *ka* e *o ba*, tomava parte das oferendas funerárias na tumba, que visitava à vontade. A menção da sombra, seja de um deus ou de um ser humano, nos textos das pirâmides, é pouco frequente e não é fácil determinar quais crenças a respeito dela existiam; porém, na passagem no texto de Unas, em que é mencionada com as almas e espíritos e ossos dos deuses, fica evidente que, já naquela época antiga, sua posição em relação ao homem estava bem definida. Da coleção de ilustrações que o dr. Birch anexou ao seu artigo "On the Shade or Shadow of the Dead", é bastante claro que, pelo menos em tempos posteriores, a sombra sempre esteve associada à alma e acreditava-se estar sempre perto dela. Essa visão é apoiada por uma passagem no capítulo 92 do *Livro dos mortos*, no qual é dito:

em   xena   ba-a   sauti   xaibit-a   un   uat

Que minha alma não seja presa, que minha sombra não seja acorrentada, que se abra o caminho

en   ba-d   en   xaibit-a   maa-f   neter aa

pela minha alma e pela minha sombra, que veja o grande deus.

E mais uma vez, no capítulo 89, o falecido diz:

maa - a   ba-a   xaibit-a

Que eu possa ver minha alma e minha sombra.

O *khu* ou inteligência

Outra parte importante e aparentemente eterna do homem era o *khu* 🦩, que, a julgar pelo significado da palavra, pode ser definido como um invólucro ou revestimento intangível, "radiante" ou translúcido do corpo, frequentemente representado na forma de uma múmia. Por falta de palavra melhor, *khu* tem sido traduzido como "radiante", "glorioso", "inteligência" e similares, mas, em certos casos, pode ser razoavelmente bem traduzido como "espírito". Os textos das pirâmides nos mostram que os *khus* dos deuses viviam no céu, e para lá se dirigia o *khu* de uma pessoa assim que as orações proferidas sobre o cadáver o permitissem. Assim lê-se: "Unas está com os *khus*", e um dos deuses é solicitado a "dar-lhe seu cetro entre os *khus*"; quando as almas dos deuses entram em Unas, seus *khus* estão com e ao redor ele. Ao rei Teti é dito:

nehem-nef   maat-f   maf   er   ta-nef   nek   seba-k

Ele[23] arrancou seu olho de si mesmo, ele o deu a ti para fortalecer-te

am-s   sexem – k   am-s   xent   xu

com ele, para que tu possas prevalecer com ele entre os *khus*.

Novamente, quando o deus Khent-mennut-f transporta o rei para o céu, diz-se que o deus Seb, que se alegra em conhecê-lo, dá-lhe as duas mãos e o recebe como um irmão, cuida dele e o coloca entre os imperecíveis *khus*. No capítulo 92, o falecido é levado a orar pela libertação de sua alma, sombra e *khu* da prisão da tumba e pela libertação daqueles "cujas moradas estão escondidas, que acorrentam as almas, que acorrentam as almas e os *khus*, e que aprisionam as sombras dos mortos"; no capítulo 91, há uma fórmula preparada especialmente para permitir que o *khu* passe da tumba para os domínios onde Rá e Hathor habitam.

---

23 – Quer dizer, Hórus.

O *SEKHEM* OU FORMA

Acreditava-se, ainda, que outra parte da pessoa existia nos céus, à qual os egípcios deram o nome de *sekhem* 𓊃𓏤𓅆𓏏. A palavra foi traduzida como "poder", "forma" e semelhantes, mas é muito difícil encontrar qualquer expressão que represente a concepção egípcia do *sekhem*. É mencionado em conexão com a alma e *khu*, como vemos nas seguintes passagens dos textos das pirâmides:

1.

i-nek   *sexem – k*   *am*   *xu*

Vem a ti teu *sekhem* entre os *khus*.

2.

Uda   *sexem-k*   *am*   *xu*

Puro é teu *sekhem* entre os *khus*.

3.

aha *uab – k* *uab* *ka-k* *uab* *ba-k* *uab*

Tu és puro, puro é teu *ka*, pura é tua alma, puro é

sexem – k

teu *sekhem*.

Um nome de Rá era 𓊃𓏤𓅆 *sekhem ur*, o "Grande Sekhem", e Unas é identificado com ele e chamado:

sexem ur *sexem* *em* *sexemu*

Grande *sekhem*, *sekhem* entre os *sekhemu*.

O *REN* OU NOME

Por fim, acreditava-se que o nome de uma pessoa, ⟨hieróglifo⟩ *ren*, existia no céu. Nos textos das pirâmides, nos é dito que:

⟨hieróglifos⟩
nefer en Pepi pen hena ren-f anx Pepi pen hena ka-f
Feliz é Pepi com seu nome, vive Pepi com seu *ka*.

Desse modo, conforme vimos, um ser humano completo consistia em um corpo natural, um corpo espiritual, um coração, um duplo, uma alma, uma sombra, um invólucro etéreo intangível ou espírito, uma forma e um nome. Todas essas partes estavam, no entanto, ligadas inseparavelmente, e o bem-estar de cada uma delas dizia respeito ao de todas as outras. Para isso, era necessário preservar da decomposição o corpo natural; e certas passagens nos textos das pirâmides parecem mostrar que existia uma crença na ressurreição do corpo natural nas primeiras dinastias.

Os textos não revelam o momento em que a parte imortal começava a sua existência beatificada, mas é provável que o Osíris[24] de um homem só alcançasse o pleno gozo da felicidade espiritual depois que as cerimônias fúnebres tivessem sido devidamente realizadas e o ritual recitado. Do mesmo modo, sabe-se poucos detalhes sobre o modo de vida da alma nos céus e, embora uma série de fatos interessantes possam ser obtidos dos textos de todos os períodos, é muito difícil combiná-los. Isso se deve, em parte, aos diferentes pontos de vista de diferentes escolas de pensamento no antigo Egito e, em parte, ao fato de que, sobre alguns pontos, os próprios egípcios parecem não ter opiniões definitivas. Logo, dependemos

---

24 – O Osíris consistia em todas as partes espirituais de um homem reunidas em uma forma que se parecia exatamente com ele. Qualquer honra prestada ao corpo mumificado era recebida por seu Osíris, as oferendas feitas a ele eram aceitas por seu Osíris, e os amuletos colocados sobre ele eram usados por seu Osíris para a própria proteção. O *sahu*, o *ka*, o *ba*, o *khu*, o *khaibit*, o *sekhem* e o *ren* eram, em tempos primitivos, partes separadas e independentes da natureza imortal do homem; porém, nos textos das pirâmides, eles são unificados, e o falecido rei Pepi é chamado de "Osíris Pepi". O costume de chamar o falecido de Osíris continuou até o período romano. Sobre o Osíris de um homem, consulte Wiedemann, *Die Osirianische Unsterblichkeitslehre* (em *Die Religion der alten Aegypter*, p. 128).

dos textos das pirâmides para o conhecimento de suas concepções mais antigas de uma vida futura.

A EXISTÊNCIA NO CÉU

A vida do Osíris de uma pessoa no paraíso ou céu é, ao mesmo tempo, material e espiritual, e parece que os egípcios nunca conseguiram romper com seu hábito antiquíssimo de confundir as coisas do corpo com as coisas da alma. Eles acreditavam em uma parte incorpórea e imortal do ser humano, cujos elementos constituintes voavam para o céu após a morte e o embalsamamento; no entanto, os teólogos da 6ª Dinastia decidiram que havia alguma parte do falecido que só poderia ascender ao céu por meio de uma escada. Na pirâmide de Teti, afirma-se: "quando Teti se purificou nas fronteiras desta terra onde Rá se purificou, ele rezou e colocou a escada, e aqueles que habitavam o grande lugar o pressionaram para frente com as mãos". Na pirâmide de Pepi I, o rei é identificado com tal escada: "Ísis proclama: 'Felizes aqueles que veem o pai'; e Néftis declara: 'Aqueles que veem o pai têm descanso', falando ao pai deste Osíris Pepi quando ele vai para o céu entre as estrelas e entre os luminares que nunca se põem. Com os ureus na testa, seu livro em ambos os lados e palavras mágicas a seus pés, Pepi avança em sua mãe Nut e entra nela em seu nome Escada". Os deuses que presidem essa escada são, em alguns momentos, Rá e Hórus e, em outros, Hórus e Set. Na pirâmide de Unas, encontra-se: "Rá põe a escada de pé para Osíris, e Hórus levanta a escada para seu pai Osíris, quando Osíris sai para [encontrar] sua alma; um fica de um lado, e o outro fica de pé do outro, e Unas está entre eles. Unas se levanta e é Hórus, ele se senta e é Set". Na pirâmide de Pepi I, lê-se: "Salve a ti, ó Escada de Deus, salve a ti, ó Escada de Set. Levante-se, ó Escada de Deus, levante-se, ó Escada de Set, levante-se, ó Escada de Hórus, na qual Osíris foi para o céu... Este Pepi é teu filho, este Pepi é Hórus, tu deste à luz este Pepi assim como deste à luz o deus que é o senhor da Escada. Destes a ele a Escada de Deus e destes a ele a Escada de Set, na qual este Pepi avançou para o céu... Todo *khu* e todo deus estende sua mão para este Pepi quando avança para o céu pela Escada de Deus... o que ele vê e o que ele ouve o torna sábio e serve de alimento para quando sobe para o céu pela Escada de Deus. Pepi ascende como os *ureus* que estão na testa de Set, e todo *khu* e toda divindade estende a mão para Pepi na Escada. Pepi ajuntou seus ossos, coletou a própria carne, e foi direto para o céu por meio dos dois dedos do deus que é o Senhor da Escada". Em outro trecho, somos informados que Khonsu e Set "carregam a Escada de Pepi e a instalam".

A DEIFICAÇÃO DO CORPO ESPIRITUAL

Quando o Osíris de uma pessoa entra no céu como uma alma vivente, ele é considerado como um daqueles que "comeram o olho de Hórus, ele caminha entre os que vivem" ♀♀♀, ele se torna "Deus, o filho de Deus", e todos os deuses do céu se tornam seus irmãos.

Seus ossos são os deuses e deusas do céu; seu lado direito pertence a Hórus, e seu lado esquerdo, a Set; a deusa Nut faz com que ele se levante como um deus sem inimigo em seu nome "Deus"; e Deus o chama pelo seu nome. Seu rosto é o rosto de Ap-uat, seus olhos são os grandes entre as almas do Annu, seu nariz é Thoth, sua boca é o grande lago, sua língua pertence ao barco da justiça e da verdade, seus dentes são os espíritos de Annu, seu queixo é Khert-khent-Sekhem, sua espinha dorsal é Sema, seus ombros são Set, seu peito é Beba, e assim por diante; cada um de seus membros é associado a uma divindade. Além disso, seu corpo como um todo é identificado com o Deus do Céu. Por exemplo, diz-se sobre Unas:

t'et-k   t'et   ent   Unas   pen   af-k   af   en   Unas   pen

Teu corpo é o corpo deste Unas. Tua carne é a carne deste Unas.

kesu-k   kesu   Unas   pen   seb-k seb   Unas   pen

Teus ossos são os ossos deste Unas. Tua passagem é a passagem deste Unas.

seb   Unas pen   seb-k

A passagem deste Unas é a tua passagem.

Além disso, essa identificação do falecido com o Deus do Céu o coloca na posição de governante supremo. Por exemplo, temos a prece para que Unas "possa governar os nove deuses e completar a companhia dos nove deuses", e Pepi I, em seu progresso pelo céu, encontra a dupla companhia dos deuses, que estendem suas mãos, pedindo-lhe que viesse sentar-se entre eles.

IDENTIFICAÇÃO COM HÓRUS

Mais uma vez, o falecido é transformado em Hórus, filho de Osíris e Ísis. Lê-se de Pepi I: "Eis que não é Pepi quem implora para ver-te na forma em que tu és [hieróglifos], ó Osíris, quem implora para ver-te na forma em que tu és, ó Osíris; mas é teu filho quem implora para ver-te na forma em que tu és, ó Osíris, é Hórus quem implora para ver-te na forma em que tu és". Hórus, aqui, não coloca Pepi à frente dos mortos, mas entre os deuses divinos. Em outro trecho, somos informados de que Hórus pegou seu Olho e o deu a Pepi, e que o odor do corpo de Pepi é o odor do Olho de Hórus. Ao longo dos textos das pirâmides, o Osíris do falecido é filho de Tmu, ou Tmu-Rá, Shu, Tefnut, Seb e Nut, irmão de Ísis, Néftis, Set e Thoth, e pai de Hórus; suas mãos, braços, barriga, costas, quadris e coxas e pernas são o deus Tmu, e seu rosto é Anúbis. Ele é o irmão da lua, filho da estrela Sothis, ele anda pelo céu como Órion [hieróglifos] e Sothis [hieróglifos] e se eleva em seu lugar como uma estrela. Os deuses, masculinos e femininos, prestam-lhe homenagem, todos os seres no céu o adoram; em uma passagem interessante, diz-se de Pepi I que "quando ele vier para o céu, encontrará Rá face a face diante dele e, tendo se sentado nos ombros de Rá, este não permitirá que ele desça para o chão de novo; pois ele sabe que Pepi é mais radiante do que os radiantes, mais perfeito do que os perfeitos e mais estável do que os estáveis… Quando Pepi estiver ao norte do céu com Rá, ele se tornará senhor do universo como o rei dos deuses". Ao falecido, Hórus dá seu próprio *ka,* imobiliza os inimigos daquele e afasta seus *kas.* Pelo poder divino assim concedido ao falecido, ele submete os *kas* dos deuses e outros *kas*, e põe seu jugo sobre os *kas* da tríplice companhia dos deuses. Também se torna Thoth, a inteligência dos deuses, e julga corações; e os corações daqueles que tomariam sua comida e a respiração de suas narinas tornam-se as presas de suas mãos.

A VIDA CELESTIAL DOS BEM-AVENTURADOS

O lugar do falecido no céu é ao lado de Deus no lugar santíssimo, e ele se torna Deus e um anjo de Deus; ele mesmo é triunfante[25], e seu *ka* é triunfante. Ele se senta em um grande trono ao lado de Deus. O trono é de ferro ornamentado com rostos de leões e com cascos de touros. Ele usa as melhores vestes, como as daqueles que se sentam no trono da retidão e verdade vivas. Recebe a coroa *urerit* dos deuses da grande companhia dos deuses do Annu. Ele não tem sede, nem fome, nem é triste; come o pão de Rá e bebe o que este bebe todos os dias, e seu pão também é aquele falado por Seb e que sai da boca dos deuses. Ele come o que os deuses comem, bebe o que eles bebem, vive como eles vivem, e habita onde eles habitam; todos os deuses lhe dão sua comida para que não morra. Ele não apenas come e bebe de sua comida, mas também veste as roupas que eles usam, o linho branco e as sandálias; ele está vestido de branco e "ele vai para o grande lago no meio do Campo da Paz onde os grandes deuses estão; e esses deuses grandiosos e infalíveis dão a ele [para comer] da árvore da vida da qual eles mesmos se alimentam ⳺◖◗~~◯~~◯◗|~~, para que ele também viva ◖◗~~". O pão que ele come nunca apodrece e sua cerveja nunca envelhece. Ele come do "pão da eternidade" e bebe da "cerveja da infinitude" que os deuses comem e bebem; e se alimenta daquele

---

25 – ⳺◖◯◗| *maa-xeru*; Mapero, *Recueil de Travaux*, t. 5, p. 186 (l. 172). Essas palavras são sempre acrescentadas posteriormente ao nome do falecido e parecem significar algo como "aquele cuja voz, ou fala, é correta e verdadeira"; a expressão foi traduzida por "aquele que diz a verdade", "verídico", "justo", "justificado", "vencedor", "campeão das palavras", "poderoso no discurso", "verdadeiro na voz", "justo na voz", "vitorioso", "triunfante" e semelhantes. Uma visão um tanto diferente do significado de *maakheru* é dada por Virey (Tombeau de Rekhmara, Paris, 1889, p. 101. Publicado em *Mémoires publiés par les Membres de la Miss. Arch. Française au Caire*, t. 5, fasc. 1). As oferendas pintadas nas paredes da tumba eram de fato desfrutadas pelo falecido em seu novo estado de existência. Os egípcios as chamavam de "*per kheru*", isto é, "as coisas que a palavra ou a solicitação fazia aparecer", ou "*per hru kheru*", ou seja, "as coisas que se apresentavam à palavra" ou "à solicitação" do falecido. O falecido era então chamado de "*maa kheru*", quer dizer, "aquele que realiza a própria palavra", ou "aquele que realiza enquanto fala", ou "cuja voz ou solicitação realiza", ou "cuja voz ou solicitação torna verdadeiro", ou "faz ser real e de fato", que aparece apenas pintado nas paredes da tumba. Amélineau discorda dessa interpretação e concorda com a tradução de "justo na voz" de Maspero; veja *Un Tombeau Égyptien* (na *Revue de l'Histoire des Religions*), t. 23, p. 153, 154. É possível que *maakheru* signifique simplesmente "abençoado".

pão que o Olho de Hórus derramou sobre os ramos da oliveira. Ele não sofre fome nem sede, tal qual os deuses Shu e Tefnut, pois está satisfeito com o pão de trigo do qual o próprio Hórus comeu; e os quatro filhos de Hórus, Hapi, Tuamautef, Qebhsennuf e Amset, saciaram a fome de sua barriga e a sede de seus lábios. Ele abomina a fome que não é capaz de satisfazer e detesta a sede que não consegue saciar; mas ele é libertado do poder daqueles que roubariam sua comida. Ele é lavado, e seu *ka* é lavado, e eles comem pão juntos para sempre. É um dos quatro filhos de Hórus que vivem na retidão e na verdade, e eles lhe dão sua porção da comida, a qual tão abundantemente o deus Seb lhes proveu que nunca souberam o que é fome. Ele atravessa o céu do mesmo modo que eles fazem, e toma parte de sua comida de figos e vinho.

Aqueles que seriam hostis ao falecido tornam-se assim inimigos do deus Tmu, e todos os ferimentos infligidos a ele são infligidos a esse deus; ele habita sem medo sob a proteção dos deuses, de cujas entranhas ele saiu. Para ele, "a terra é uma abominação, e ele não entrará em Seb, pois sua alma rompeu para sempre os laços de seu sono em sua casa que está na terra. Seus flagelos chegaram ao fim, pois Unas foi purificado com o Olho de Hórus; os flagelos de Unas foram eliminados por Ísis e Néftis. Unas está nos céus, Unas está nos céus, na forma de ar, na forma de ar; ele não perece, nem nada que está nele perece. Ele está firmemente estabelecido nos céus, e toma seu assento puro na proa da barca de Rá. Aqueles que remam conduzindo Rá rumo aos céus, também o conduzem". Diz-se que a vida que o falecido leva é em geral a daquele "que entra no oeste do céu e sai ao leste". Resumidamente, a condição dos bem-aventurados é descrita no seguinte extrato da pirâmide de Pepi I:

> "Salve, Pepi, tu vieste, tu és glorioso e tu conseguiste poder como o deus que está sentado em seu trono, que é Osíris. Tua alma está contigo em teu corpo, tua forma de força está atrás de ti, tua coroa está sobre a tua cabeça, o teu adereço de cabeça está sobre os teus ombros, o teu rosto está diante de ti, e aqueles que cantam canções de alegria estão em ambos os lados de ti; aqueles que andam no séquito de Deus estão atrás de ti, e as formas divinas que fazem Deus vir estão de cada lado de ti. Deus vem, e Pepi vem ao trono de Osíris. O ser radiante que habita em Netat, a forma divina que habita em

Teni veio. Ísis fala a ti, Néftis conversa contigo, e os radiantes vêm até ti, curvando-se até o chão em adoração a teus pés, por causa da escrita que tu tens, ó Pepi, na região de Saa. Tu saíste para tua mãe Nut, e ela fortalece teu braço e abre um caminho para ti através do céu até o lugar onde Rá habita. Tu abriste as portas do céu, abriste as portas das profundezas celestiais; tu encontraste Rá e ele cuida de ti, ele te tomou pela mão, ele te conduziu às duas regiões do céu e te colocou no trono de Osíris. Então salve, ó Pepi, pois o Olho de Hórus veio conversar contigo; tua alma que estava entre os deuses veio a ti; tua forma de poder que estava habitando entre os radiantes veio a ti. Como um filho luta pelo pai, e como Hórus vingou Osíris, assim também Hórus defende Pepi contra seus inimigos. E tu estás vingado, dotado de todas as coisas como um deus e equipado com todas as formas de Osíris sobre o trono de Khent-Amenta. Tu fazes o que ele faz entre os imortais radiantes; tua alma se assenta em seu trono, sendo provida com tua forma, e faz o que tu fazes na presença daquele que vive entre os viventes, pelo comando de Rá, o grande deus. Ela colhe o trigo, corta a cevada e os dá a ti. Agora, portanto, ó Pepi, aquele que te deu vida e todo poder e eternidade, o poder da fala e teu corpo é Rá. Tu te dotaste com as formas de Deus e, desse modo, tornaste-te engrandecido diante dos deuses que habitam no Lago. Salve, Pepi, tua alma está entre os deuses e os radiantes, e o medo de ti atinge seus corações. Salve, Pepi, tu te colocas no trono Daquele que habita entre os viventes, e é a escrita que tu tens [que causa terror] em seus corações. Teu nome viverá na terra, teu nome florescerá na terra, tu não perecerás nem serás destruído para todo o sempre."

Prazeres corporais

Lado a lado, porém, com as passagens que falam dos gozos materiais e espirituais do falecido, temos outras que parecem implicar que os egípcios acreditavam em uma existência corpórea, ou pelo menos na capacidade de gozo corpóreo, no estado futuro. Essa crença pode ter se baseado na visão de que a vida no outro mundo era apenas uma continuação da vida na terra, com a qual se assemelhava muito, ou pode ter sido devido à sobrevivência de ideias grosseiras semisselvagens incorporadas aos textos religiosos dos egípcios. Seja como for, é certo que na 5ª Dinastia o falecido rei Unas come com a boca, exerce outras funções naturais do corpo e satisfaz seus desejos.

Antiga tradição de caçar e devorar os deuses

Entretanto, a passagem mais notável a esse respeito é a da pirâmide de Unas. Aqui, toda a criação é representada como aterrorizada ao ver o rei falecido erguer-se como uma alma na forma de um deus que devora "seus pais e mães" e se alimenta de homens e de deuses. Ele caça os deuses nos campos e os captura; e quando são amarrados para o abate, ele corta suas gargantas e os estripa. Em seguida, assa e come a melhor parte deles, mas os deuses e deusas velhos são usados como combustível. Ao comê-los, ele absorve seus poderes mágicos 𓁐 e seus *khus* 𓅿𓅿𓅿. Então, se torna a "grande Forma, a forma entre as formas, e o deus de todos os grandes deuses que existem em formas visíveis", e está à frente de todos os *sahu*, ou corpos espirituais nos céus. Ele leva os corações 𓄣 dos deuses e devora a sabedoria de todos eles; portanto, a duração de sua vida é infinita, e ele vive por toda a eternidade, pois as almas dos deuses e seus *khus* estão nele. A passagem inteira diz:

> "(496) Os céus gotejam água, as estrelas pulsam, (497) os arqueiros circulam, os (498) ossos de Akeru tremem, e aqueles que estão ligados a eles fogem quando veem (499) Unas se elevar como uma alma, na forma do deus que vive de seus pais e que se alimenta de suas (500) mães. Unas é o senhor da sabedoria, e (501) sua mãe não conhece seu nome. Os dons de Unas estão no céu, e ele se tornou poderoso no horizonte (502) como Tmu, o pai que lhe deu à luz, e depois que Tmu deu-lhe à luz (503), Unas tornou-se mais forte que seu pai. Os *kas* de Unas estão atrás dele, a sola de seu pé está sob seus pés, seus deuses estão acima dele, seus ureus estão [sentados] (504) sobre sua testa, os guias serpentes de Unas estão diante dele, e o espírito da chama olha para [sua] alma. Os (505) poderes de Unas o protegem; Unas é um touro no céu, ele dirige seus passos para onde desejar, ele vive da forma que (506) cada deus toma para si, e ele come a carne daqueles que vêm encher suas barrigas com os encantos mágicos no Lago de Fogo. Unas está (507) equipado com poder contra os mesmos espíritos radiantes, e ele se ergue na forma do poderoso, o senhor daqueles que habitam no poder. Unas tomou seu assento com seu lado virado para Seb. (508) Unas pesou suas palavras com o deus oculto que não tem nome, no dia de despedaçar o primogênito. Unas é o senhor

das oferendas, o desatador do nó, e ele mesmo torna abundantes as oferendas de carne e bebida. (509) Unas devora os homens e se alimenta dos deuses, ele é o senhor a quem as oferendas são trazidas e ele conta as listas delas. Ele, que corta escalpos cabeludos e habita nos campos, capturou os deuses em uma armadilha; (510) aquele que arruma sua cabeça os considerou [bons] para Unas e os conduziu até ele; e o mestre do cordão os amarrou para o abate. Khonsu, o matador de [seus] senhores, cortou suas gargantas (511) e retirou suas entranhas, pois foi ele quem Unas enviou para conduzi-los; e Shesem cortou-os em pedaços e ferveu seus membros em seus caldeirões ardentes. (512) Unas comeu seus poderes mágicos e engoliu seus espíritos; os grandes entre eles servem-lhe de refeição ao amanhecer, os menores servem-lhe de refeição ao entardecer, e os mais inferiores servem-lhe de refeição à noite. (513) Os deuses e deusas velhos se tornam combustível para sua fornalha. Os poderosos no céu atiram fogo sob os caldeirões que são amontoados com as ancas dos primogênitos; e aquele que faz aqueles que vivem (514) no céu girarem em torno de Unas atirou nos caldeirões as ancas de suas mulheres; ele contornou os dois céus em sua totalidade e contornou as duas margens do Nilo celestial. Unas é a grande Forma, a Forma (515) das formas, e Unas é o líder dos deuses em formas visíveis. Tudo o que encontrou em seu caminho, ele comeu no mesmo instante, e o poder mágico de Unas está antes de todos os (516) *sahu* que habitam no horizonte. Unas é o primogênito dos primogênitos. Unas percorreu milhares e ofereceu oblações a centenas; ele manifestou seu poder como a Grande Forma através de Sah (Órion) [que é maior] do que (517) os deuses. Unas repete sua ascensão no céu e ele é a coroa do senhor do horizonte. Ele calculou as faixas e os braceletes, ele tomou posse dos corações dos deuses (518). Unas comeu a coroa vermelha e engoliu a coroa branca; a comida de Unas são as partes internas, e sua carne são aqueles que vivem de (519) encantos mágicos em seus corações. Eis que Unas come daquilo que a coroa vermelha envia, ele aumenta, e os encantos mágicos dos deuses estão em seu ventre; (520) o que lhe pertence não lhe é negado. Unas comeu todo o conhecimento de cada deus, e o período de sua vida é a eternidade, e a duração de sua existência é (521) a infinitude, em tudo o que ele deseja tomar; seja qual for a forma que odeie, ele não trabalhará no horizonte para todo o sempre. A alma dos deuses está em Unas, seus espíritos estão com (522) Unas, e as oferendas feitas a ele são maiores do que aquelas feitas aos deuses. O fogo de Unas (523) está em seus ossos, pois sua alma está com Unas, e suas sombras estão com aqueles que pertencem a eles. (524) Unas esteve com os dois deuses ocultos Kha que estão sem poder... (525); a sede do coração de Unas está entre aqueles que vivem nesta terra para todo o sempre."

A noção de que, ao comer a carne, ou, particularmente, ao beber o sangue de outro ser vivo, absorve-se sua natureza ou vida na própria, aparece entre os povos primitivos de diversas maneiras. Está na raiz da prática generalizada de beber o sangue fresco dos inimigos — prática familiar a certas tribos dos Árabes antes de Maomé, e que a tradição ainda atribui à raça selvagem de Cahtâm — e do hábito praticado por muitos caçadores selvagens de comer alguma parte (por exemplo, o fígado) de carnívoros perigosos para que a coragem do animal pudesse passar para eles. A carne e o sangue dos corajosos também são, entre povos semisselvagens ou selvagens, comidos e bebidos para inspirar coragem. Contudo, a ideia de caçar, matar, assar e comer os deuses conforme descrito não é aparentemente comum entre as nações antigas; o principal objetivo do rei morto ao fazer isso era garantir a vida eterna, que era o atributo peculiar dos deuses.

AS IDEIAS DE DEUS
DOS EGÍPCIOS

A PALAVRA *NETER* E SEU SIGNIFICADO

Ao grande e supremo poder que criou a terra, os céus, o mar, o céu, homens e mulheres, animais, pássaros e criaturas rastejantes, tudo o que é e tudo o que será, os egípcios davam o nome de *neter* ☰. Esta palavra sobrevive no copta ⲛⲟⲩϯ; porém, tanto na língua antiga quanto em seu parente mais jovem, o significado exato da palavra se perdeu. Pierret, seguindo de Rougé, conecta-a à palavra ⳤ e afirma que significa "renovação" (*renouvellement*), mas Brugsch a traduz por "divinal", "sagrado", "divino", "sacro", e por três palavras árabes que significam "divino", "sagrado" *ou* "separado" e "santo", respectivamente. Por uma citação da estela de Canopus, o autor mostra que, nos tempos ptolomaicos, a palavra significava "santificado" ou "sagrado" quando aplicado aos animais dos deuses. Renouf diz que "a noção expressa por *nutar*, como substantivo, e *nutra*, como adjetivo ou verbo, deve ser buscada no copta ⲛⲟⲙϯ que na tradução da Bíblia corresponde às palavras gregas δύναμις, ἰσχύς, ἰσχυρός, ἰσχυρόω, as quais significam, respectivamente, "poder, força, forte, fortificar", e continua demonstrando que a palavra *neter* significa "forte" ou "poderoso". Maspero, no entanto, pensa que o copta *nomti* não tem nada em comum com *neter*, a palavra egípcia para Deus, e que as passagens citadas por Renouf em apoio à sua teoria podem ser explicadas de outra forma. A opinião dele é que a significação "forte", se alguma vez existiu, é um sentido derivado e não original, e ele acredita que a palavra é tão antiga que seu primeiro significado nos é desconhecido. O fato de que os tradutores coptas da Bíblia usaram a palavra *nouti* para expressar o nome do Ser Supremo revela que nenhuma outra palavra transmitia às suas mentes sua concepção Dele, e apoia as opiniões de Maspero sobre esse ponto. Outra definição da palavra dada por Brugsch é "o poder ativo que produz e cria coisas em recorrência regular; que lhes confere nova vida e lhes devolve seu vigor juvenil", e ele acrescenta que a concepção inata da palavra cobre completamente o significado original do grego φύσις (natureza) e do latim *natura*.

NETERU, OS DEUSES

Mas, lado a lado com *neter*, seja lá o que esse termo signifique, são mencionados, em textos de todas as épocas, uma série de seres chamados *neteru* ⸱ ou ⸱, ou ⸱ *ou* ⸱, *ou* ⸱, ou ⸱, ou ⸱, que os egiptólogos traduzem universalmente pela palavra "deuses". Entre estes devem ser incluídos os grandes poderes cósmicos e os seres que, embora considerados sobrenaturais, ainda assim eram finitos e mortais, e foram dotados pelos egípcios de amor, ódio e paixões de todo tipo e espécie. A diferença entre as concepções de *neter*, o único Deus supremo, e *neteru* é melhor demonstrada pelos textos egípcios.

Na pirâmide de Unas, é dito ao falecido:

un–k   ar   kes   neter

Tu existes ao lado de Deus.

Na pirâmide de Teti, é dito do falecido:

ut'a – f   met   neter as   set'em – nef   metu

Ele pesa as palavras e eis que Deus ouve as palavras.

nas en   Teta neter

Deus chamou Teti (em seu nome etc.).

Pontos de vista mantidos
nas primeiras seis dinastias

Na pirâmide de Pepi I, um discurso para o falecido rei diz:

sesep-nek   aru   neter   aaa – k   am   xer   neteru

Tu recebeste a forma de Deus, tu te tornaste grande com ela diante dos deuses.

ta   en   mut-k   Nut   un-nek   em neter en   xeft-k   em ren-k   en nefer

Colocou-te tua mãe Nut para ser como Deus para teu inimigo em teu nome de Deus.

tua   Pepi   pen neter

Adora este Deus Pepi.

Pepi   pu   ar   neter   sa   neter

Pepi este é então Deus, o filho de Deus.

Todos esses extratos são de textos da 5ª e 6ª Dinastias. Pode-se insistir que é possível traduzir muito bem *neter* por "um deus" ou "o deus", porém outras evidências do conceito do termo nesse período antigo são fornecidas pelas seguintes passagens do papiro Prisse, que, embora pertencente no mínimo à 11ª Dinastia, contém cópias dos Preceitos de Kaqemna, escritos no reinado de Seneferu, um rei da 4ª Dinastia, e dos Preceitos de Ptah-hetep, escritos durante o reinado de Assa, um rei da 5ª Dinastia.

1.
um   rex-entu   xepert   arit   neter

Não são conhecidas as coisas que Deus fará.

2.
am   –   k   ari   her   em   reth   xesef   neter

Não causarás terror em homens e mulheres, [pois] se opõe a Deus [para isso].

3.
au am ta xer sexer neter

Comer pão está de acordo com o plano de Deus.

4.
ar seka-nek ter em sexet ta set neter

Se você é um fazendeiro, trabalhe no campo que Deus [lhe] deu.

5.
ar un-nek em sa aqer ari-k sa en smam neter

Se queres ser como um homem sábio, faze que [teu] filho agrade a Deus.

6.
sehetep aqu - k em xepert nek xepert en

Satisfaça aqueles que dependem de ti, tanto quanto pode ser feito por ti; deve ser feito por

hesesu neter

aqueles favorecidos por Deus.

7. Se, sendo insignificante, te tornaste grande, e se, sendo pobre, te tornaste rico, quando fores governador da cidade, não tenhas coração duro por causa da tua ascensão, porque

xeper-nek mer septu neter

tu te tornaste o guardião das provisões de Deus.

8.
mertu neter pu setem an setem en mesetu neter

O que é amado por Deus é a obediência; a desobediência odeia a Deus.

9.
mak sa nefer en tata neter

Em verdade, um bom filho é dos presentes de Deus.

CRENÇAS NA 18ª DINASTIA

Passando do papiro Prisse, nossa próxima fonte de informação é o famoso papiro contendo as "Máximas de Ani", as quais são bem conhecidas pelos trabalhos de de Rougé, Maspero, Chabas e Amélineau. Devemos falar delas, no entanto, mais corretamente como as Máximas de Khonsu-hetep.

O papiro provavelmente foi copiado por volta da 22ª Dinastia; entretanto, a obra em si pode datar da 18ª. A seguir, estão exemplos do uso de *neter*:

1.

Pa   neter   er   seaaaua   ren-f

O Deus é para engrandecer seu nome.

2.

xennu   en neter betu - tuf pu   sehebu   senemehu - nek

O que a casa de Deus odeia é a fala em demasia. Ore

em   ab   mert au   metet-f   nebt   amennu   ari-f

com coração amoroso as petições que estão todas em segredo. Ele fará

xeru - tuk setemu-f   a t'et-tuk   sesep   utennu tu-k

teu negócio, ele ouvirá o que tu disseres e aceitará tuas ofertas.

3.

au   tau neter-kua unnu

Dá existência a teu Deus.

4.

Pa   neter   aput   pa   maa

O Deus julgará o correto.

5. *utennu   neter-ku sau - tu er na   betau - tuf* ....

Ao oferecer a teu Deus, guarda-te contra as coisas que Ele abomina.

a   ennu   maat-k er   paif   sexeru   qentet emtuk

Ó, contempla com teus olhos Seus planos. Dedique-se a

senenti-tu ent ren-f   su   tat   baiu heh en   aaru

adorar o Seu nome. É Ele quem dá almas a milhões de formas,

se - aaaua   pa   enti   seaaaua - f ar neter ta pen

e Ele engrandece a todo aquele que o engrandece. Agora o Deus
desta terra

en   pa   Suu   her   xut   du nai - f   matui

é o sol que é o governante do horizonte, [e] suas similitudes estão

her tep ta tata-tha neter sentra em kai-set emment

sobre a terra; dê incenso diariamente com suas oferendas de alimentos.

6. *faau - s   aaui - set en   pa   neter emtuf setemu*

Se ela (isto é, tua mãe) levantar as mãos para Deus, ele ouvirá

sebehu - set

as orações dela [e te repreenderá].

7. *amma   su   en   pa neter sauu - k   su emment en*

Entregue-se a Deus, guarde-se diariamente para

pa   neter au   tuauu   ma qeti pa   haru

Deus; e que amanhã seja como hoje.

Deus e os deuses

As passagens da pirâmide de Pepi mostram imediatamente a diferença entre *neter*, como Deus, e os "deuses" *neteru*; as outras passagens, que podem ser multiplicadas quase infinitamente, provam que o Ser mencionado é Deus. Os *neteru*, ou "deuses", que Unas caçou, capturou, matou, assou e comeu, são seres que podem morrer; a eles eram atribuídos corpos, almas, *kas*, corpos espirituais etc. Em uma passagem notável do capítulo 154 do *Livro dos mortos* (Naville, *Todtenbuch*, vol. 1, Bl. 179, l. 3), o falecido rei Thothmes III reza:

seset - kua   emxet - k   Tem   huau   ma   ennu   ari-k

Preserva-me atrás de ti, ó Tmu, da decadência como aquela que tu operas

er   neter   neb   netert   nebt   er   aut   neb   er   t'etfet   neb

para todos os deuses, e para todas as deusas, para todos os animais, para todos os répteis

sebuit - f   per   ba-f   emxet mit - f   ha - f

pois cada um falece quando sua alma parte após sua morte, perece

emxet   sebi-f

depois que faleceu.

Os deuses mortais

Sobre esses deuses mortais, algumas lendas curiosas chegaram até nós, das quais as seguintes podem ser selecionadas para ilustrar a sua posição inferior.

A LENDA DE RÁ E ÍSIS

Ora, Ísis era uma mulher que possuía palavras de poder; seu coração estava desgastado com os milhões de homens, e ela escolheu os milhões de deuses, porém estimava mais os milhões de *khus*. Ísis meditou em seu coração, dizendo: "Não posso, por meio do sagrado nome de Deus, tornar-me senhora da terra e tornar-me uma deusa como Rá no céu e na terra?". Todos os dias Rá adentrava à frente de seus sagrados marinheiros e se estabelecia no trono dos dois horizontes. O sagrado havia envelhecido, ele babava, sua saliva caía sobre a terra e sua baba caía no solo. Ísis a amassou na terra com as mãos, e dela formou uma serpente sagrada na forma de uma lança; ela não a colocou em pé diante de seu rosto, mas deixou-a deitada no chão, no caminho pelo qual o grande deus passava, de acordo com o desejo do coração dele, entrando em seu duplo reinado. Então o sagrado deus se levantou, e os deuses que o seguiram como se ele fosse Faraó o acompanharam; assim, ele saiu, de acordo com o seu costume diário, e a serpente sagrada o mordeu. A chama da vida partiu dele, e ele, que habitava entre os cedros, foi vencido. O sagrado deus abriu a boca, e o grito de sua majestade alcançou os céus. Sua companhia de deuses disse: "O que aconteceu?", e exclamaram: "O que é isso?". Todavia, Rá não pôde responder, pois suas mandíbulas tremiam e todos os seus membros vacilavam; o veneno se espalhou rapidamente por sua carne, assim como o Nilo invade toda a sua terra. Quando o grande deus estabeleceu seu coração, gritou para aqueles que estavam em seu séquito, dizendo: "Vinde a mim, ó vós que nascestes de meu corpo, ó deuses que saístes de mim, dai a conhecer em Khepera que uma terrível calamidade se abateu sobre mim. Meu coração a percebe, mas meus olhos não a veem; minha mão não a causou, nem sei quem fez isso comigo. Nunca senti tanta dor, nem a doença pode causar mais sofrimento que isso. Eu sou um príncipe, filho de um príncipe, uma essência sagrada que precedeu de Deus. Eu sou um grandioso, o filho de um grandioso, e meu pai planejou meu nome; eu tenho multidões de nomes e multidões de formas, e minha existência está em todos os deuses. Fui proclamado pelos arautos Tmu e Hórus, e meu pai e minha mãe proferiram meu nome, mas ele foi escondido dentro de mim por aquele que me gerou, que não desejava que as palavras de poder de qualquer vidente tivessem domínio sobre mim. Eu saí para ver o que eu havia feito, eu estava passando pelo mundo que eu havia criado, quando eis que algo me picou, mas o quê, eu não sei. É fogo? É água? Meu coração está em chamas, minha carne estremece e o tremor tomou conta de todos os meus membros. Que sejam trazidos a mim os filhos dos deuses com palavras de cura e com lábios que sabem, e com poder que alcança o céu". Os filhos de todos os deuses vieram até ele chorando; Ísis aproximou-se com suas palavras de cura e com sua boca cheia do sopro da vida, com seus encantamentos que destroem a doença e suas palavras de poder que fazem os mortos viverem. Então, falou: "O que aconteceu, ó sagrado pai? O que aconteceu? Uma serpente o picou, e uma coisa que criaste levantou sua cabeça contra ti. Em verdade, ela será expulsa por minhas palavras de poder curativas, e eu a afastarei da visão de teus raios de sol".

O sagrado deus abriu a boca e declarou: "Eu estava passando por meu caminho e atravessando as duas regiões de minhas terras, de acordo com o desejo de meu coração, para ver o que eu havia criado, quando fui mordido por uma serpente que eu não vi. É fogo? É água? Estou mais frio que a água, estou mais quente que o fogo. Toda a minha carne sua, eu tremo, meus olhos não têm força, não consigo ver o céu, e o suor surge em minha face, assim como na época do verão". Em seguida, disse Ísis a Rá: "Ó, conte-me o teu nome, santo pai, pois todo aquele que for liberto pelo teu nome viverá". [E Rá disse]: "Eu fiz os céus e a terra, ordenei as montanhas, criei tudo o que está acima delas, fiz a água, fiz vir à existência o grande e amplo mar, criei o 'Touro de sua mãe', de quem brotam as delícias do amor. Eu fiz os céus, estendi os dois horizontes como uma cortina e coloquei a alma dos deuses entre deles. Eu sou aquele que, se abrir os olhos, gera a luz, e se os fechar, a escuridão surge. Ao comando dele, o Nilo sobe, e os deuses não sabem o nome dele. Eu fiz as horas, criei os dias, eu gero os festivais do ano, crio a enchente do Nilo. Eu faço o fogo da vida e forneço comida nas casas. Eu sou Khepera pela manhã, sou Rá ao meio-dia e sou Tmu ao entardecer". Enquanto isso, o veneno não foi retirado de seu corpo, mas penetrou mais fundo, e o grande deus não conseguia mais andar.

Assim, disse Ísis a Rá: "O que tu disseste não é o teu nome. Ó, diga-me, e o veneno partirá; pois viverá aquele cujo nome será revelado". Agora o veneno queimava como fogo, e era mais feroz do que a chama e a fornalha, e a majestade do deus disse: "Eu aceito que Ísis procure dentro de mim e que meu nome passe de mim para ela". Então o deus se escondeu dos deuses, e seu lugar no barco de milhões de anos ficou vazio. E quando chegou a hora do coração de Rá aparecer, Ísis falou para seu filho Hórus: "O deus se obrigou por um juramento a entregar seus dois olhos" (isto é, o sol e a lua). Assim foi tirado dele o nome do grande deus, e Ísis, a senhora dos encantamentos, declarou: "Afaste-se, veneno, saia de Rá. Ó, olho de Hórus, saia do deus e brilhe fora de sua boca. Sou eu quem opera, sou eu quem faz cair sobre a terra o veneno vencido; pois o nome do grande deus foi tirado dele. Que Rá viva! E que o veneno morra, que o veneno morra, e que Rá viva!" Essas são as palavras de Ísis, a grande deusa, a rainha dos deuses, que conhecia Rá pelo seu próprio nome.

Desse modo, vemos que mesmo ao grande deus Rá foram atribuídas todas as fraquezas e fragilidades do homem mortal; e que "deuses" e "deusas" eram classificados com animais e répteis, que podiam morrer e perecer. Como resultado, parece que a palavra "Deus" deveria ser reservada para expressar o nome do Criador do Universo, e que *neteru*, geralmente traduzida como "deuses", deveria ser traduzida por alguma outra palavra, mas é quase impossível afirmar qual seria.

A crença em um só Deus

A partir dos atributos de Deus apresentados nos textos egípcios de todos os períodos, o dr. Brugsch, de Rougé e outros eminentes egiptólogos chegaram à conclusão de que os habitantes do vale do Nilo, desde os primeiros tempos, conheciam e adoravam um Deus, sem nome, incompreensível e eterno. Em 1860, Rougé escreveu: "A unidade de um ser supremo e autoexistente, sua eternidade, sua onipotência e reprodução externa, por conseguinte, como Deus; a atribuição da criação do mundo e de todos os seres vivos a este Deus supremo; a imortalidade da alma, completada pelo dogma de punições e recompensas: tal é a base sublime e persistente que, apesar de todos os desvios e de todos os floreados mitológicos, deve garantir às crenças dos antigos egípcios um lugar dos mais honrosos entre as religiões da Antiguidade." Nove anos depois, ele desenvolveu tal ideia e discutiu a dificuldade de reconciliar a crença na unidade de Deus com o politeísmo que existia no Egito desde os primeiros tempos, repetindo sua convicção de que os egípcios acreditavam em um Deus autoexistente que era Um Ser, o qual criou o homem e o dotou de uma alma imortal. De fato, Rougé amplia o que Champollion-Figeac (baseando-se nas informações de seu irmão) escreveu em 1839: "A religião egípcia é um monoteísmo puro que se manifestou externamente por um politeísmo simbólico". Pierret adota a compreensão de que os textos nos mostram que os egípcios acreditavam em Um deus infinito e eterno que não tinha um substituto, e repete a declaração de Champollion. Mas o defensor mais recente da teoria monoteísta é o dr. Brugsch, que coletou uma série de passagens impressionantes dos textos. Dentre essas passagens, podemos selecionar as seguintes:

> Deus é um e só, e nenhum outro existe com Ele — Deus é o Um, o Um que fez todas as coisas — Deus é um espírito, um espírito oculto, o espírito dos espíritos, o grande espírito dos egípcios, o espírito divino — Deus existe desde o princípio e Ele existe desde o princípio, Ele existe desde a antiguidade e existia quando nada mais existia. Ele existia quando nada mais existia, e o que existe, Ele criou depois que veio à existência, Ele é o Pai dos começos — Deus é o Eterno, Ele é eterno e infinito e dura para todo o sempre — Deus está oculto e nenhum homem conhece Sua forma. Nenhum homem foi capaz de buscar Sua semelhança; Ele está oculto aos deuses e aos homens e é um mistério para Suas criaturas. Ninguém sabe como conhecê-lo — Seu nome permanece oculto; Seu nome é um mistério para Seus filhos. Seus nomes são inumeráveis, são múltiplos e ninguém conhece seu número — Deus é a verdade e Ele vive pela verdade e se alimenta dela. Ele é o rei da verdade e estabeleceu a terra sobre ela — Deus é vida e somente por meio dele o homem vive. Ele dá vida ao homem, Ele dá o sopro da vida em suas narinas – Deus é pai e mãe, o pai dos pais e a mãe das mães. Ele gera, mas nunca foi gerado; Ele produz, mas nunca foi produzido; Ele gerou a si mesmo e produziu a si mesmo. Ele cria, mas nunca foi criado; Ele é o criador de sua própria forma e o modelador de seu próprio corpo — o próprio Deus é existência, Ele permanece

sem aumento ou diminuição, Ele se multiplica milhões de vezes e é múltiplo em formas e membros — Deus fez o universo e criou tudo o que nele existe; Ele é o Criador do que há neste mundo, do que foi, do que é e do que será. Ele é o Criador dos céus, da terra, das profundezas, das águas e das montanhas. Deus estendeu os céus e fundou a terra — O que Seu coração concebeu imediatamente aconteceu, e quando Ele falou, aconteceu e durou para sempre — Deus é o pai dos deuses; Ele moldou os homens e formou os deuses — Deus é misericordioso com aqueles que O reverenciam, e Ele ouve aquele que O invoca. Deus conhece aquele que O reconhece, recompensa aquele que O serve e protege aquele que O segue.

Monoteísmo e politeísmo coexistem

No entanto, como o politeísmo existia lado a lado com o monoteísmo no Egito, Maspero acredita que as palavras "Deus Único" não significam "Único Deus" em nosso sentido das palavras; e Renouf pensa que o *nutar egípcio* nunca se tornou um nome próprio". Se o politeísmo cresceu do monoteísmo no Egito, ou o monoteísmo do politeísmo, não nos aventuraremos a dizer, pois a evidência dos textos das pirâmides demonstra que já na 5ª Dinastia o monoteísmo e o politeísmo floresciam conjuntamente. A opinião de Tiele é que a religião do Egito foi, desde o início, politeísta, mas se desenvolveu em duas direções opostas: em uma, os deuses foram multiplicados pela adição de deuses locais e, na outra, se aproximou cada vez mais do monoteísmo.

O sol, o emblema de Deus

A partir de uma série de passagens extraídas de textos de todos os períodos, fica claro que a forma pela qual Deus se manifestava ao homem na terra era o sol, chamado de Rá ⌣°𓏤 pelos egípcios, e que todos os outros deuses e deusas eram formas dele.

As principais fontes de epítetos aplicados a Deus e ao Seu emblema visível, o sol, são os hinos e litanias que se encontram inscritos nas paredes de túmulos, estelas e papiros da 18ª Dinastia; e estes provam que os egípcios imputaram os atributos do Criador à criatura. As ideias religiosas que encontramos nesses escritos da 18ª Dinastia são, sem dúvida, resultado da religião dos tempos anteriores, pois todas as evidências agora disponíveis mostram que os egípcios dos períodos posteriores inventaram comparativamente pouco em termos de literatura religiosa. Onde, como e de que maneira eles conseguiram preservar seus textos mais antigos são questões sobre as quais, infelizmente, pouco se sabe.

Confusão de deuses

Com o passar do tempo, descobrimos que os atributos de determinado deus em um período são aplicados a outros deuses em outro; um novo deus é formado pela fusão de dois ou mais deuses; deuses locais, pela ajuda favorável das circunstâncias políticas ou pela fortuna da guerra, tornam-se quase deuses nacionais; e os deuses companheiros de Osíris são dotados pelos devotos de todos os atributos dos grandes deuses cósmicos — Rá, Ptah, Khnemu, Khepera e outros semelhantes. Assim, os atributos de Rá são concedidos a Khnemu e Khepera; o deus Hórus existe nos aspectos de Heru-maati, Heru-khent-an-maa, Heru-Khuti, Heru-nub, Heru-behutet, entre outros, e os atributos de cada um são confundidos em períodos ou localidades: Tmu-Rá, e Menthu-Rá, e Amen-Rá são compostos de Tmu e Rá, e Menthu e Rá, e Amen e Rá respectivamente, e vimos no hino citado anteriormente que, já na 18ª Dinastia, o deus Osíris absorveu os atributos que pertenciam apenas a Rá nas dinastias anteriores.

História do deus Amen

Ainda mais notável, porém, é o progresso do deus Amen na teologia egípcia. No início do império, ou seja, durante as primeiras onze dinastias, esse deus era classificado apenas como um deus local, embora seu nome seja tão antigo quanto a época de Unas; e somente quando os chamados hicsos foram expulsos do Egito pelos reis tebanos da 17ª Dinastia é que Amen, a quem estes últimos haviam escolhido como seu grande deus, e cuja adoração se recusaram a renunciar por ordem do rei hicso, Apepi, foi reconhecido como o deus nacional do sul do Egito pelo menos. Tendo obtido a posição de líder da companhia dos deuses egípcios em virtude de ser o deus dos conquistadores, Amen recebeu os atributos dos deuses mais antigos e, pouco a pouco, absorveu os epítetos de todos eles. Assim, Amen tornou-se Amen-Rá, e a glória dos antigos deuses de Annu, ou Heliópolis, foi centrada naquele que era originalmente um obscuro deus local. A adoração de Amen no Egito foi promovida pelos sacerdotes da grande escola de Amen, que parece ter sido estabelecida no início da 18ª Dinastia pelos reis que eram seus adoradores devotos. O extrato de um papiro escrito para a princesa Nesi-Khonsu, uma integrante do sacerdócio de Amen, é um exemplo da linguagem exaltada com a qual seus devotos se dirigiam a ele.

> "Este é o deus sagrado, o senhor de todos os deuses, Amen-Rá, o senhor do trono do mundo, o príncipe de Apt, a alma sagrada que surgiu no princípio, o grande deus que vive pela retidão e a verdade, a primeira enéade que deu à luz as outras duas enéades, o ser em quem todos os deuses existem, o Um de Um, o criador das coisas que surgiram quando a terra tomou forma no princípio, cujos nascimentos estão ocultos, cujas formas são múltiplas e cujo crescimento não pode ser conhecido. A Forma sagrada, amada, terrível e poderosa em suas duas ascendências, o senhor do espaço, o poderoso da forma de Khepera, que passou à existência através de Khepera, o senhor da forma de Khepera; quando ele surgiu, nada existia exceto ele mesmo. Ele brilhou sobre a terra desde o tempo primitivo [na forma de] o Disco, o príncipe da luz e do esplendor. Ele concede luz e esplendor. Ele dá luz a todos os povos. Navega sobre o céu e nunca descansa e, na manhã, seu vigor é estabelecido como antes; tendo se tornado velho [hoje], ele se torna jovem de novo amanhã. Ele domina os limites da eternidade, circunda o céu e entra no Tuat para iluminar as duas terras que criou. Quando o Deus divino (*ou* poderoso) moldou a si mesmo, os céus e a terra foram feitos por sua concepção[26]. Ele é o príncipe dos príncipes,

---

26 – Literalmente "seu coração", *ab-f.*

o mais poderoso dos poderosos, ele é maior que os deuses, ele é o jovem touro com chifres pontiagudos e protege o mundo em seu grandioso nome. 'A eternidade vem com seu poder e trazendo com ela o limites da infinitude.' Ele é o deus primogênito, o deus que existiu desde o início, o governador do mundo por causa de sua força, o terrível dos dois deuses-leões, o ancião, a forma de Khepera que existe em todos os deuses, o leão de olhar temível, o governador terrível em razão de seus dois olhos[27], o senhor que atira chamas [dali] contra seus inimigos. Ele é a água primordial que flui em sua estação para fazer viver tudo o que brota de sua roda de oleiro. Ele é o disco da Lua, cujas belezas permeiam o céu e a terra, o rei incansável e benévolo, cuja vontade germina do nascer ao pôr do sol, de cujos olhos divinos homens e mulheres surgem, e de cuja boca os deuses vêm, e [por quem] comida, carne e bebida são feitas e fornecidas, e [por quem] as coisas que existem são criadas. Ele é o senhor do tempo e atravessa a eternidade; ele é o idoso que renova sua juventude, ele tem multidões de olhos e miríades de ouvidos; seus raios são os guias de milhões de homens, ele é o senhor da vida e dá aos que o amam toda a terra, e eles estão sob a proteção de sua face. Quando avança, ele trabalha sem oposição, e nenhum homem pode tornar sem efeito o que ele fez.

Seu nome é gracioso, e seu amor é doce; e, ao amanhecer, todas as pessoas fazem súplicas a ele por meio de seu grande poder e força terrível, e todo deus o teme. Ele é o novilho que destrói os ímpios, e seu braço forte luta contra seus inimigos. Por meio dele a terra surgiu no princípio. Ele é a Alma que brilha através de seus olhos divinos, ele é o Ser dotado de poder e o criador de tudo o que veio a ser, e ele ordenou o mundo e não pode ser conhecido. Ele é o Rei que faz os reis reinarem e conduz o mundo em seu curso; deuses e deusas se curvam em adoração diante de sua Alma por causa do tremendo terror que lhe pertence. Ele foi antes e estabeleceu tudo o que vem depois, e fez o universo no princípio por seus desígnios secretos. Ele é o Ser que não pode ser conhecido e está mais oculto do que todos os deuses. Ele faz do Disco seu vigário, e ele mesmo não pode ser conhecido, e se esconde daquilo que vem dele.

Ele é uma chama brilhante de fogo, grandioso em esplendores, pode ser visto apenas na forma em que se apresenta e pode ser contemplado apenas quando se manifesta, e o que está nele não pode ser compreendido. Ao raiar do dia, todos os povos fazem súplicas a ele, e quando ele surge com tons de laranja e açafrão entre a companhia dos deuses, torna-se o muito desejado por todos os deuses. O deus

---

27 – Ou seja, o Sol e a Lua, ⊕⌐🦅°👁·🐊🔯 *u t'ati.*

Nu surge com o sopro do vento norte neste deus oculto que faz para incontáveis milhões de homens os decretos que permanecem para sempre; seus decretos são graciosos e bons, e não caem no chão até que tenham cumprido seu propósito. Ele dá vida longa e multiplica os anos daqueles que são seus favorecidos, ele é o protetor gracioso daquele a quem guarda em seu coração e é o criador da eternidade e da infinitude. Ele é o rei do Norte e do Sul, Amen-Rá, rei dos deuses, o senhor do céu e da terra, das águas e das montanhas, cujo surgimento deu início à existência da terra, o poderoso, mais majestoso do que todos os deuses da primeira companhia."

Teorias sobre a origem dos deuses

Com referência à origem dos deuses dos egípcios, muitas informações úteis podem ser obtidas dos textos das pirâmides. A partir deles, parece que, nos primeiros tempos, os egípcios tentaram pensar e explicar a si mesmos a origem de seus deuses e de seus agrupamentos. De acordo com Maspero, eles reduziram tudo a um tipo de matéria primitiva que acreditavam conter qualquer coisa em embrião; essa matéria era a água, Nu, por eles deificada, e tudo o que surgiu a partir dela se tornou uma divindade. Os sacerdotes de Annu, em um período muito antigo, agruparam os nove maiores deuses do Egito, formando o que é chamado de *paut neteru* ⊖𓏭𓏏𓏏𓀭| ou "companhia dos deuses", ou como está escrito nos textos das pirâmides, *paut aat* 𓏏𓏏𓏏𓏏𓏏𓏏𓏏𓏏⚊𓂝, "a grande companhia dos deuses"; os textos também revelam que havia um segundo grupo de nove deuses chamado *paut net'eset* 𓏏𓏏𓏏𓏏𓏏𓏏𓏏𓏏𓅿 ou "companhia menor dos deuses"; e um terceiro grupo de nove deuses também é conhecido. Quando todos os três *pauts* de deuses são endereçados, aparecem como 𓏏𓏏𓏏𓏏𓏏𓏏𓏏𓏏𓏏𓏏𓏏𓏏𓏏𓏏𓏏𓏏𓏏𓏏𓏏𓏏𓏏𓏏𓏏𓏏𓏏𓏏𓏏.

O grande círculo dos deuses em Annu era composto pelos deuses Tmu, Shu, Tefnut, Seb, Nut, Osíris, Ísis, Set e Néftis; mas, embora *paut* signifique nove, os textos nem sempre limitam um *paut* de deuses a esse número, pois algumas vezes os deuses somam doze e, às vezes, mesmo que o número seja nove, outros deuses substituem os deuses originais do *paut*. É natural que se espere que Rá esteja à frente do grande *paut* dos deuses; porém, é preciso lembrar que o principal deus local de Annu era Tmu, e quando os sacerdotes daquela cidade revisaram e editaram os textos das pirâmides conhecidos por nós, naturalmente substituíram sua própria forma do deus Rá, ou, na melhor das hipóteses, o uniram a Rá, e o nomearam Tmu-Rá. Na matéria primordial, ou água, vivia o deus Tmu, e quando ele surgiu pela primeira vez, na forma do sol, criou o mundo. Aqui imediatamente temos Tmu assimilado com Nu. Uma passagem curiosa na pirâmide de Pepi I mostra que, enquanto ainda não havia céu nem terra, e quando nem os deuses haviam nascido, nem os homens haviam sido criados, o deus Tmu era o pai dos seres humanos, mesmo antes de a morte surgir no mundo. O primeiro ato de Tmu foi criar de seu próprio corpo o deus Shu e a deusa Tefnut; e depois Seb a terra e Nut o céu vieram a existir. Estes foram seguidos por Osíris e Ísis, Set e Néftis.

A versão do dr. Brugsch sobre a origem dos deuses apresentada em seu último trabalho é um pouco diferente. Segundo ele, no princípio não havia céu nem terra, e nada existia exceto uma massa primordial e ilimitada de água que estava envolta em trevas e que continha dentro de si os germes ou princípios, masculinos e femininos, de tudo o que estaria no mundo futuro. O divino espírito primordial que formava uma parte essencial da matéria primeva sentiu dentro de si o desejo de começar a obra da criação, e sua palavra despertou para a vida o mundo, cujo aspecto e forma já havia retratado para si mesmo. O primeiro ato da criação começou com a formação de um ovo fora da água primordial, do qual nasceu Rá, a causa imediata de toda a vida na terra. O poder onipotente do espírito divino incorporou-se em sua forma mais radiante no sol nascente.

Quando a massa inerte de matéria primordial sentiu o desejo do espírito primordial de iniciar a obra da criação, ela começou a se mover, e as criaturas que deveriam constituir o mundo futuro foram formadas de acordo com a inteligência divina *Maa*. Sob a influência de Thoth, ou aquela forma da inteligência divina que criou o mundo por uma palavra, oito elementos, quatro masculinos e quatro femininos, surgiram do *Nu* primordial, que possuía as propriedades do masculino e do feminino. Esses oito elementos eram chamados de Nu e Nut, Heh e Hehet, Kek e Keket, e Enen e Enenet, ou Khemennu, o "Oito", e eram considerados pais e mães primordiais.

Eles são com frequência representados nas formas de quatro macacos machos e quatro fêmeas 🐒 em adoração, que saúdam o sol nascente com canções e hinos de louvor, mas também aparecem como formas humanas masculinas e femininas com cabeças de sapos ou serpentes. A luz nascendo das águas, o fogo, da massa úmida da matéria primordial, e Rá, de Nu, formou o ponto de partida de todas as especulações mitológicas, conjecturas e teorias dos sacerdotes egípcios.

A luz do sol nasceu do caos, e a concepção do mundo futuro foi retratada em Thoth, a inteligência divina; quando Thoth dava a palavra, o que ele ordenava imediatamente acontecia por meio de Ptah e Khnemu, os representantes visíveis do poder que transformava o comando de Thoth em fato. Khnemu fez o ovo do sol, e Ptah deu ao deus da luz um corpo acabado. O primeiro *paut* dos deuses consistia em Shu, Tefnut, Seb, Nut, Osíris, Ísis, Set, Néftis e Hórus, e seu governador Tmu ou Atmu.

Relato egípcio da Criação

Em uma cópia tardia da obra intitulada *Livro do conhecimento das evoluções de Rá*, o deus Neb-er-tcher, o "senhor da companhia dos deuses", registra a história da criação e do nascimento dos deuses:

> "Eu sou aquele que evoluiu sob a forma do deus Khepera, eu, o evoluidor das evoluções, evoluí a mim mesmo, o evoluidor de todas as evoluções, depois de muitas evoluções e desenvolvimentos que saíram de minha boca[28]. Não havia céu, nem terra, nem animais terrestres ou répteis haviam surgido. Eu os formei a partir da massa inerte de matéria aquosa, não encontrei lugar no qual me estabelecer... Eu estava sozinho, e os deuses Shu e Tefnut não haviam surgido de mim; não existia nenhum outro que trabalhasse comigo. Eu estabeleci as fundações de todas as coisas por minha vontade, e todas as coisas evoluíram a partir daí[29]. Uni-me à minha sombra e enviei Shu e Tefnut para fora de mim; desse modo, de um deus, tornei-me três, e Shu e Tefnut deram à luz Nut e Seb, e Nut deu à luz Osíris, Hórus-Khent-an-maa, Sut, Ísis e Néftis, em um nascimento, um após o outro, e seus filhos se multiplicam nesta terra."

---

28 – A versão variante diz: "Eu me desenvolvi a partir da matéria primitiva que eu criei", e acrescenta: "Meu nome é Osíris, 𓏤𓊖𓈖𓏏𓊪, a substância da matéria primordial".

29 – A versão variante diz: "Eu trouxe à minha própria boca meu nome como uma palavra de poder e imediatamente ganhei existência".

Resumo das teorias

O leitor tem agora diante de si os principais pontos das evidências a respeito das noções dos egípcios sobre Deus e os poderes cósmicos e suas fases, e das criações antropomórficas com as quais povoaram o outro mundo, todas derivadas da literatura nativa do antigo Egito. As diferentes interpretações que diferentes egiptólogos deram aos fatos demonstram, assim, a complexidade do tema. De modo geral, os intérpretes podem ser divididos em dois grupos: aqueles que atribuem aos egípcios uma série de ideias abstratas sobre Deus, a criação do mundo e a vida futura, consideradas essencialmente o produto das nações cristãs modernas; e aqueles que consideram a mente do egípcio como a de um ser meio selvagem, a quem vislumbres ocasionais de luz espiritual eram concedidos de tempos em tempos.

Todas as nações orientais tiveram dificuldade em separar as concepções espirituais das corporais, e a egípcia não é exceção à regra; mas se ela preservou a ideia grosseira de uma existência primeva com a sublime ideia de Deus, a qual manifesta em escritos de uma data posterior, parece que isso se deve mais à sua reverência pela tradição hereditária do que à ignorância. Sem tentar solucionar questões que apresentaram desafios aos maiores pensadores entre os egiptólogos, pode-se dizer, com segurança, que o egípcio cuja mente concebeu a existência de um Deus desconhecido, inescrutável, eterno e infinito, que era Um – o que quer que a palavra Um possa significar aqui – e que acreditava em uma vida futura a ser passada em um corpo glorificado no céu, não era um ser cujas necessidades espirituais seriam satisfeitas por uma crença em deuses que podiam comer e beber, amar e odiar, lutar, envelhecer e morrer. Ele era incapaz de descrever o Deus infinito, sendo ele próprio finito, e não é de surpreender que, em alguns aspectos, o tenha feito à sua própria imagem.

A MORADA DOS BEM-AVENTURADOS

O paraíso egípcio

Os deuses dos egípcios habitavam em um paraíso com seus *kas* e *khus* e sombras, e lá recebiam os mortos abençoados para habitar com eles. Esse paraíso estava situado no céu, que os egípcios acreditavam ser como um teto de ferro, plano ou abobadado, correspondendo em extensão e forma à terra abaixo dele. Esse teto era retangular e sustentado em cada canto por um pilar; nesta ideia, temos, como observou Maspero, um remanescente da árvore-teto de nações muito primitivas. Em um período muito antigo, os quatro pilares 𓉤𓉤 eram identificados com "os quatro *khus* ancestrais que habitam no cabelo de Hórus", que também são chamados de "os quatro deuses que estão ao lado dos cetros-pilares do céu". Esses quatro deuses são "filhos de Hórus", e seus nomes são Amset, Hapi, Tuamautef e Qebhsennuf. Eles deveriam presidir os quatro cantos do mundo e, posteriormente, foram reconhecidos como os deuses dos pontos cardeais. Os egípcios chamavam o céu ou paraíso de *pet*. Uma visão menos primitiva moldava os céus na forma da deusa Nut, representada como uma mulher de corpo curvado cujas mãos e pés repousavam sobre a terra. Neste caso, os dois braços e as duas pernas formam os quatro pilares sobre os quais os céus estão assentados. Nut, deusa do céu, era a esposa de Seb, deus da terra, de cujo abraço ela foi separada por Shu, deus do ar; quando esta separação ocorreu, a terra, o ar e o céu passaram a existir. O senhor Lanzone coletou uma série de ilustrações desse evento de papiros e outros documentos, nos quais

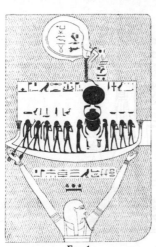

Fig. 1

temos Seb deitado no chão e Shu erguendo Nut com as mãos estendidas. Os pés da deusa repousavam no leste, e suas mãos, no oeste; isso é revelado pela cena em que Shu é acompanhado por duas mulheres que têm em suas cabeças ⚱ "leste" e ⚱ "oeste", respectivamente. O filho da união de Seb e Nut era o Sol, que nascia no leste pela manhã e fazia seu curso ao longo do corpo da mãe, até que se punha à noite no oeste.

A lua seguia o curso do sol ao longo do corpo da mãe, porém, às vezes, uma segunda mulher é representada curvada abaixo de Nut (Fig. 2), e acredita-se que signifique o céu noturno através do qual a lua viaja. Em uma ilustração interessante publicada por Jéquier, a deusa é retratada deitada com os braços esticados acima da cabeça; em seu peito está o disco do sol, e em seu estômago, a lua. Aqueles que acreditavam que o céu era um plano de ferro imaginavam que as estrelas eram várias lâmpadas penduradas nele, e aqueles que imaginavam o céu como uma deusa, idealizavam seu corpo cravejado de estrelas. Uma cena mostra os barcos matinais e noturnos de Rá navegando ao longo das costas de Nut; outra retrata Shu segurando o barco do sol onde está o disco no horizonte ⌂. Uma terceira, do sarcófago de Seti I, representa Nu, o deus da água primordial, segurando o barco do sol, no qual vemos o besouro com o disco solar de frente para ele, acompanhado por Ísis e Néftis, que estão uma de cada lado; atrás de Ísis estão os deuses Seb, Shu, Hek, Hu e Sa, e atrás de Néftis estão três divindades que representam as portas pelas quais o deus Tmu fez sua passagem para o mundo.

Fig. 2

O *Tuat*, ou morada dos mortos

Dentro das duas figuras femininas curvadas que representam o céu diurno e noturno, e que foram mencionadas anteriormente (Fig. 2), está uma terceira figura curvada em um círculo. O espaço fechado por ela representa, de acordo com o dr. Brugsch, o *Tuat* ou submundo egípcio, onde habitavam os deuses dos mortos e as almas dos falecidos. Essa visão é corroborada pela cena do sarcófago de Seti I (Fig. 1). No espaço aquoso acima da barca, está a figura do deus curvado em um círculo com os dedos dos pés tocando a própria cabeça e, acima da cabeça dele, está a deusa Nut, com as mãos estendidas, recebendo o disco do sol. No espaço delimitado pelo corpo do deus está a lenda: "Este é Osíris; seu circuito é o Tuat". Embora quase todos os egiptólogos concordem sobre o significado da palavra ser "o lugar das almas que partiram", ainda assim, ela foi traduzida de várias maneiras, com diferentes estudiosos localizando o Tuat em partes diferentes da criação. Dr. Brugsch e outros o localizam sob a terra, outros supõem que seja o espaço que existe entre os braços de Shu e o corpo de Nut, porém, a teoria mais recente é que ele não se situava nem acima nem abaixo da terra, mas além do Egito, ao norte, do qual era separado pela cordilheira que, como os egípcios pensavam, sustentava o céu. A região do Tuat era um vale longo, montanhoso e estreito com um rio correndo ao longo dele; começando do leste, seguia para o norte e, em seguida, tomando uma direção circular, voltava para o leste. No Tuat viviam todos os tipos de monstros e feras terríveis, e este era o território que o sol atravessava durante as doze horas da noite; de acordo com uma concepção, ele atravessava essa região em esplendor e, de acordo com outra, ele morria e tornava-se súdito de Osíris, o rei, deus e juiz do reino dos falecidos.

Os Campos de Aaru e Hetep

As almas dos mortos faziam seu caminho para a morada no "outro mundo" por uma escada, de acordo com uma visão muito antiga, ou por uma brecha nas montanhas de Abidos chamada Peka, de acordo com outra; entretanto, seja qual for o caminho pelo qual saíam da terra, seu destino era uma região no *Tuat* que é chamada nas pirâmides e nos textos posteriores de *Sekhet-Aaru*, a qual estava situada no *Sekhet-Hetep* e pensava-se estar ao norte do Egito. Nela habitam Hórus e Set, pois os campos de Aaru e Hetep são seus domínios, e nela adentra o falecido com dois dos filhos de Hórus de um lado e outros dois do outro, e os "dois grandes chefes que presidem o trono do grande deus proclamam vida eterna e poder para ele". Aqui, tal qual o Deus supremo, ele é declarado "um", e os quatro filhos de Hórus proclamam seu nome a Rá. Tendo ido para o norte do Campo de Aaru, ele segue para a porção leste do *tuat*, onde, conforme uma lenda, torna-se como a estrela da manhã, perto de sua irmã Sothis. Ali ele vive na forma da estrela Sothis, e "as grandes e pequenas companhias dos deuses o purificam na Grande Ursa". Os teólogos egípcios, os quais conceberam que uma escada era necessária para permitir que a alma ascendesse ao outro mundo, forneceram-lhe também um discurso que deveria proferir quando chegasse ao topo. Conforme registrado na pirâmide de Unas, lê-se o seguinte:

> "Saudações a ti, ó filha de Amenta, senhora de Peteru do céu, tu, presente de Thoth, tu, senhora dos dois lados da escada, abra um caminho para Unas, deixe Unas passar. Saudações a ti, ó Nau, que estás [sentada] à beira do Lago de Kha, abre um caminho para Unas, deixa Unas passar. Saudações a ti, ó touro de quatro chifres, tu que tens um chifre para o oeste e um para o leste, um para o norte e um para o sul... deixe Unas passar, pois ele é um ser do Amenta purificado, que sai do país de Baqta. Saudações a ti, ó Sekhet-Hetep, saudações a ti, e aos campos que estão em ti, os campos de Unas estão em ti, pois ofertas puras estão em ti."

PODER DOS DEUSES DE ANNU

As almas dos mortos também podiam ser confiadas, pelos deuses do Annu, aos cuidados dos deuses acima. Assim, encontramos registrado na pirâmide de Unas: "Ó deuses do oeste, ó deuses do leste, ó deuses do sul, ó deuses do norte, ó quatro [ordens de deuses] que abraçam os quatro confins sagrados do universo e que concedestes a Osíris que avançasse para o céu e navegasse acima das águas celestiais com seu filho Hórus a seu lado para protegê-lo e fazê-lo se elevar como um grande deus das profundezas celestiais, dizei a Unas: 'Contemplem Hórus, o filho de Osíris, contemplem Unas, o deus dos deuses antigos, o filho de Hathor, contemplem a semente de Seb, pois Osíris ordenou que Unas se erguesse como o segundo de Hórus, e os quatro *khus* que estão em Annu escreveram este comando para os grandes deuses que estão nas águas celestiais'." E mais uma vez: "Quando os humanos são enterrados e recebem seus milhares de bolos e milhares de vasos de cerveja na mesa daquele que governa em Amenta, aquele que não tem um decreto escrito está em uma situação desesperadora; ora, o decreto de Unas está sob o maior e não sob o pequeno selo".

O plano do Sekhet-Hetep que encontramos no *Livro dos mortos* durante o período tebano será descrito adiante. Portanto, é suficiente dizer aqui que as concepções da vida feliz que o falecido levava tiveram sua origem nos textos das pirâmides, como pode ser visto na seguinte passagem: "Unas ofereceu incenso à grande e à pequena companhia de deuses, e sua boca é pura, e a língua que está nela é pura. Ó juízes, vós tomastes Una entre vós mesmos, deixai-o comer aquilo que comeis, deixai-o beber aquilo que bebeis, deixai-o viver daquilo de que viveis, deixai vosso assento ser o assento dele, deixai o poder dele ser o vosso poder, deixai o barco em que ele navegará ser o vosso barco, deixai-o caçar pássaros em Aaru, deixai-o possuir riachos em Sekhet-Hetep, e que ele obtenha sua comida e bebida de vós, ó deuses. Que a água de Unas seja do vinho que é de Rá, que ele ande pelo céu como Rá e que ele passe pelo céu como Thoth".

Sobre a condição daqueles que falharam em assegurar uma vida de bem-aventurança com os deuses no Sekhet-Aaru do Tuat, os textos das pirâmides nada dizem, e parece que a doutrina da punição dos ímpios e do julgamento que ocorria após a morte é um desenvolvimento característico de um período posterior.

OS DEUSES DO
LIVRO DOS MORTOS

A seguir estão os principais deuses e deusas mencionados nos textos das pirâmides e nas versões mais tardias do *Livro dos mortos*:

Nu ⟨hieróglifos⟩ representa a massa aquosa primordial da qual todos os deuses evoluíram e sobre a qual flutua a barca de "milhões de anos" que contém o sol. Os principais títulos desse deus são: "Pai dos deuses" ⟨hieróglifos⟩ e "progenitor da grande companhia de deuses" ⟨hieróglifos⟩. Ele é representado na forma de uma divindade sentada, tendo acima da cabeça um disco e plumas ⟨hieróglifos⟩.

Nut ⟨hieróglifos⟩, o princípio feminino de Nu. É representada com a cabeça de uma cobra encimada por um disco, ou com a cabeça de um gato.

Ptah ⟨hieróglifos⟩ era associado ao deus Khnemu ao cumprir, durante a Criação, os mandatos de Thoth, a inteligência divina; seu nome significa "abridor", e era identificado pelos gregos com Ἥφαιστος (Hefesto) e pelos latinos com Vulcano. Ele era adorado, em uma data muito antiga, em Mênfis, que é chamado, em textos egípcios, de "A Casa do Ka de Ptah" ⟨hieróglifos⟩. De acordo com Heródoto, seu templo foi fundado por Mena ou Menes. Ele é chamado de o "deus extremamente grande, o começo do ser" ⟨hieróglifos⟩, "o pai dos pais e poder dos poderes" ⟨hieróglifos⟩ e "ele criou a própria forma, deu à luz ao próprio corpo e estabeleceu justiça e verdade sem fim e invariável sobre a Terra". Sendo um deus solar, é chamado de "Ptah, o Disco do céu, que ilumina o mundo com o fogo de seus olhos" ⟨hieróglifos⟩; no *Livro dos mortos*, e diz-se que ele "abriu" a boca do falecido com a ferramenta ⟨hieróglifo⟩ com a qual abriu a boca dos deuses. É representado na forma de uma múmia de pé sobre *maat* ⟨hieróglifo⟩ e segura nas mãos um cetro no topo do qual estão ⟨hieróglifos⟩, os emblemas de poder, vida e estabilidade; de sua nuca pende o *menat*. Ptah formava, em Mênfis, o principal integrante da tríade **Ptah-Sekhet** e **Nefer-Tmu**.

Em muitos textos, o deus Ptah costuma ser associado ao deus **Seker** ☖🜚, cujos atributos individuais não são fáceis de descrever; Seker é o nome egípcio da encarnação do touro Apis em Mênfis. Está bastante claro que Seker era um deus solar, porém, se ele "fechava" o dia ou a noite, não é certo. Originalmente, seu festival era celebrado à noite, do que se compreende que ele representava alguma forma do sol noturno; mas, em tempos posteriores, a cerimônia de conduzir a imagem do deus Seker no barco *hennu* 🜨 ao redor do santuário era realizada pela manhã, ao alvorecer. Assim, unido a Ptah, ele se tornou aquele que fechava a noite e abria o dia. Ele é retratado como um corpo mumificado com cabeça de falcão e, às vezes, segurando nas mãos ⎮, ⋀, ⎮, símbolos de poder, soberania e governo.

Outra forma de Ptah era **Ptah-Seker-Ausar** ⎕⎮☖🜚, na qual o criador do mundo, o sol, e Osíris, como o deus dos mortos, eram representados. Um grande número de figuras de faiança desse deus trino é encontrado em túmulos, e existem espécimes em todos os museus. Ele é representado como um anão de pé sobre um crocodilo com um escaravelho sobre a cabeça; o escaravelho é o símbolo da nova vida na qual o defunto está prestes a irromper, e o crocodilo é o símbolo da escuridão da morte que foi superada. Segundo alguns, o elemento Ptah na tríade é a personificação do período de incubação que se segue à morte e precede a entrada na vida eterna, e os símbolos que o acompanham explicam o caráter atribuído a esse deus.

O deus Ptah também é ligado aos deuses Hapi, Nu e Tanen quando representa várias fases da matéria primordial.

Khnemu 🜨🜚🜚 trabalhou com Ptah na execução da obra da criação ordenada por Thoth, sendo, portanto, uma das divindades mais antigas do Egito; seu nome significa "moldar", "modelar". Sua conexão com a água primordial fez com que fosse considerado o principal deus da inundação e senhor das cataratas em Elefantina 🜚☰. Habitava em Annu, mas era senhor de Elefantina e "o construtor de homens, o criador dos deuses e o pai desde o princípio".

Em outros locais, diz-se que ele é:

ari	*enti-s*	*qemam*	*unenet*	*sa*	*xeperu*	*tef*

Criador das coisas que são, criador do que será, o começo dos seres, pai

tefu	*ma*	*ma*

dos pais, e mãe das mães.

Ele sustentou o céu sobre seus quatro pilares ⎰⎰⎰⎰ no começo, e terra, ar, mar e céu são obras de suas mãos. Ele é representado na forma de um homem com cabeça de carneiro e chifres encimados por plumas, ureus com discos, entre outras; em uma das mãos, segura o cetro ⎰, e na outra, o emblema da vida ⎰. Ocasionalmente, tem cabeça de falcão e, em uma representação, segura o símbolo da água ⁓ em cada mão. Em um baixo-relevo tardio em Philæ, nós o encontramos sentado à mesa de um oleiro sobre a qual está um ser humano que ele acabou de modelar.

Khepera ⎰⎰⎰ era uma forma do sol nascente, e era tanto um tipo de matéria que está a ponto de passar da inércia para a vida quanto o corpo morto que está prestes a irromper em uma nova vida em uma forma glorificada. Ele é representado na forma de um homem com um besouro como cabeça. Esse inseto era seu sinal e símbolo entre as nações antigas porque se acreditava ser autogerado e autoproduzido; a essa noção, devemos as miríades de besouros ou escaravelhos que são encontrados em túmulos de todas as épocas no Egito, nas ilhas gregas e assentamentos no Mediterrâneo, e na Fenícia, Síria e em outros lugares. A sede do deus Khepera estava no barco do sol, e as imagens que nos apresentam esse fato apenas ilustram uma ideia que é tão antiga, pelo menos, quanto a pirâmide de Unas, pois nesse monumento lê-se sobre o rei:

ap-f	*em*	*apt*	*xenen-f*	*em*	*xeper*	*em*	*nest*	*sut*

Ele voa como um pássaro, ele pousa como um besouro no trono vazio

amt	*uaa-k*	*Ra*

em teu barco, ó Rá.

Na 18ª Dinastia, a rainha Hatshepset declarou-se "a criadora de coisas que surgiram como Khepera" 𓏏𓂝𓈖𓆣𓇋𓇋𓆣𓏏; em tempos posteriores, os escribas brincavam muito com a palavra, usando-a como substantivo, adjetivo, verbo e nome próprio.

Tum 𓏏𓅓𓀭 ou Atemu 𓇋𓏏𓅓𓅱𓀭, ou seja, "o encerrador", era o grande deus do Annu e o líder da grande companhia de deuses daquele lugar. Parece que ele usurpou a posição de Rá na mitologia egípcia, ou, pelo menos, que os sacerdotes de Annu conseguiram fazer com que seu deus local, separado ou unido a Rá, fosse aceito como o líder do grupo divino. Ele representava o sol da tarde ou da noite e, como tal, é chamado, no capítulo 25 do *Livro dos mortos*, de "deus divino", "autocriado", "criador dos deuses", "criador dos homens", "aquele que estendeu os céus", "o iluminador do *tuat* com seus dois olhos" etc.

Acreditava-se que as "brisas frescas do vento norte", pelas quais todo falecido orava, procediam dele. Ele é, como Lefébure apontou, sempre representado na forma de um homem; ele usa as coroas 𓋔 e segura tanto o cetro 𓌾 quanto o emblema da vida 𓋹. Em um sarcófago em Turim, ele é retratado no barco do Sol, na companhia do deus Khepera; entre eles estão o besouro e o disco solar 𓇽. Em tempos posteriores, os egípcios chamaram a forma feminina de Tmu de Temt 𓏏𓅓𓏏𓏰.

Rá 𓇳𓏤𓀭 era o nome dado ao sol pelos egípcios em uma antiguidade remota, porém, o significado da palavra, ou o atributo que eles concediam ao sol por ela, é desconhecido. Rá era o emblema invisível de Deus e era considerado o deus desta terra, a quem oferendas e sacrifícios eram feitos diariamente. É quando ele aparece acima do horizonte na criação que o tempo começa. Nos textos das pirâmides, a alma do falecido segue para onde Rá está no céu, e Rá é instado a dar-lhe um lugar na "barca de milhões de anos" na qual navega. Os egípcios atribuíam ao sol um barco matutino e noturno, e neles o deus assentava-se acompanhado por Khepera e Tmu, suas próprias formas pela manhã e à noite, respectivamente. Em seu curso diário, ele vencia a noite e a escuridão, e a névoa e a nuvem desapareciam diante de seus raios; posteriormente, os egípcios inventaram a concepção moral do sol, representando a vitória do certo sobre o errado e da verdade sobre a falsidade. De um ponto de vista natural, o sol era sinônimo de movimento, por isso representava a vida do homem; e o crepúsculo de um representava a morte do outro. Normalmente, Rá é retratado em forma humana, às vezes com a cabeça de um falcão e, às vezes, sem. Já no tempo dos textos das pirâmides, encontra-se Rá unido a Tmu para formar o deus principal do Annu e, no mesmo período, uma contraparte feminina, Rat ♀, lhe era atribuída.

Shu ∫ ⚥ ₰, o segundo integrante da companhia de deuses do Annu, era o filho primogênito de Rá, Rá-Tmu, ou Tum, pela deusa Hathor, o céu, e era o irmão gêmeo de Tefnut. Ele representava a luz. Ergueu o céu, Nut, da terra, Seb, e o colocou sobre os degraus ⌐ que estavam em Khemennu.

Em geral, é representado na forma de um homem que usa uma pena ∫ ou penas ⚥ na cabeça e segura o cetro na mão ᛏ. Outras vezes, ele aparece na forma de um homem com os braços erguidos; na cabeça, ele tem o emblema ⌒, e muitas vezes é acompanhado pelos ᛏᛏᛏᛏ quatro pilares do céu, ou seja, os pontos cardeais. Entre os muitos amuletos de *faiança* encontrados em túmulos, há dois que se referem a Shu: os peque- nos modelos de degraus representam os degraus ⌐ sobre os quais Shu repousou o céu em Khemennu ◁ 𓅂 𓅂 ⌐ ᛝ ᛟ ═ ₰; e a figura agachada de um deus sustentando o disco solar simboliza seu ato de erguer o disco solar no espaço entre o céu e a terra na época em que separou Nut de Seb.

Tefnut ⌐ ° ₰, o terceiro integrante da companhia de deuses do Annu, era filha de Rá, Rá-Tmu, ou Tmu, e irmã gêmea de Shu; ela repre- sentava, em uma forma, a umidade e, em outro aspecto, parece personificar o poder da luz solar. Ela é retratada na forma de uma mulher, geralmente com a cabeça de uma leoa encimada por um disco ou ureu, ou ambos; em faiança, no entanto, os gêmeos, irmão e irmã, têm, cada um, uma cabeça de leão. Nos textos das pirâmides, eles desempenham um papel curioso: acredita-se que Shu tirava a fome do falecido, e Tefnut, sua sede.

Seb ou **Qeb** 𓅰 ᛃ ₰, o quarto integrante da companhia de deuses do Annu, era filho de Shu, marido de Nut, e por meio dela, pai de Osíris, Ísis, Set e Néftis. Originalmente, era o deus da terra, e é chamado tanto de "pai dos deuses" ⟨hieróglifos⟩ quanto de *"erpa* ⟨hieróglifo⟩ (*isto é*, o chefe tribal e hereditário) dos deuses". Ele é representado em forma humana, às vezes com uma coroa na cabeça e o cetro ⟨hieróglifo⟩ na mão direita, às vezes tendo na cabeça um ganso, pássaro que lhe era sagrado. Em muitos lugares, é chamado de "grande cacarejador", ⟨hieróglifos⟩ uma vez que se acreditava que ele tivesse posto o ovo do qual o mundo surgiu. Já nos textos das pirâmides, tornou-se um deus dos mortos em virtude de representar a terra onde o falecido era depositado.

Ausar ou **Osíris** ⟨hieróglifos⟩, o sexto integrante da companhia de deuses do Annu, era filho de Seb e Nut, e marido de sua irmã Ísis, pai de "Hórus, filho de Ísis", e irmão de Set e Néftis. A versão de seus sofrimentos e morte dada por Plutarco já foi descrita. Seja qual for o fundamento da lenda, é certo que seu caráter como um deus dos mortos estava bem definido muito antes de as versões dos textos das pirâmides que conhecemos serem escritas, e a única mudança importante que ocorreu na visão dos egípcios, em dias posteriores, foi a atribuição a ele das características que, nas primeiras dinastias, eram consideradas pertencentes apenas a Rá ou a Rá-Tmu. Originalmente, Osíris era uma forma do deus-sol e, de modo geral, pode-se dizer que representava o sol depois de se pôr e, como tal, era o emblema dos mortos imóveis; já textos posteriores o identificam com a lua. Os egípcios afirmam que ele é o pai dos deuses que lhe deram à luz e, como o deus do ontem e do hoje, tornou-se o símbolo da existência eterna e da imortalidade; nessa representação, ele usurpou não apenas os atributos de Rá, mas também os de todos os outros deuses. Por fim, era tanto o deus dos mortos quanto o deus dos vivos. Como juiz dos mortos, acreditava-se que ele exercia funções semelhantes às atribuídas a Deus. Dentre os muitos deuses do Egito, Osíris foi escolhido como o modelo do que o falecido esperava se tornar quando, após ter sido mumificado da maneira prescrita, realizadas as cerimônias apropriadas para a ocasião, e ditas as orações, seu corpo glorificado entrasse em sua presença no céu; a ele, como "senhor da eternidade", título pelo qual era comumente mencionado como juiz dos mortos, o defunto apelava para que fizesse sua carne germinar e salvasse seu corpo da decomposição. As várias formas nas quais Osíris é retratado são numerosas demais para serem aqui descritas, mas, de modo geral, ele é representado na forma de uma múmia usando uma coroa, segurando em suas mãos os símbolos da soberania e do poder. Uma série muito completa de ilustrações das formas de Osíris é dada por Lanzone em seu *Dizionario*, tavv. 258-299. As cerimônias relacionadas com a celebração dos eventos dos sofrimentos, morte e ressurreição de Osíris ocupavam uma parte muito importante nas observâncias religiosas dos egípcios, e parece que, no mês de Choiak, uma representação desses acontecimentos ocorria em vários templos no Egito; uma descrição minuciosa deles foi publicada por Loret em *Recueil de Travaux*, t. 3, p. 43 e seguintes, e nos volumes seguintes. Uma leitura atenta dessa obra explica o significado de muitas cerimônias relacionadas ao enterro dos mortos, o uso de amuletos e certas partes do ritual fúnebre. O trabalho nesta forma, sendo de data tardia, prova que a doutrina da imortalidade, adquirida através do deus que era "senhor dos céus e da terra, do submundo e das águas, das montanhas e de tudo o que o sol circunda em seu curso", permaneceu inalterada por pelo menos quatro mil anos de sua existência.

Auset ou **Ísis** ⌡⊖⌡, a sétima integrante da companhia de deuses do Annu, era a esposa de Osíris e mãe de Hórus. Suas aflições foram descritas por escritores egípcios e gregos e seus nomes mais comuns são "a grande deusa, a mãe divina, a senhora dos feitiços ou encantamentos"; em tempos posteriores, ela é chamada de "mãe dos deuses" e "a vivente". É geralmente representada na forma de uma mulher, com um toucado em forma de assento ⌡, o hieróglifo que forma o seu nome. Seu animal sagrado era a vaca, e por isso, às vezes, ela usa na cabeça os chifres desse animal acompanhados de plumas e penas. Em um aspecto, Ísis é identificada com a deusa Selk ou Serq e, então, tem sobre a cabeça um escorpião, o emblema dessa deusa; em outro aspecto, ela é unida à estrela Sothis, e então uma estrela ✷ é adicionada à sua coroa. Ela é, no entanto, mais comumente representada como a mãe amamentando seu filho Hórus, e figuras dela nesse aspecto, em bronze e faiança, existem aos milhares. Como uma deusa da natureza, ela é vista de pé no barco do sol e provavelmente era a divindade do amanhecer.

Heru ou **Hórus** 🦅, o deus-sol, era originalmente um deus totalmente distinto de Hórus, filho de Osíris e Ísis, mas, desde os primeiros tempos, parece que os dois foram confundidos, e que os atributos de um foram dados ao outro; a batalha que Hórus, o deus-sol, travou contra a noite e a escuridão também foi identificada, em um período muito antigo, com o combate entre Hórus, filho de Ísis, e seu irmão Set. O símbolo visível do deus-sol foi, desde muito cedo, o falcão 🦅, provavelmente a primeira coisa viva adorada pelos primeiros egípcios; já nos textos das pirâmides, o falcão em um estandarte 🦅 é usado indiscriminadamente com ⎯ para representar a palavra "deus". As principais formas de Hórus, o deus-sol, que provavelmente representam o sol em vários períodos do dia e da noite, são: Heru-ur 🦅 (Ἀρωήρει), "Hórus, o Grande"; Heru-merti 🦅, "Hórus dos dois olhos", isto é, do sol e da lua; Heru-nub 🦅, "o Hórus dourado"; Heru-khent-khat 🦅 ; Heru-khent-an-maa 🦅, "Hórus habitando na cegueira"; Heru-khuti 🦅, "Hórus dos dois horizontes"[30], cujo símbolo na terra era a Esfinge; Heru-sam-taui 🦅, "Hórus, o unificador do norte e do sul"; Heru-hekenu 🦅 "Hórus de Heken"; e Heru-behutet 🦅 "Hórus de Behutet". Os *cippi* de Hórus, que se tornaram tão comuns em um período tardio no Egito, parecem unir a ideia das concepções física e moral de Hórus, o deus-sol, e de Hórus, filho de Osíris e Ísis.

Hórus, filho de Osíris e Ísis 🦅, aparece nos textos egípcios geralmente como Herup-p-khart 🦅, "Hórus, a criança", que depois se tornou o "vingador de seu pai Osíris" e ocupou seu trono, como lê-se em muitas passagens do *Livro dos mortos*. Nos textos das pirâmides, o falecido é identificado com Heru-p-khart, e faz-se referência ao fato de que o deus é sempre representado com um dedo na boca. A curiosa lenda que Plutarco relata sobre Harpócrates e a causa de sua claudicação é provavelmente baseada na passagem da história de Osíris e Ísis dada em um hino a Osíris da 18ª Dinastia.

---

30 – Quer dizer, Hórus entre as montanhas de Bekhatet e Manu, os pontos mais ao leste e ao oeste do curso do sol, e os lugares onde ele nascia e se punha.

Set ⌐☐⟍ou Sutekh ↓⊙✗⟍, o oitavo integrante da companhia de deuses do Annu, era filho de Seb e Nut, e marido de sua irmã Néftis. A adoração desse deus é extremamente antiga e, nos textos das pirâmides, descobrimos que ele é frequentemente mencionado com Hórus e os outros deuses da companhia heliopolitana em termos de reverência. Acreditava-se, também, que ele realizava ofícios amigáveis para os falecidos e que era um deus do Sekhet-Aaru, ou morada dos mortos abençoados. Ele geralmente é representado em forma humana com a cabeça de um animal que ainda não foi identificado; em tempos posteriores, ela foi confundida com a cabeça de um asno, mas as figuras do deus em bronze, que estão preservadas no Museu Britânico e em outros lugares, provam, sem sombra de dúvida, que a cabeça de Set é a de um animal desconhecido para nós. Nas primeiras dinastias, ele era um deus beneficente, cujo favor era procurado pelos vivos e pelos mortos, e tão tarde quanto a 19ª Dinastia, os reis se deleitavam em chamar a si mesmos de "amados de Set". Por volta da 22ª Dinastia, no entanto, tornou-se moda considerar o deus como a origem de todo o mal, e suas estátuas e imagens foram tão eficazmente destruídas que apenas algumas que escaparam por acidente chegaram até nós. Originalmente, Set, ou Sut, representava a noite natural e era o oposto de Hórus; que Hórus e Set eram aspectos ou formas opostas do mesmo deus, é provado pela figura dada por Lanzone (*Dizionario*, tav. 37, nº 2), na qual vemos a cabeça de Set e a de Hórus sobre um mesmo corpo. A oposição natural do dia e da noite foi, em um período inicial, confundida com a batalha travada entre Hórus, filho de Ísis, e Set, na qual Ísis interveio, e parece que a ideia moral da batalha do certo contra o errado foi ligada ao segundo combate que foi empreendido por Hórus para vingar o assassinato de seu pai por Set.

Nebt-het ou Néftis ▯⊖, a última integrante da companhia de deuses do Annu, era filha de Seb e Nut, irmã de Osíris e Ísis, e irmã e esposa de Set. Quando o sol nasceu na criação das águas primordiais, Néftis ocupou um lugar em seu barco com Ísis e outras divindades; como uma deusa da natureza, ela representa o dia antes do nascer do sol ou depois do pôr do sol, porém nenhuma parte da noite. Ela é representada na forma de uma mulher, tendo na cabeça os hieróglifos que formam seu nome, "senhora da casa" ▯. Uma lenda preservada por Plutarco a aponta como mãe de

Anpu ou Anúbis por Osíris. Nos textos egípcios, Anpu é chamado de filho de Rá. Em textos religiosos, Néftis é colocada como companheira de Ísis em todos os seus sofrimentos, e sua dor pela morte do irmão é tão grande quanto a da esposa dele.

Anpu, ou Anúbis ⟨hieróglifo⟩, filho de Osíris ou Rá, algumas vezes por Ísis e outras vezes por Néftis, parece simbolizar, como um deus da natureza, a parte mais escura do crepúsculo ou o início do alvorecer. Ele é representado na forma humana com a cabeça de um chacal ou como um chacal. Na lenda de Osíris e Ísis, Anúbis desempenha um papel proeminente em conexão com o cadáver de Osíris, e nos papiros o vemos como guarda e protetor do falecido deitado no esquife; na cena do julgamento, ele é retratado como o guardião da balança, cuja agulha ele vigia com grande dedicação. Ficou conhecido como o deus da câmara sepulcral, e, presidindo toda a "Montanha funerária", é sempre considerado o mensageiro de Osíris.

Outra forma de Anúbis era o deus **Apuat**, o ⟨hieróglifo⟩ dos textos das pirâmides, ou "abridor dos caminhos", que também era representado na forma de um chacal. Os dois deuses são frequentemente confundidos. Em estelas sepulcrais e outros monumentos, muitas vezes são representados dois chacais; um deles representa Anúbis, e o outro, Ap-uat, e é provável que eles tenham alguma conexão com as regiões norte e sul do mundo funerário.

Segundo Maspero, o deus Anúbis conduzia as almas dos mortos aos Campos Elísios no Grande Oásis.

Entre os deuses primordiais, há dois, **Hu** ⟨hieróglifo⟩ e **Saa** ⟨hieróglifo⟩, que são vistos no barco do sol durante a criação. Eles são filhos de Tmu ou Tmu-Rá, mas o papel exato que desempenham como deuses da natureza ainda não foi, ao que parece, satisfatoriamente definido. A primeira menção a eles nos textos das pirâmides registra sua subjugação pelo falecido, mas no *Livro tebano dos mortos,* eles aparecem entre a companhia de deuses que estão presentes quando a alma do falecido está sendo pesada na balança.

Tehuti ou **Thoth** ⟨hieróglifo⟩ representava a inteligência divina que, durante a criação, pronunciou as palavras executadas por Ptah e Khnemu. Ele era autoproduzido, o grande deus da terra, ar, mar e céu, e reunia em si os atributos de diversos deuses. Também era o escriba dos deuses e, como tal, era considerado o inventor de todas as artes e ciências conhecidas pelos egípcios; alguns de seus títulos são "senhor da escrita", "mestre do papiro", "criador da paleta e do tinteiro", "o poderoso orador", "o de língua doce". As palavras e composições que recitava em nome do falecido preservavam este último da influência de poderes hostis e o tornavam invencível no "outro mundo". Ele era o deus da retidão e da verdade, nas quais vivia e por meio das quais estabeleceu o mundo e tudo o que nele existe. Como o cronólogo do céu e da terra, tornou-se o deus da lua; e como contador do tempo, obteve seu nome *Tehuti*, que quer dizer "o medidor"; nessas funções, ele tinha o poder de conceder vida por milhões de anos ao falecido. Quando o grande combate ocorreu entre Hórus, filho de Ísis, e Set, Thoth, que estava presente como juiz, deu a Ísis a cabeça da vaca no lugar da dela, que havia sido cortada, em sua raiva, por Hórus devido à interferência dela; em referência a este fato, ele é chamado de Ap-rehui ⵣⵏⵏⵙⵏⵏ "o juiz dos dois combatentes". Um dos nomes egípcios para o íbis era ⵣⵏⵏⵙ *Tekh*, e a semelhança do som dessa palavra com o de *Tehu*, o nome da lua como medidora de tempo, provavelmente levou os egípcios a representar o deus na forma de um íbis, apesar de, comumente, o babuíno ser considerado seu animal sagrado. Pensa-se que havia dois deuses chamados Thoth, sendo um deles uma forma de Shu, mas os atributos pertencentes a cada um ainda não foram definidos de modo satisfatório. Nos monumentos e papiros, Thoth aparece na forma de um homem com cabeça de íbis, que, às vezes, é encimado pela coroa ⵣⵏ, ou ⵏ, ou ⵣⵏ, ou por um disco e chifres ⵣⵏ, ou ⵣⵏ, e ele segura, na mão esquerda, o cetro ⵏ, e, na direita, o ankh ⵏ; às vezes, ele é retratado segurando seu tinteiro ⵏ e a lua crescente ⵏ e, outras vezes, aparece na forma de um macaco segurando uma paleta cheia de palhetas de escrever. Thoth é mencionado nos textos das pirâmides como o irmão de Osíris, mas há dúvidas se ele é o mesmo Thoth que é chamado de "Senhor de Khemennu" e o "escriba dos deuses".

Maat ⵣⵏⵏⵙ, a esposa de Thoth, era filha de Rá, e uma deusa muito antiga. Ela parece ter ajudado Ptah e Khnemu a realizar corretamente a obra da criação ordenada por Thoth. Não há uma palavra que descreva exatamente a concepção egípcia de Maat, tanto do ponto de vista físico quanto moral;

entretanto, a ideia fundamental da palavra é "reto". Com base nos textos egípcios, fica claro que *maat* significava: retidão, verdadeiro, verdade, real, genuíno, íntegro, virtuoso, justo, firme, inalterável etc. Desse modo, já no papiro Prisse, lê-se: "Grande é *maat*, a poderosa e inalterável, e nunca foi quebrada desde o tempo de Osíris"; nele Ptah-hetep também aconselha seu ouvinte a "fazer *maat*, ou retidão e verdade, germinar". O homem justo, íntegro e correto é *maat*, 🔣 e em um livro de preceitos morais encontra-se: "Deus julgará o correto (*maa*)" 🔣. Maat, a deusa das leis inalteráveis do céu e a filha de Rá, é retratada em forma feminina, com a pena ∫, símbolo de *maat*, em sua cabeça, ou com apenas a pena como cabeça, e o cetro ▐ em uma das mãos, e {um ankh} ☥ na outra. Na cena do julgamento, aparecem duas deusas Maat; é provável que uma seja a personificação da lei física, e a outra, da retidão moral.

Het-heru, ou **Hathor** 🔣, a "casa de Hórus", era a deusa do céu onde Hórus, o deus-sol, nascia e se punha. Posteriormente, um grande número de deusas com o mesmo nome se desenvolveu a partir dela, e estas foram identificadas com Ísis, Neith, Iusaset e muitas outras deusas cujos atributos absorveram. Um grupo de sete Hathors também é mencionado, e estas parecem ter partilhado da natureza de boas fadas. Em uma forma, Hathor era a deusa do amor, beleza, felicidade, tanto que os gregos a identificaram com a sua própria Afrodite. Ela é, com frequência, retratada na forma de uma mulher com um disco e chifres na cabeça e, às vezes, tem a cabeça de um leão encimada por um ureu. Frequentemente tem a forma de uma vaca — o seu animal sagrado — e, nessa forma, ela aparece como a deusa da tumba ou Ta-sertet, fornecendo comida e bebida para o falecido.

Meht-urt 🔣 é a personificação daquela parte do céu onde o sol nasce, bem como daquela em que ele segue o seu curso diário; é representada na forma de uma vaca, ao longo do corpo da qual as duas barcas do sol são vistas navegando. Já nos textos das pirâmides, encontramos o atributo de juiz dado à Meh-urt, e até uma data muito posterior, acreditou-se que o julgamento do falecido no salão da dupla Maat na presença de Thoth e de outros deuses acontecia na morada de Meh-urt.

Net ⳡ ou **Neith** ✕, "a mãe divina, a senhora do céu, a senhora dos deuses", era uma das divindades mais antigas do Egito, e, nos textos das pirâmides, aparece como a mãe de Sebek. Como Meh-urt, ela personifica o lugar no céu onde o sol nasce. Em uma forma, ela era a deusa do tear e da lançadeira, e também da caça; nesse aspecto, ela foi identificada pelos gregos com Atena. Ela é representada na forma de uma mulher, tendo na cabeça a lançadeira ⤬ ou flechas ✕, ou usando coroa ⳡ e segurando flechas ⳡ, um arco ⤳ e um cetro na mão esquerda; ela também aparece na forma de uma vaca.

Sekhet ⳡ, em Mênfis, era esposa de Ptah e mãe de Nefer-Tmu e de I-em-hetep. Ela era a personificação do calor ardente do sol e, como tal, era a destruidora dos inimigos de Rá e Osíris. Quando Rá decidiu punir a humanidade com a morte porque zombavam dele, enviou Sekhet, seu "olho", para realizar o trabalho da vingança; uma ilustrativa desse aspecto dela é uma imagem em que é retratada com o olho do sol no lugar da cabeça. Em geral, tem a cabeça de um leão encimada pelo disco do sol, ao redor do qual está um ureu; e normalmente ela segura um cetro ⳡ, mas, às vezes, uma faca.

Bast ⳡ, de acordo com uma lenda, era a mãe de Nefer-Tmu. Ela era a personificação do calor suave e frutífero do sol, em oposição à personificação de Sekhet. O gato era sagrado para Bast, e a deusa geralmente é retratada com cabeça desse animal. A sede mais famosa de seu culto era a cidade de Bubastis, a moderna Tell Basta, no Delta.

Nefer-Tmu ⳡ era filho de Sekhet ou Bast e personificava alguma forma do calor do sol. Ele geralmente é representado na forma de um homem, com um cacho de flores de lótus na cabeça, mas, algumas vezes, tem a cabeça de um leão; nas pequenas estatuetas de faiança dele, que são tão comuns, ele está de pé nas costas de um leão. Sem dúvida, representa o deus-sol na lenda que o fez brotar de uma lótus, pois na pirâmide de Unas diz-se que o rei:

xaa	*em,*	*Nefer-Tmu*	*em*	*sessen*	*er*	*sert*	*Rá*

Rá, sobe como Nefer-Tmu do lótus (lírio) para as narinas de Rá e "aparece no horizonte todos os dias".

Neheb-ka ⟨hieroglyphs⟩ é o nome de uma deusa geralmente representada com a cabeça de uma serpente, e com quem o falecido se identifica.

Sebak ⟨hieroglyphs⟩, uma forma de Hórus, o deus-sol, que deve ser diferenciada de Sebak, companheiro de Set, o oponente de Osíris; o crocodilo era o animal sagrado de cada um desses deuses e, provavelmente, por essa razão os próprios deuses foram confundidos. Sebak-Rá, o senhor de Ombos, geralmente é representado em forma humana com a cabeça de um crocodilo, encimado por ⟨hieroglyph⟩, ⟨hieroglyph⟩, ou ⟨hieroglyph⟩, ou ⟨hieroglyph⟩.

Amsu ⟨hieroglyphs⟩ ou **Amsi** ⟨hieroglyphs⟩ é um dos deuses mais antigos do Egito. Ele personificava o poder de geração, ou a força reprodutiva da natureza; ele era o "pai de sua própria mãe" e foi associado a "Hórus, o poderoso", ou com Hórus, o vingador de seu pai Un-nefer ou Osíris. Os gregos o assimilaram ao deus Pan, e chamaram a cidade principal onde sua adoração era celebrada de Khenimis[31], baseado em um de seus nomes. Ele é representado normalmente na forma de um homem de pé ⟨hieroglyph⟩, tendo plumas ⟨hieroglyph⟩ na cabeça e segurando o mangual ⟨hieroglyph⟩ na mão direita, que está erguida acima do ombro.

Neb-er-tcher ⟨hieroglyphs⟩, um nome que originalmente sugeria o "deus do universo", mas que foi posteriormente dado a Osíris, e indicava o deus após a reconstrução completa de seu corpo, o qual havia sido cortado em pedaços por Set.

Un-nefer ⟨hieroglyphs⟩, um nome de Osíris em seu papel de deus e juiz dos mortos no submundo. Alguns pensam que essas palavras signifiquem o "bom ser", e outros, a "bela lebre".

Astennu ⟨hieroglyphs⟩, um nome dado ao deus Thoth.

---

31 – Em egípcio, a cidade é chamada Apu.

Mert ⟨hieróglifos⟩ ou Mer-sekert ⟨hieróglifos⟩, o "amante do silêncio", é um nome de Ísis ou Hathor como deusa do submundo. Ela é retratada na forma de uma mulher, tendo um disco e chifres na cabeça.

Serq ou **Selk** ⟨hieróglifos⟩ é uma forma da deusa Ísis. Normalmente é representada na forma de uma mulher com um escorpião na cabeça; algumas vezes, aparece como um escorpião com cabeça de mulher encimada por disco e chifres.

Ta-urt ⟨hieróglifos⟩, a Thoueris dos gregos, foi identificada como a esposa de Set ou Tifão; ela também é conhecida pelos nomes Apt ⟨hieróglifos⟩ e Sheput ⟨hieróglifos⟩. Títulos comuns dados a ela são "senhora dos deuses" ⟨hieróglifos⟩ e "portadora dos deuses" ⟨hieróglifos⟩. É retratada na forma de um hipopótamo em pé, sobre as patas traseiras, com a barriga distendida e os seios fartos; uma das patas dianteiras repousa sobre ⟨hieróglifo⟩; às vezes, ela tem a cabeça de uma mulher, mas sempre usa o disco, chifres e plumas ⟨hieróglifo⟩.

Uatchit ⟨hieróglifos⟩ era uma forma de Hathor. Correspondia à aparência do céu no norte quando o sol nascia. Ela é representada na forma de uma mulher, tendo na cabeça a coroa do norte ⟨hieróglifo⟩ e um cetro ⟨hieróglifo⟩, ao redor do qual uma serpente está enrolada, ou como um ureu alado usando a coroa do norte.

Beb ⟨hieróglifos⟩, **Bebti** ⟨hieróglifos⟩, **Baba** ⟨hieróglifos⟩ ou **Babu** ⟨hieróglifos⟩, mencionado três vezes no *Livro dos mortos*, é o "filho primogênito de Osíris" e parece ser um dos deuses da geração.

Hapi ⟨hieróglifos⟩ é o nome do grande deus do Nilo, adorado no Egito sob duas formas, isto é: "Hapi do Sul" ⟨hieróglifos⟩ e "Hapi do Norte" ⟨hieróglifos⟩; o papiro era o símbolo de um, e a lótus, do outro. Desde os tempos mais antigos, o Nilo era considerado pelos egípcios como a fonte de toda a prosperidade do Egito e era honrado como o tipo de água vivificante da qual surgiram os deuses e todas as coisas criadas. Por sua vez, era relacionado a todos os deuses do Egito, novos ou antigos, e sua influência era tão grande nas mentes dos egípcios que, desde os primeiros dias, eles representavam para si mesmos um céu material no qual as Ilhas dos Abençoados eram banhadas pelas águas do Nilo e ao qual se chegava pelo caminho da corrente rumo ao norte. Outros viviam de novo na imaginação nas margens do Nilo celestial, onde construíam cidades. Parece, pois, que os egípcios nunca conseguiram conceber um paraíso sem Nilo e sem canais. O Nilo é representado na forma de um homem que usa na cabeça um tufo de papiro ou flores de lótus; seus seios são os de uma mulher, indicando fertilidade. Lanzone reproduz uma cena interessante na qual os deuses do norte e do sul do Nilo estão amarrando um papiro e uma haste de lótus ao redor do símbolo da união ⚶ para indicar a unidade do Alto e do Baixo Egito, e este emblema ⚶ é encontrado entalhado nos tronos dos reis do Egito para indicar sua soberania sobre as regiões atravessadas pelos Nilos do Sul e do Norte. Como acima mencionamos, Hapi foi associado a todos os deuses sucessivamente; segue-se, naturalmente, que os atributos de cada um foram, então, vinculados a ele. Em um aspecto, no entanto, ele é diferente de todos os outros, pois dele está escrito:

an mehu en aner tut her uah set sexet aarat

Ele não pode ser esculpido em pedra; nas imagens nas quais os homens colocam coroas e ureus

um qemuh entuf um baka um xerpu tuf an

ele não é manifestado; culto não pode ser prestado nem ofertas feitas a ele; não

seset – tu   em   setau   an   rex-tu   bu   entuf   an

pode ele ser retirado de [seu] mistério; não pode ser conhecido o lugar onde ele está; não

qem   tephet   anu.

é ele encontrado no santuário pintado.

Aqui o escriba concedeu ao Nilo os atributos do grande e desconhecido Deus seu Criador.

Nos textos das pirâmides, encontramos um grupo de quatro deuses com os quais o falecido está intimamente ligado no "outro mundo"; estes são os quatro "filhos de Hórus" cujos nomes são dados na seguinte ordem: **Hapi**, **Tua-mautef**, **Amset** e **Qebhsennuf**. O falecido é chamado de "pai". Seus dois braços eram identificados com Hapi e Tuamautef, e suas duas pernas com Amset e Qebhsennuf; quando ele entrava no Sekhet-Aaru, eles o acompanhavam como guias, dois de cada lado. Eles tiravam toda a fome e sede do falecido, davam a ele vida no céu e a protegiam, e lhe traziam do Lago de Khemta o barco do Olho de Khnemu. Em uma passagem, eles são chamados de "quatro *Khu*s de Hórus", e originalmente representavam os quatro pilares que sustentam o céu ou Hórus. Cada um deveria ser o senhor de um dos quadrantes do mundo, assim, tornou-se o deus de um dos pontos cardeais. Hapi representava o norte, Tuamautef o leste, Amset o sul e Qebhsennuf o oeste. Na 18ª Dinastia, os egípcios começaram o costume de embalsamar os intestinos do corpo separadamente, colocando-os em quatro jarros, cada um deles dedicado à proteção de um dos filhos de Hórus, ou seja, aos cuidados de um dos deuses dos quatro pontos cardeais. O deus do norte protegia as pequenas vísceras; o deus do leste, o coração e os pulmões; o deus do sul, o estômago e o intestino grosso; e o deus do oeste, o fígado e a vesícula biliar. A esses quatro deuses, eram associadas quatro deusas, a saber, Néftis, Neith, Ísis e Selk ou Serq.

Conectados ao deus Hórus estão vários seres mitológicos chamados **Heru shesu** (ou *shemsu*, como alguns o leem), que já aparecem na pirâmide de Unas em conexão com Hórus e Set na cerimônia de purificação e "abertura da boca"; na pirâmide de Pepi I, são eles que lavam o rei e que recitam para ele o "Capítulo daqueles que surgem" e o "[Capítulo dos] que ascendem".

Na cena do julgamento no *Livro dos mortos*, agrupados ao redor do prato da balança que contém o coração do falecido (ver Prancha 3), estão três seres em forma humana, os quais recebem os nomes **Shai**, **Renenet** e **Meskhenet**.

Shai ⬚🐦⬚ é a personificação do destino, e **Renenet** ⬚, da fortuna; esses nomes geralmente são encontrados conectados. Diz-se que Shai e Renenet estão nas mãos de Thoth, a inteligência divina dos deuses; e Ramsés II gaba-se de que ele próprio é "senhor de Shai e criador de Renenet". Shai era originalmente a divindade que "decretava" o que deveria acontecer com uma pessoa, e Renenet, como observamos nos textos das pirâmides, era a deusa da abundância, boa sorte e coisas do gênero; mais tarde, nenhuma distinção foi feita entre essas divindades e as ideias abstratas que representavam. No papiro de Ani, Shai fica sozinho perto do pilar da Balança, e Renenet está acompanhada por **Meskhenet**, que parece ser a personificação de todas as concepções subjacentes a Shai e Renenet e algo mais. Na história dos filhos de Rá, conforme relatado no papiro de Westcar, a deusa Meskhenet ⬚ é mencionada ao lado de Ísis, Néftis, Heqet, e o deus Khnemu como auxiliar no nascimento de crianças.

Disfarçadas em formas femininas, as quatro deusas vão até a casa de Rá-user e, professando ter conhecimento na arte da obstetrícia, são admitidas na câmara onde a criança está para nascer; Ísis fica diante da mulher, Néftis atrás dela e Heqet acelera o nascimento. Quando a criança nasce, Meskhenet vem e, olhando para ela, declara: "Um rei; ele governará toda esta terra. Que Khnemu dê saúde e força ao seu corpo". A palavra *meskhenet* é tão antiga quanto os tempos da pirâmide, e parece então ter o significado de sorte, destino etc.

O deus **Amen** ⬚, sua esposa Mut ⬚ e seu associado Khonsu ⬚ nada têm a ver com o *Livro dos mortos*; no entanto, Amen, o primeiro integrante dessa grande tríade tebana, deve ser mencionado com os outros deuses, porque normalmente era associado a um ou mais deles. O nome Amen significa "o oculto", e a fundação do primeiro santuário do deus registrado na história ocorreu em Tebas, durante a 12ª Dinastia; daquela época até o final da 17ª Dinastia, Amen era o principal deus de Tebas e nada mais. Quando, porém, os últimos reis da 17ª Dinastia conseguiram expulsar os chamados hicsos e libertar o país do jugo estrangeiro, seu deus assumiu uma importância até então desconhecida, e seus sacerdotes se empenharam em fazer de seu culto o principal na terra. Amen, porém, nunca foi consideradoo deus mais importante em todo o país, embora seus devotos o chamassem de rei dos deuses. A concepção que os tebanos tinham de seu deus como um deus do submundo foi modificada quando o identificaram com Rá e o chamaram de "Amen-Rá". De modo geral, no período da 18ª Dinastia em diante, o deus tornou-se a personificação do misterioso poder criador e sustentador do universo, que, em uma forma material, era representado pelo sol. Aos poucos, todas as características dos antigos deuses do Egito foram atribuídas a ele, e os títulos que entre as nações ocidentais são dados a Deus foram adicionados aos epítetos panteístas que Amen havia usurpado. Os seguintes trechos de um belo hino apresentarão os pontos de vista do sacerdócio de Amen-Rá a respeito de seu deus:

"Adorado seja, ó Amen-Rá, o touro em Annu, o governante de todos os deuses, o belo e amado deus que dá vida por meio de todo tipo de comida e gado fino.

Saudações a ti, ó Amen-Rá, senhor do trono do mundo, tu, que habitas em Tebas, tu, touro de tua mãe que vive em teu campo, que estendes tuas jornadas na terra do sul, tu, senhor daqueles que habitam no oeste, tu, governador de Punt, tu ,rei do céu e soberano da terra, tu, senhor das coisas que existem, tu, que estabeleces a criação, tu, sustentador do universo. Tu és único em teus atributos entre os deuses, tu, belo touro da companhia de deuses, tu, líder de todos os deuses, senhor de *Maat*, pai dos deuses, criador dos homens, criador de animais e gado, senhor de tudo o que existe, criador do cajado da vida, criador das ervas que dão vida aos animais e ao gado... Tu és o criador das coisas celestiais e terrestres, tu iluminas o universo... Os deuses se lançam a teus pés quando te percebem... Hinos de louvor a ti, ó pai dos deuses, que estendeste os céus e estabeleceste a terra... tu, mestre da eternidade e da infinitude... Salve a ti, ó Rá, senhor de *Maat*, tu, que estás escondido em teu santuário, senhor dos deuses. Tu és Khepera em tua barca, e quando tu pronuncias a palavra, os deuses passam a existir. Tu és Tmu, o criador de seres que têm raciocínio e, não importa quantas sejam as formas deles, tu lhes dás vida e distingues a forma e estatura de cada um deles. Tu ouves a oração do aflito e és misericordioso para com aquele que clama a ti; tu livras o fraco do opressor, e julgas entre o forte e o fraco... O Nilo se eleva conforme a tua vontade... Tu, única forma, criador de tudo o que existe, Único, criador de tudo o que existirá. A humanidade surgiu de teus olhos, os deuses surgiram por tua palavra, tu fazes as ervas para o uso de animais e gado, e o cajado da vida para a necessidade do homem. Tu dás vida aos peixes do riacho e às aves do ar, e dás o sopro ao germe no ovo; tu dás vida ao gafanhoto, e fazes viver a ave selvagem e criaturas que rastejam, e criaturas que voam, e tudo o que faz parte deles. Tu forneces comida para os ratos nas tocas e para os pássaros que se sentam entre os galhos… tu, Uno, tu, Único, cujos braços são muitos. Todos os homens e todas as criaturas te adoram, e louvores vêm a ti das alturas do céu, do espaço mais amplo da terra e das profundezas do mar… tu, Uno, tu, Único, que não tens segundo… cujos nomes são múltiplos e inumeráveis."

Nota-se que, entre outros títulos, o deus Amen era chamado de "Único" ⟨hieróglifos⟩, mas a adição das palavras "que não tem segundo" ⟨hieróglifos⟩ é notável por mostrar que os egípcios já haviam concebido a existência de um deus que não tinha semelhantes ou iguais, o qual hesitavam em não proclamar lado a lado com descrições de suas manifestações. Encarando as palavras egípcias em seu significado simples, é certo que, quando os egípcios declararam que seu deus era um e que ele não tinha um segundo, eles tiveram as mesmas ideias que os judeus e maometanos quando proclamaram que seu deus era "Uno" e sozinho. Já foi argumentado que os egípcios nunca avançaram para o monoteísmo puro porque jamais conseguiram se livrar da crença na existência de outros deuses, mas quando dizem que um deus "não tem segundo", embora mencionem outros "deuses", é bastante evidente que, como os judeus, concebiam-no como um ser totalmente diferente das existências que, por falta de uma palavra melhor, ou porque possuíam atributos sobre-humanos, chamavam de "deuses".

OS PODERES DAS TREVAS OU DO MAL

Os deuses acima enumerados representam os poderes que eram os guias, protetores e doadores de vida e felicidade para o falecido na nova existência, mas, desde os primeiros tempos, é evidente que os egípcios imaginavam a existência de outros poderes que ofereciam oposição aos mortos e que são chamados, em muitos lugares, de seus "inimigos". Como muitos deuses antigos, esses poderes eram originalmente certas forças da natureza que se acreditava serem opostas àquelas consideradas benéficas para o homem, como a escuridão para a luz e a noite para o dia; com a escuridão e a noite também associadas as forças que contribuíam, de alguma forma, para obscurecer a luz do sol ou impedir seu brilho. Mas uma vez que o falecido era identificado com Hórus, ou Rá, e seus deuses acompanhantes, os inimigos de um se tornaram inimigos do outro, e o bem-estar de um era o bem-estar do outro. Quando os egípcios personificavam as forças benéficas da natureza, isto é, seus deuses, geralmente lhes davam formas humanas e as concebiam à sua própria imagem; mas quando personificavam os poderes opositores, davam-lhes a forma de animais nocivos e répteis, como cobras e escorpiões. Com o passar do tempo, as ideias morais de bem e retidão foram atribuídas aos primeiros, e mal e iniquidade aos segundos. As primeiras personificações da luz e da escuridão foram Hórus e Set, e no combate — o protótipo das lendas subsequentes de Marduk e Tiamat, Bel e o Dragão, São Jorge e o Dragão e muitos outros — que ocorreu entre eles, o primeiro foi sempre o vencedor. No entanto, embora o falecido fosse identificado com Hórus ou Rá, a vitória que o deus obteve sobre Set beneficiava apenas o corpo espiritual que habitava no paraíso e não preservava o corpo natural que jazia na tumba. O principal inimigo do corpo natural era o verme, e desde os primeiros tempos parece que um enorme verme ou serpente foi escolhido pelos egípcios como o símbolo dos poderes que eram hostis aos mortos e também do inimigo contra quem o deus-sol lutava. Já na pirâmide de Unas, uma longa seção do texto contém apenas fórmulas, cuja recitação pretendia proteger o falecido de vários tipos de cobras e vermes. Estas são extremamente arcaicas, de fato, e pode-se dizer, com segurança, que formam uma das partes mais antigas da literatura funerária dos egípcios. Descobrimos, nas edições posteriores do *Livro dos mortos* e em certas obras coptas, que o pavor da serpente como emblema do mal físico e moral existiu entre os egípcios em todas as gerações, e que, como será visto mais tarde, a crença em um limbo cheio de cobras influenciou suas mentes muito tempo depois de terem sido convertidos ao cristianismo.

Os feitiços contra serpentes nos textos das pirâmides das 5ª e 6ª Dinastias têm seus equivalentes nos capítulos 31 e 33 do *Livro dos mortos*, os quais se encontram nos sarcófagos da 11ª e 12ª Dinastias; na 18ª Dinastia, encontramos vinhetas em que o defunto é representado no ato de golpear um crocodilo com uma lança e de abater serpentes. Nas versões tebana e saíta, há vários capítulos curtos, cuja recitação afastava os répteis; e destes, o mais importante é o capítulo 39, que preservava o falecido do ataque da grande serpente Apef ou Apep ⟨glifo⟩ ou ⟨glifo⟩, retratada com facas cravadas em suas dobras ⟨glifo⟩. No período das dinastias mais tardias, um serviço era realizado diariamente no templo de Amen-Rá, em Tebas, para livrar o deus-sol do ataque desse demônio e, em todas as ocasiões, era acompanhado por uma cerimônia na qual uma figura de cera de Apep era queimada no fogo; conforme a cera derretia, o poder de Apep era destruído. Outro nome de Apep era Nak ⟨glifo⟩, que foi perfurado pela lança do olho de Hórus e forçado a vomitar o que havia engolido.

A DEVORADORA DOS MORTOS

A cena do julgamento na edição tebana do *Livro dos mortos* revela a crença na existência de um monstro triformado, parte crocodilo, parte leão e parte hipopótamo, a quem os egípcios chamavam de Am-mit ⟨glifo⟩ ou seja, "a *devoradora* dos Mortos", que vivia em Amenta; seu lugar é ao lado da balança na qual o coração é pesado, e está claro que os corações que falharam em equilibrar a pena de Maat eram devorados por ela. Em um papiro, ela é retratada agachada ao lado de um lago. Além de Am-mit, outros tipos de males eram o inseto Apshai ⟨glifo⟩, confundido posteriormente com a tartaruga ⟨glifo⟩, que morre conforme Rá vive; o crocodilo Sebak, que depois foi associado a Rá; o hipopótamo, o burro, entre outros.

OS DEMÔNIOS DO SUBMUNDO

Os textos das pirâmides fornecem informações escassas sobre os inimigos e demônios com os quais os egípcios posteriores povoaram certas partes do Tuat, onde o sol noturno seguia seu curso e onde as almas dos mortos habitavam; para tanto, devemos recorrer à composição intitulada "Livro do que está no Tuat", do qual várias cópias chegaram até nós inscritas em tumbas, sarcófagos e papiros da 18ª Dinastia e seguintes. O Tuat era dividido em doze regiões, correspondendo às doze horas da noite, e o livro pretendia fornecer ao falecido os meios pelos quais ele poderia atravessá-las com sucesso. Em uma dessas divisões, que estava sob o domínio do deus Seker, a entrada era guardada por uma serpente de quatro patas com cabeça humana, e lá dentro havia uma serpente com três cabeças, escorpiões, víboras e monstros alados de aparência terrível; um vasto lugar deserto era sua morada, e aparentemente a escuridão era tão densa que podia ser sentida. Em outras divisões, encontramos serpentes cuspindo fogo, leões, deuses com cabeça de crocodilo, uma serpente que devora os mortos, um enorme crocodilo e muitos outros répteis de diversas formas e tamanhos.

Pelas descrições que acompanham tais cenas, é evidente que o Tuat era levado em consideração pelos egípcios da 18ª Dinastia tanto do ponto de vista moral quanto do físico. Apep, o símbolo do mal, era punido e derrotado aqui, e aqui habitavam as almas dos ímpios e dos justos, os quais recebiam suas punições ou recompensas, distribuídas a eles pelo decreto de Rá e sua companhia de deuses.

Tradições sobre o inferno preservadas nos tempos coptas

Os principais instrumentos de punição empregados pelos deuses eram o fogo e as bestas que devoravam as almas e os corpos dos inimigos de Rá. Podemos ver, na literatura dos coptas, ou egípcios que adotaram o cristianismo, por quanto tempo sobreviveu essa crença em um inferno de fogo e demônios torturantes. Assim, na *Vida de Abba Shenuti*, um homem é informado de que "os carrascos de Amenti não mostrarão compaixão por sua alma miserável". Na história de Pisentios, um bispo de Coptos no sétimo século de nossa era, temos, igualmente, uma série de detalhes que refletem o Tuat dos antigos egípcios de maneira notável. O bispo, tendo se instalado em uma tumba cheia de múmias, faz com que uma delas conte sua história. Depois de relatar que seus pais eram gregos que adoravam Poseidon, ele afirma que, já quando estava morrendo, os anjos vingadores o cercaram com facas de ferro e aguilhões afiados como lanças, os quais cravaram em seus lados enquanto arreganhavam os dentes para ele; quando abriu os olhos, viu, ao seu redor, a morte em todas as suas múltiplas formas naquele momento, anjos impiedosos (ⲛⲓⲁⲅⲅⲉⲗⲟⲥ ⲛ̀ ⲁⲑⲛⲁⲓ) apareceram e arrastaram sua alma miserável de seu corpo, e amarrando-a à forma de um cavalo preto, levaram-na para Amenta (ⲉⲙⲉⲛⲧ = ). Em seguida, ele foi entregue a algozes impiedosos, que o torturaram em um lugar onde havia multidões de animais selvagens; e quando foi lançado no lugar da escuridão exterior, viu uma vala com mais de sessenta metros de profundidade cheia de répteis, cada um com sete cabeças, cujos corpos pareciam estar cobertos por escorpiões. Ali também havia serpentes, que aterrorizavam o observador só de olhar, e a uma delas, que tinha dentes como estacas de ferro, o miserável homem foi dado para ser devorado; por cinco dias em cada semana, a serpente o esmagava com os dentes, mas no sábado e no domingo havia trégua. Outra imagem dos tormentos do Hades é dada no *Martírio de Macário de Antioquia*, no qual o santo, tendo restaurado à vida um homem que estava morto há seis horas, soube que, quando este estava para morrer, foi cercado por demônios ϩⲁⲛⲇⲏⲕⲁⲛⲟⲥ, alguns dos quais tinham rostos de dragões ⲛ̀ϩⲟ ⲛ̀ⲇⲣⲁⲕⲱⲛ, outros de leões ⲛ̀ϩⲟ ⲛ ⲙ̀ ⲙⲱⲟⲩⲓ, outros de crocodilos ⲛ̀ϩⲟ ⲛ̀ⲉⲙⲥⲁϩ e outros de ursos ⲛ̀ϩⲟ ⲛ̀ⲗⲁⲃⲟⲓ. Eles arrancaram a alma de seu corpo com grande violência e fugiram com ela sobre um enorme rio de fogo, no qual a mergulharam a uma profundidade de cerca de duzentos metros; então eles a retiraram e a puseram diante do juiz da Verdade ⲙ̀ ⲡⲓⲕⲣⲓⲧⲏⲥ ⲙ̀ ⲙⲏⲓ. Depois de ouvir a sentença do juiz, os demônios levaram-na para um lugar de escuridão externa, onde não havia luz, e a jogaram no frio onde havia ranger de dentes. Lá ele viu uma cobra que nunca dormia ϥⲉⲛⲧ ⲛ̀ ⲁⲧ ⲉⲛⲕⲟⲧ, com uma cabeça como a de um crocodilo, que estava cercada por répteis que lançavam almas diante dela para serem devoradas ⲉⲣⲉ ⲛⲓϭⲁⲧϥⲓ ⲧⲏⲣⲟⲩ ϧⲁⲧⲟⲧϥ ⲉⲩⲥⲓϯ ⲛ̀ ⲛⲓⲯⲩⲭⲏ ϩⲓⲧϩⲏ ⲙ̀ⲙⲟϥ. Quando a boca da cobra estava cheia, ela permitia que os outros répteis comessem, e embora eles rasgassem a alma em pedaços, ela não morria. Depois disso, a alma era levada para o Amenta para sempre ⲁ̀ⲙⲉⲛϯ ϣⲁ ⲉ̀ⲛⲉϩ. O mártir Macário sofreu no reinado de Diocleciano, e o manuscrito do qual se tirou o relato supracitado foi copiado no ano dos Mártires 634 a 918 d.C. Logo, as velhas ideias pagãs do Tuat egípcio foram aplicadas à construção do Inferno Copta.

OS PRINCIPAIS LOCAIS GEOGRÁFICOS E MITOLÓGICOS NO *LIVRO DOS MORTOS*

Abtu ⟨hieróglifos⟩, a Abidos dos gregos (Estrabão, XVII. 1, 42), a capital do oitavo nomo do Alto Egito. Era a sede do culto de Osíris e, por essa razão, era chamada de Per-Ausar ⟨hieróglifos⟩ ou Busiris, "a casa de Osíris"; os coptas deram-lhe o nome de ⲉⲃⲱⲧ⟨hieróglifos⟩. A tradição egípcia fazia o sol terminar seu curso diário em Abidos e entrar no Tuat nesse lugar através de uma "fenda" nas montanhas chamada *peq* ⟨hieróglifos⟩ na língua egípcia. Essas montanhas ficam perto da cidade, e na 12ª Dinastia, acreditava-se que as almas dos mortos faziam seu caminho para o outro mundo pelo vale que se forma entre elas até o grande Oásis, onde alguns localizavam os Campos Elísios.

Amenta ou **Amentet,** ⟨hieróglifos⟩ ou ⟨hieróglifos⟩, era originalmente o lugar onde o sol se punha; posteriormente, porém, o nome foi aplicado aos cemitérios e tumbas que geralmente eram construídos ou escavados nos planaltos rochosos e montanhas na margem ocidental do Nilo. Alguns acreditam que Amenta era, a princípio, o nome de um pequeno distrito, sem significado fúnebre ou mitológico. Mas egípcios cristãos ou coptas usaram a palavra Amend para traduzir a palavra grega Hades, à qual atribuíram todas as ideias que seus ancestrais pagãos haviam associado ao Amenta do *Livro dos mortos*.

Annu ⟨hieróglifos⟩, a Heliópolis dos gregos (Heródoto, II. 3, 7, 8, 9, 59, 93; Estrabão, XVII. I, 27 e seguintes) e a capital do décimo terceiro nomo do Baixo Egito. Os hebreus o chamavam de On (Gênesis 41, 45, 50; 46, 20), Aven (Ezequiel 30, 17) e Bêth-Shemesh (Jeremias 43, 13), este último nome uma tradução exata do egípcio ⟨hieróglifos⟩ *per Ra*, "casa do sol", que também era uma designação do Annu. Os coptas, por sua vez, preservaram o nome mais antigo da cidade sob a forma ⲱⲛ um bispo copta desse lugar esteve presente no Concílio de Éfeso. A cidade de Annu, na verdade, parece ter se associado à adoração do sol já em tempos pré-históricos. Na 5ª Dinastia, seu sacerdócio conseguiu obter a supremacia de suas visões e crenças religiosas por todo o Egito e, do início ao fim, manteve sua posição como a principal sede de aprendizado teológico no Egito. O corpo do Ancião, um dos nomes de Osíris, repousava em Annu, e lá habitava o Olho de Osíris. O falecido se dirigia para Annu, onde as almas eram unidas a corpos aos milhares, e onde os mortos abençoados viviam de comida celestial para sempre.

An-rutf ou **Naarutf** ⌐𓈖 , 𓈖 , é uma seção ou porta do Tuat que fica ao norte de Re-stau; o significado da palavra é "nunca brota".

An-tes 𓏭 uma localidade desconhecida onde 𓏤 uma torre de luz era adorada.

Apu 𓊪 , a Panópolis dos gregos (Πανῶν πόλις, Estrabão, XVII, i, 41), a metrópole do nono nomo do Alto Egito e a sede do culto ao deus 𓏺 , cujo nome é lido de forma variada Amsu, Khem e Min. Nos tempos antigos, era famosa por ser o centro de corte de pedra e tecelagem de linho. Esta última indústria ainda sobrevive entre a população copta moderna, que, seguindo seus ancestrais, chama sua cidade de ϣⲙⲓⲙ, a qual os árabes traduziram por Akhmîm.

Aqert 𓈖 , um nome comum para a morada dos mortos.

Bast 𓏏 , mais completa, Pa-Bast ou Per-Bast 𓉐 , a Bubastis dos escritores gregos (Heródoto, II, 59, 137, 156, 166; Estrabão, XVII, 1, 27), a metrópole do décimo oitavo nomo do Baixo Egito e a sede do culto de Bast, uma deusa identificada com a alma de Ísis, *ba en Auset* 𓅡 . A cidade é mencionada na Bíblia sob a forma פִּי בֶסֶת (Ezequiel 30, 17), Pi-beseth, que os coptas preservaram em seu nome para a cidade, تل بسطة; os árabes chamam o lugar de Tell Basta.

Het-benbent [hieroglyphs], nome dado a muitos santuários do sol no Egito, e também a um dos lugares no outro mundo onde o falecido morava.

Het-Ptah-ka [hieroglyphs], nome sagrado da cidade de Mênfis, a metrópole do primeiro nomo do Baixo Egito; significa a "Casa do ka de Ptah" e, provavelmente, estava em uso no tempo da 1ª Dinastia. Outros nomes para Mênfis foram [hieroglyphs] Aneb-het'et, "a cidade da muralha branca", Men-nefer [hieroglyphs] e Kha-nefert [hieroglyphs].

Kem-ur [hieroglyphs], um nome dado ao distrito do quarto e quinto nomos do Alto Egito.

Khemennu [hieroglyphs], *isto é*, a cidade dos oito grandes deuses cósmicos, a Hermópolis dos escritores gregos (Ἑρμοπολιτικὴ φυλακή, "A guarda de Hermópolis", Estrabão, XVII, I, 41), e a metrópole do décimo quinto nomo do Alto Egito. O antigo nome egípcio da cidade é preservado em seus nomes copta e árabe, ⲩⲙⲟⲩⲛ ⲃ e Eshmûnên.

Kher-aba [hieroglyphs], uma cidade muito antiga situada na margem direita do Nilo, um pouco ao sul de Annu, perto do local onde a "Babilônia do Egito" (a Βαβυλών, φρούριον ἐρυμνόν, "Babilônia, citadela fortificada", de Estrabão, XVII, I, 30) foi construída.

Manu [hieroglyphs] ou [hieroglyphs] é o nome dado à região onde o sol se põe, que se acreditava ser exatamente oposta ao distrito de Bekha [hieroglyphs], onde ele nascia no leste. Manu é sinônimo de oeste, assim como Bekha é sinônimo de leste.

Nekhen [hieroglyphs] ou [hieroglyphs], o nome do santuário da deusa Nekhebet, o qual se supõe que ficava perto de Nekheb, a capital do terceiro nomo do Alto Egito e a *Eileithyiapolis* dos gregos.

Neter-khertet [hieroglyphs] ou [hieroglyphs], um nome comum para a morada dos mortos; significa o "lugar subterrâneo divino".

Pe ▫⊗, um distrito da cidade de Per-Uatchet ⌐▯☖⊗, o Buto dos gregos (Βοῦτος, Estrabão, XVII, i., 18), situado no Delta.

Punt ▫☖⊗, o distrito tropical que ficava ao sul e ao leste do Egito, e que provavelmente incluía uma parte da península arábica e a costa leste da África ao longo e ao sul da terra somali.

Re-stau ⌒⌒⊂⊗ ou ⌒⊂⊗, um nome dado às passagens na tumba que levam deste para o outro mundo. Em sua origem, designava apenas o cemitério de Abidos, e seu deus era Osíris.

Sa ─☖☖⊗, a Saïs dos gregos (Σάϊς, Estrabão, XVII. i., 23), metrópole do quinto nomo do Baixo Egito e a sede do culto da deusa Neith.

Sekhem ⊙☖⊗ ou ⊙☖⊗, a Letópolis dos gregos e capital do nomo dos letopolitas (Estrabão, XVII, i., 30); era a sede da adoração de Heru-ur ☖☖, "Hórus, o ancião", e um dos centros religiosos mais importantes do Egito.

Sekhet-Aanru ☖☖☖⊗, o "Campo das plantas *Aanru*", era um nome originalmente dado às ilhas no Delta onde se acreditava que as almas dos mortos viviam. Ali estava localizada a morada do deus Osíris, que concedia, ali, propriedades àqueles que haviam sido seus seguidores, e onde os mortos beatificados levavam uma nova existência e se deleitavam com comida de todo tipo, que lhes era dada em abundância. De acordo com a vinheta do capítulo 110 do *Livro dos mortos*, o Sekhet-Aanru é a terceira divisão do Sekhet-hetepu, ou "Campos de Paz", que foram comparados aos Campos Elísios dos gregos.

Set Amentet ☖☖☖, quer dizer, "a montanha do submundo", um nome comum para o cemitério, que geralmente se situava nas montanhas ou no deserto na margem ocidental do Nilo.

Suten-henen ☖☖☖⊗, mais exatamente Henen-su, a metrópole do vigésimo nomo do Alto Egito, chamada pelos gregos de Heracleópolis

Magna (Estrabão, XVI I, i., 35). Os hebreus mencionam a cidade (חָנֵס, Isaías 30, 4) Hanes como representante do Alto Egito, e, no tempo dos coptas, ainda era de tamanho e importância consideráveis. Os coptas e os árabes preservaram o antigo nome da cidade sob as formas ⲉⲛⲏⲥ e اهناس *Ahnas*.

Tanenet ⟨hieróglifos⟩, um distrito sagrado para os deuses Osíris e Ptah; provavelmente situado próximo a Mênfis.

Ta-sert ⟨hieróglifos⟩, ou Ta-tchesertet, um nome comum para a tumba.

Tep ⟨hieróglifos⟩, um distrito da cidade de Per-Uatchet ⟨hieróglifos⟩, a Buto dos gregos (Estrabão, XVII, i., 18), situado no Delta.

Tettet ⟨hieróglifos⟩, um nome dado tanto à metrópole do nono nomo quanto à principal cidade do décimo sexto nomo do Baixo Egito.

Tuat ⟨hieróglifos⟩, um nome comum para a morada dos falecidos.

CERIMÔNIAS FÚNEBRES

Exemplificando as cerimônias que acompanhavam o enterro dos mortos, o leitor encontrará trechos de diferentes textos impressos no *Apêndice* mais à frente. A estes pode ser acrescentado um trecho do curioso ritual que estava em voga na 5ª e na 6ª Dinastias, e que homenageava as cerimônias realizadas para o deus Osíris. Deve-se notar quão intimamente o falecido é identificado com Osíris, o modelo da incorruptibilidade. Osíris toma sobre si "tudo o que é odioso" nos mortos, isto é, ele adota o fardo de seus pecados; e o falecido é então purificado pela típica aspersão de água. Enquanto os deuses são acompanhados apenas por seus *kas*, o falecido, por direito de sua identificação com um poder superior, é acompanhado também por seu *Tet*, ou seja, por seu Osíris.

Durante toda a cerimônia, o Olho de Hórus, representado por várias substâncias, desempenha um papel proeminente, pois é ele quem dá vigor ao coração do falecido e o conduz até o deus. A parte da cerimônia em que se acreditava realizar o desbloqueio das mandíbulas e a abertura da boca do falecido, ou da estátua que algumas vezes o representava, era realizada após a purificação com água e incenso. A partir desse momento, ele estava habilitado a consumir as oferendas de carne e bebida, das quais os amigos e parentes também tomavam parte, a fim de que pudessem consolidar e selar sua união mística com o morto e com o deus com quem este era identificado.

Orientava-se que certas fórmulas fossem repetidas quatro vezes, orientação que nos leva de volta ao tempo em que os egípcios primeiro dividiram o mundo em quatro partes, cada uma correspondendo a um dos quatro pilares que sustentavam o céu, ou seja, a um dos quatro pontos cardeais, leste, sul, oeste e norte, presididos por um deus específico. O falecido procurava obter o auxílio de cada um dos quatro deuses dos pontos cardeais e o direito de vagar por seu distrito; por isso, a fórmula era repetida quatro vezes. Originalmente, quatro animais ou quatro gansos eram sacrificados, um para cada deus, porém, mais tarde, Leste e Norte, e Oeste e Sul foram emparelhados, e apenas dois touros (ou pássaros) eram sacrificados, um dos quais era chamado de Touro do Norte, e o outro, o Touro do Sul. O costume da repetição quádrupla continuou até o período ptolomaico e até um pouco mais tarde.

O sacerdote cujo título oficial era *kher heb* 𓎡𓎡𓎡, recitava as orações, e o sacerdote *sem* ou *setem* 𓋴𓅓 apresentava as oferendas prescritas. As direções rubricais são dadas na margem por questão de clareza.

"Ó Osíris, tudo o que é odioso em Unas foi trazido a ti[32], e todas as palavras más que foram ditas em nome dele. Venha, ó Thoth, e leve-as para Osíris, traga todas as palavras más que foram ditas e coloque-as na palma de tua mão;[33] tu não escaparás dela, tu não escaparás dela. Quem marcha, marcha com seu *ka*. Hórus marcha com seu *ka*, Set marcha com seu *ka*, Thoth marcha com[34] seu *ka*, Sep marcha com seu *ka*, Osíris marcha com seu *ka*, Khent-maati marcha com seu *ka*; e teu *tet* marchará com teu *ka*. Salve, Unas, a mão de teu *ka* está diante de ti. Salve, Unas, a mão de teu *ka* está atrás de ti. Salve, Unas, a perna de teu *ka* está diante de ti. Salve, Unas, a perna de teu *ka* está atrás de ti. Osíris Unas, eu dei a ti o Olho de Hórus, e teu rosto está preenchido por ele, e seu perfume se espalha sobre ti. As libações que são derramadas[35] por teu filho, que são derramadas por Hórus, são para ti, ó Osíris, e elas são para ti, ó Unas. Eu vim e trouxe a ti o Olho de Hórus para que possas aliviar teu coração com ele, coloquei-o sob teus pés e dou-te tudo o que saiu de teu corpo para que teu coração não pare de bater devido [à falta] disso.[36] Tua voz jamais se afastará de ti, tua voz jamais se afastará de ti.

[Aqui está] unguento, [aqui está] unguento. Abra tua boca, ó Unas[37], e prove o gosto do aroma que está nas habitações sagradas. Este aroma é aquele que destila de Hórus, este aroma é aquele que destila de Set, e é o que consagra os corações dos dois deuses Hórus.[38] Tu te purificas com os

---

32 – Agora, deve-se aspergir água.

33 – Repetir quatro vezes.

34 – Repetir quatro vezes e queimar incenso.

35 – Agora, [derramar] água fresca, e [queimar] duas porções de incenso.

36 – Repetir quatro vezes.

37 – Agora, [ofertar] perfume do sul, três grãos.

38 – Repetir quatro vezes.

Heru-shesu[39]; tu és purificado com natrão, e Hórus é purificado com natrão; purificado com natrão[40]; tu és purificado com natrão, e Thoth é purificado com natrão; tu és purificado com natrão, e Sep é purificado com natrão; tu és purificado com natrão, e és consagrado entre eles, e tua boca é [tão pura] quanto a boca de um novilho mamando no dia de seu nascimento. Tu és purificado com natrão, e Hórus é purificado com natrão; tu és purificado com natrão, e Set é purificado com natrão[41]; [tu és purificado com natrão] e Thoth é purificado com natrão; tu és purificado com natrão, e Sep é purificado com natrão; teu *ka* é purificado com natrão, e tu és puro, tu és puro, tu és puro, tu és puro. Tu estás estabelecido entre os deuses, teus irmãos, tua cabeça é purificada para ti com natrão, teus ossos são lavados com água, e tu mesmo és tornado perfeito com tudo o que pertence a ti. Ó Osíris, dei a ti o Olho de Hórus, teu rosto está preenchido por ele, e o perfume dele se espalha sobre ti.

Salve, Unas, tuas duas mandíbulas estão abertas.[42] Salve, Unas, os dois deuses abriram tua boca.[43] Ó Unas, o Olho de Hórus foi dado a ti, e Hórus vem até ele; é trazido a ti, e colocado em tua boca.[44] Salve, Unas, os mamilos do seio de Hórus foram dados a ti, tu tomaste em tua boca[45] o seio de tua irmã Ísis, e o leite que flui de tua mãe é derramado em tua boca.[46]

Tu tomaste posse dos dois olhos de Hórus, o branco e o preto, tu os tomaste para ti e eles iluminam tua face.[47] O dia fez uma oferenda a ti no céu, e o leste e o oeste estão em paz contigo; a noite te fez uma oferenda[48], e o norte e o sul estão em paz contigo. Estas são as oferendas que te são trazidas, as oferendas que vês, as oferendas que ouves, as oferendas que estão diante de ti, as oferendas que estão atrás de ti, as oferendas que

---

39 – 🦅𓏺𓅨𓄿𓄿𓄿, "os seguidores de Hórus".

40 – Agora, [oferecer] natrão do norte.

41 – Agora, [queimar] um grão de incenso.

42 – Agora, [trazer] o *Pesesh-kef.*

43 – Agora, [oferecer] dois pedaços de ferro do norte e do sul.

44 – Agora, [oferecer] unguento do norte e unguento do sul.

45 – Agora, [oferecer] leite.

46 – Agora, [oferecer] dois jarros de leite.

47 – Agora, trazer dois jarros, um preto e um branco.

48 – Agora, [oferecer] um bolo.

estão contigo. Ó Osíris Unas, os dentes brancos de Hórus são dados a ti para que possas encher tua boca com eles.[49] Uma oferenda real para o *ka* de *Unas*.[50] Ó Osíris Unas, o Olho de Hórus foi dado a ti, e tu vives, e tu és.[51] Ó Osíris Unas, o Olho de Hórus que lutou com Set foi dado a ti, e o levantaste[52] aos teus lábios, e tua boca é assim aberta. Ó Osíris Unas, tua boca está aberta por aquilo com o que tu estás cheio.[53] Ó Osíris Unas, aquilo que destilou de ti foi dado a ti.[54] Ó Rá, que todo o louvor que tu recebes no céu seja em louvor a Unas, e que tudo o que pertence ao teu corpo pertença ao *ka* de Unas, e que tudo o que pertence ao corpo dele pertença a ti.[55] Ó Unas, o Olho de Hórus foi dado a ti para que possas sentir o sabor[56] e para que possas iluminar a noite. Ó Unas, o Olho de Hórus foi dado a ti para que possa te abraçar.[57] Ó Unas, o Olho de Hórus que lutou contra Set foi dado a ti para poder causar a abertura de tua boca.[58] Ó Unas, aquilo que fluiu de Osíris foi dado a ti.[59] Ó Unas, o Olho de Hórus foi dado a ti para que, sem o auxílio de ferro, tua boca possa ser liberada.[60] Ó Unas, o Olho de Hórus foi dado a ti para que teu rosto possa ser adornado com ele.[61] Ó Osíris Unas, o Olho de Hórus borrifou óleo sobre ti.[62] Ó Osíris Unas, aquilo que foi tirado de tua face foi dado a ti.[63] Ó Osíris Unas, o Olho de Hórus foi dado a ti para que possa te barbear.[64]

---

49 – Agora, [oferecer] dois cestos de cebolas.

50 – Repetir quatro vezes.

51 – Agora, [oferecer] um bolo.

52 – Agora, [oferecer] dois jarros de vinho branco.

53 – Agora, [oferecer] dois jarros de vinho tinto.

54 – Agora, [oferecer] um jarro de cerveja preta.

55 – Agora, [oferecer] um altar.

56 – Agora, [oferecer] um bolo.

57 – Agora, [oferecer] um peito.

58 – Agora, [oferecer] uma jarra de vinho branco.

59 – Agora, [oferecer] um jarro de cerveja preta.

60 – Agora, [oferecer] um vaso de ferro de cerveja.

61 – Agora, [oferecer] um vaso de cerveja

62 – Repetir quatro vezes e [oferecer] unguento do festival.

63 – Agora, [oferecer] óleo de heken.

64 – Agora, oferecer um jarro de seft.

Ó Osíris Unas, o Olho de Hórus foi dado a ti para que possa te ungir.[65] Ó Osíris Unas, o Olho de Hórus foi dado a ti para que possa te conduzir aos deuses.[66] Ó, que todos os unguentos sejam dispostos diante de seu Hórus[67] e o tornem forte. Façam com que ele ganhe o domínio sobre o próprio corpo e façam com que os olhos dele sejam abertos. Que todos os seres radiantes o vejam, que eles ouçam seu nome, pois o Olho de Hórus foi trazido para que possa ser colocado diante de Osíris Unas.[68] Ó Osíris Unas, os dois Olhos de Hórus foram colocados como tinta em teu rosto.[69]

Ó, veste-te em paz! Veste-te em paz! Que Tatet vista[70] roupas em paz! Salve, Olho de Hórus, em Tep, em paz! Salve, Olho de Hórus, nas casas de Nit, em paz. Receba tuas vestes brancas. Ó, conceda que as duas terras que se regozijaram em homenagear Hórus possam prestar homenagem a Set; e conceda que as duas terras que reverenciavam Set possam reverenciar Unas. Habite tu com Unas como deus dele. Abra um caminho para ele entre os radiantes e estabeleça-o entre eles."

---

65 – Agora, [oferecer] óleo de *nish-nem*.

66 – Agora, [oferecer] um jarro de *tuat*.

67 – Agora, [oferecer] unguento de cinzas.

68 – Agora, [oferecer] unguento.

69 – Agora, [oferecer] estíbio e cobre.

70 – Agora, trazer duas vestes.

O PAPIRO DE ANI

Descrição geral

O papiro de Ani 𓅂𓏤𓏤𓏤𓀭 foi encontrado em Tebas e comprado pelos curadores do Museu Britânico em 1888. Ele mede cerca de 23,7 metros por 38,1 centímetros e é o papiro mais longo do período tebano conhecido até hoje.[71] É composto de seis pedaços distintos de papiro, os quais variam em comprimento de 8 a 1,70 metros. O material é composto por três camadas de papiro fornecidas por plantas que mediam cerca de 1 metro de diâmetro nos caules. Os vários pedaços foram unidos com grande esmero, e os reparos e a inserção de novas peças (ver Pranchas 25, 26) foram realizados com destreza. Quando encontrado, o papiro era de cor clara, semelhante à do papiro de Hunefer (B.M. nº 9901), porém, escureceu depois de desenrolado, e algumas áreas encolheram um pouco.

Contém vários capítulos do *Livro dos mortos*, quase todos acompanhados de vinhetas; e, na parte superior e inferior, há uma borda de duas cores: vermelho e amarelo. No início e no final do papiro, espaços de cerca de 15 e 28 centímetros, respectivamente, foram deixados em branco. A parte inscrita está completa, e a perda dos poucos caracteres danificados no desenrolar do material não interrompe o texto. Foi escrito por três ou mais escribas, mas a uniformidade da execução das vinhetas sugere que menos artistas foram empregados nas ilustrações. Os títulos dos capítulos, rubricas, palavras de ordem e afins são em vermelho. Em alguns casos, o artista ocupou tanto espaço que o escriba foi obrigado a apertar o texto (por exemplo, na Prancha 11) e, algumas vezes, ele o escreveu na borda (ver Pranchas 14 e 17). Isso prova que as vinhetas foram desenhadas antes de o texto ser escrito.

---

71 – O papiro de Nebseni, da 18ª Dinastia (B.M. nº 9.900), mede cerca de 26,2 metros por 33 centímetros; o papiro de Hunefer, da 19ª Dinastia (B.M. nº 9.601), 5,7 metros por 40 centímetros; o papiro Leyden de Qenna, da 18ª Dinastia, mede cerca de 15 metros; e o papiro de Dublin (*Da* na edição de M. Naville), da 18ª Dinastia, cerca de 7,3 metros por 23 centímetros.

Todas as diferentes seções do papiro não foram originalmente escritas para Ani, pois seu nome foi adicionado em vários lugares por uma mão posterior. Como, no entanto, tais adições não ocorrem na primeira seção, que mede cerca de 4,9 metros por 10 centímetros de comprimento, deve-se concluir que ESTA foi escrita especificamente para ele, e que as outras eram algumas das cópias prontas em que eram deixados espaços em branco para a inserção dos nomes das pessoas falecidas para quem eram compradas. O escriba que preencheu o nome de Ani nesses espaços o fez apressadamente, pois no capítulo 30B, linha 2 (Prancha 15), ele não deixou espaço para escrever a palavra "Osíris" na frase "Ani vitorioso diante de Osíris" (compare ⟨hieróglifos⟩ com a Prancha 1, linha 5); no capítulo 43, linhas 1, 2 (Prancha 17), ele a escreveu duas vezes; no capítulo 9, l. 1 (Prancha 18), ele omitiu o determinante ⟨hieróglifo⟩; no capítulo 15, linha 2 (Prancha 20) ele pretendia escrever "Ani, vitorioso em paz" ⟨hieróglifos⟩ (Prancha 19), porém, escreveu "Ani em triunfo" ⟨hieróglifos⟩ no capítulo 125, linha 18 (Prancha 30), a palavra ⟨hieróglifo⟩ está escrita duas vezes, mas provavelmente com o objetivo de preencher a linha; no capítulo 151 (Prancha 34) o nome está escrito tortuosamente e o determinante está omitido; e nos capítulos 18 (Introdução, Prancha 12) e 134 (Prancha 22), o escriba deixou de escrever o nome em dois espaços. Parece toleravelmente certo que todas as seções do papiro foram escritas mais ou menos na mesma época e que são obra de escribas da mesma escola; as variações na profundidade do espaço ocupado pelo texto e a diferença nas cores da borda apenas mostram que mesmo os melhores escribas não se prendiam a qualquer plano ou método na preparação de uma cópia do *Livro dos mortos*. O texto tem muitos erros graves: por algum descuido extraordinário, inclui duas cópias do capítulo 18, uma com introdução incomum e outra sem introdução; e uma grande parte do capítulo 17, uma das mais importantes de toda a obra, foi omitida por completo. Tais erros e omissões, no entanto, ocorrem em papiros mais antigos que o de Ani, pois no papiro de Nebseni (B.M. nº 9900), escrito em Mênfis no início da 18ª Dinastia, dos capítulos 50, 56, 64, 180, duas cópias de cada, dos capítulos 100 e 106, três cópias, e do capítulo 17, dois trechos são dados em diferentes partes do papiro.

A classe de Ani

O papiro de Ani não é datado, e nele não é fornecido nenhum fato a respeito da vida de Ani, pelo qual seria possível fixar seu lugar exato na série de papiros ilustrados do período tebano. Os títulos completos de Ani são:

suten in   maa   an   hesb   hetep neter   en neteru nebu

Escriba real genuíno, escriba e contador das ofertas divinas (ou seja, receitas) de todos os deuses.

mer   tenti   en   nebu   Abtu   an   hetep neter   en

O administrador do celeiro dos senhores de Abidos, escriba das ofertas divinas (ou seja, receitas) dos

nebu   Uast.

senhores de Tebas.

e dizem que ele é "amado pelo senhor do Norte e do Sul" e que, em contrapartida, também "o ama" . O nome do rei assim referido não pode ser declarado. Fica evidente que o posto de "escriba real" de Ani não era apenas nominal por conta da adição da palavra "genuíno", e seu cargo de escriba e contador de todos os deuses era provavelmente um dos mais altos que um escriba poderia ocupar. Seus outros cargos de "administrador do celeiro dos senhores de Abidos" e "escriba da propriedade sagrada dos senhores de Tebas" fornecem mais uma prova de sua posição e importância, pois Abidos e Tebas eram as cidades mais antigas e sagradas do Egito.

A esposa de Ani

A esposa de Ani, Thuthu , é descrita como "a senhora da casa, a *qematet* de Amen" . O significado do título "senhora da casa" ainda não é totalmente conhecido, porém, *qemat* é o título dado às nobres senhoras que cantavam ou tocavam um instrumento no templo de um deus. A senhora Thuthu pertencia ao número das sacerdotisas do deus Amen-Rá em Tebas, e ela sempre carrega em suas *mãos* o sistro e o instrumento *menat* 𓏞, os símbolos de seu ofício. Desse modo, Ani e sua esposa eram altos dignitários eclesiásticos ligados à famosa confraria dos sacerdotes de Amen.

Cópias do *Livro dos mortos* no período tebano

Um exame dos papiros do período tebano preservados no Museu Britânico mostra que duas classes distintas de papiros do *Livro dos mortos* existiam na 18ª Dinastia. Na primeira, tanto o texto quanto as vinhetas são traçados em contorno preto; as rubricas, palavras de ordem e afins são as únicas coisas na cor vermelha. No segundo, apenas o texto é preto; as rubricas e o restante estão em vermelho, e as vinhetas lindamente pintadas em várias cores vivas. O papiro de Ani pertence à última classe, porém, se o texto e as vinhetas forem comparados com aqueles encontrados em qualquer outro papiro tebano mais antigo, veremos que ocupa uma posição independente em todos os aspectos. Embora concordando no essencial com os papiros da 18ª Dinastia em relação às leituras textuais, o papiro de Ani tem peculiaridades na ortografia, entre outros detalhes, que não são encontradas em nenhum deles. A caligrafia da primeira seção pelo menos sugere o melhor período da 18ª Dinastia; entretanto, como o escriba forma alguns dos caracteres de uma maneira peculiar a ele, a evidência paleográfica sobre esse ponto não é decisiva.

Idade do papiro

É razoavelmente certo que o papiro pertence ao período que produziu documentos como o papiro de Neb-qet e o papiro de Qenna, isto é, a algum período da 18ª Dinastia; e podemos presumir que é mais antigo que o papiro de Hunefer, escrito durante o reinado de Seti I, pois, embora pertença à mesma classe de papiros altamente decorados, a execução de suas vinhetas é mais refinada e cuidadosa, e as formas livres e ousadas dos hieróglifos nas seções mais bem escritas se assemelham mais às dos textos inscritos em pedra durante o reinado dos maiores reis da 18ª Dinastia. O "senhor das duas terras", isto é, do Alto e Baixo Egito, ou do Norte e do Sul, mencionado na Prancha 4, provavelmente é um dos reis Thothmes ou Amenhetep. Deste modo, podemos colocar o período de nosso papiro entre 1500 e 1400 anos a.C.

PRANCHA 1

Vinheta: O escriba Ani 🦅ﬨ 𓏤𓏤, de pé, com as mãos erguidas em adoração diante de uma mesa de oferendas que consistem em pernis ⌒, pães e bolos △, ⬭, ◠, jarras de vinho e óleo ⚱, ⚰, frutas, lótus ⚜, 🖐, e outras flores. Ele veste uma túnica de linho branco com franjas cor de açafrão e usa peruca, colar e pulseiras. Atrás dele está sua esposa "Osíris, a senhora da casa, a senhora do coro de Amen, Thuthu"[72], vestida de forma semelhante, segurando um sistro 𓏧 e um galho de videira na mão direita, e um *menat*[73] 𓏧 na esquerda.

Texto: [Capítulo 15] (1)[74] UM HINO DE LOUVOR A RÁ QUANDO ELE ASCENDEU NA PARTE ORIENTAL DO CÉU. Contemple Osíris, Ani, o escriba que registra as oferendas sagradas de todos os deuses, (2) que diz: "Louvado seja, ó tu que vieste como Khepera[75], Khepera, o criador dos deuses. Tu

---

72 – 𓏏𓏏𓏏 Ver Prancha 19.

73 – O *menat*, que muitas vezes é chamado de "o contrapeso de um colar", consiste em um disco, com uma alça presa e uma corda. Era um objeto geralmente oferecido aos deuses junto ao sistro; era apresentado pelo anfitrião aos convidados em um banquete e segurado por sacerdotisas em festivais religiosos. Era usado no pescoço ou levado na mão esquerda; e era um emblema que trazia alegria ao portador. Exemplos interessantes do *pendente menat* no Museu Britânico são o nº 17.166, com a inscrição 𓏏𓏏𓏏: "Belo deus, senhor das duas terras, criador de coisas, Rei do Norte e do Sul, Khnem-ab-Ra, filho do Sol, Aahmes (Amasis), amado de Hathor, senhora dos sicômoros"; e nº 13950* em faiança; e nºs 8172, 8173 e 20607 em pedra dura. O nº 18.108 é o disco de um *menat* em faiança, com a inscrição 𓏏𓏏𓏏: "Hathor, senhora da cidade de Anitha". O nº 20.760 é um disco e cabo em bronze, tendo o disco, em baixo relevo, a figura de uma vaca para Hathor, e o cabo, cuja parte superior tem a forma da cabeça de Hathor, contendo um sistro. De um lado está o prenome de Amenophis III 𓏏𓏏 e, do outro, está 𓏏𓏏, "Hathor, senhora do sicômoro". O significado e uso do *menat* é discutido por Lefébure em *Le Menat et le Nom de l'eunuque* (*Proc. Soc. Bibl. Arch.*, 1891, p. 333-349).

* Uma duplicata está no Louvre; ver Perrot e Chipiez, *Histoire de l'Art, l'Égypte*, p. 821, nº 550.

74 – Os números entre parênteses indicam as linhas do papiro.

75 – O deus Khepera é geralmente representado com um besouro no lugar da cabeça. O escaravelho, ou besouro, era sagrado para ele. O nome significa "tornar-se, virar, rolar", e o substantivo abstrato *kheperu* 𓏏𓏏 pode ser traduzido por "devires" ou "evoluções". O deus era autocriado e era o pai de todos os outros deuses; homens e mulheres surgiram das

te levantas, tu brilhas, (3) iluminando tua mãe [Nut][76], coroado rei dos deuses. [Tua] mãe Nut te homenageia com ambas as mãos. (4) A terra de Manu[77] te recebe com contentamento, e a deusa Maat[78] te abraça nas duas estações. Que ele dê esplendor, poder e triunfo, e (5) uma saída [isto é, ressurreição] como uma alma vivente para ver Hórus dos dois horizontes[79]

---

lágrimas que caíram de seus olhos; e os mundos animal e vegetal deviam sua existência a ele. Khepera é uma fase de Tmu, o sol noturno, na décima segunda hora da noite, quando ele "se torna" o sol nascente ou Harmachis (ou seja, Hórus no horizonte). Ele também é descrito como "Khepera pela manhã, Rá ao meio-dia e Tmu à noite". Veja Lanzone, *Dizionario*, p. 927 e seguintes; Grébaut, *Hymne à Ammon-Ra*, p. 264, nota 2; Pierret, *Panthéon*, pp. 74, 75; Lefébure, *Traduction Comparée des Hymnes au Soleil*, p. 39; Rougé, *Inscription* d'Ahmés, p. 110; *Archaeologia*, vol. 52, p. 541 e seguintes; Wiedemann, *Die Religion der Alten Aegypter*, p. 17; Brugsch, *Religion und Mythologie*, p. 245 etc.

76 – A deusa Nut representava o céu e talvez também o lugar exato onde o sol nascia. Ela era a esposa de Seb, o deus-Terra, e deu à luz Ísis, Osíris e outros deuses. Um de seus títulos mais comuns é "mãe dos deuses". Ela é retratada como uma mulher carregando um vaso na cabeça e, às vezes, usa o disco e os chifres normalmente característicos de Ísis e Hathor. Ela era filha e mãe de Rá. Veja Lanzone, *Dizionario*, p. 392; Pierret, *Panthéon*, p. 34, 36; Brugsch, *Religião und Mythologie*, p. 603-610.

77 – Manu é o nome dado às montanhas na margem ocidental do Nilo, em frente a Tebas, onde estava situada ⌂⌐⸝∿∿ *tu Manu*, "a montanha de Manu", o principal local de tumbas escavadas na rocha. Ver Brugsch, *Dict. Geog.*, p. 259.

78 – Maat, "filha do Sol e rainha dos deuses", é a personificação da retidão, da verdade e da justiça. Em muitos papiros, ela é representada conduzindo o falecido ao Salão do Duplo Maat, onde o coração dele será pesado contra o emblema dela. Ela geralmente usa a pena, emblemática da Verdade, e é chamada de "dama do céu": ver Lanzone, *Dizionario*, p. 276 (e tav. 109, na qual as deusas gêmeas Maat são representadas); Pierret, *Panthéon*, p. 2011. Ela, às vezes, é representada com os olhos vendados: ver Wiedemann, *Religion der alten Aegypter*, p. 78. Para figuras da deusa em bronze e pedra, veja os números 380, 383, 386, II, 109 e II, 114 no Museu Britânico.

79 – *Heru-khuti, isto é*, "Hórus dos dois horizontes", o Harmachis dos gregos, é o sol diurno desde seu nascer no horizonte a leste até seu pôr do sol no horizonte a oeste; para as várias formas em que é representado, veja Lanzone, *Dizionario*, tav. 129. Estritamente falando, ele é o sol nascente e é uma das formas mais importantes de Hórus. Como deus do meio-dia e da noite, ele é chamado de Ra-Harmachis e Tmu-Harmachis, respectivamente. A esfinge em Gizeh foi dedicada a ele.

ao *ka*[80] de Osíris[81], o escriba Ani, triunfante diante de Osíris, (6) que diz: Salve todos vós deuses do Templo da Alma, que pesam o céu e a terra na balança, e que fornecem comida e abundância de carne. Salve Tatunen[82], Um, (7) criador da humanidade e da substância dos deuses do sul e do norte, do oeste e do leste. Atribuí [vós] louvor a Rá, o senhor do céu, o (8) Príncipe, Vida, Saúde e Força, o Criador dos deuses, e adorai-o em sua bela Presença, enquanto ele se eleva no barco *atet*[83]. (9) Os que habitam nas alturas e os que habitam nas profundezas te adoram. Thoth e Maat são os teus registradores. Teu inimigo[84] é dado ao (10) fogo, o maligno caiu; os braços dele estão amarrados, e suas pernas foram-lhe tiradas por Rá. Os filhos da (11) revolta impotente nunca mais se levantarão.

---

80 – De acordo com a crença egípcia, o homem consistia em um corpo ⟨hieróglifo⟩ *xa*, uma alma ⟨hieróglifo⟩ *ba*, uma inteligência ⟨hieróglifo⟩ *xu* e ⟨hieróglifo⟩ *ka*. A palavra *ka* significa "imagem", o grego εἴδωλον (compare ao copta *kau* Peyron, *Lexicon*, p. 61). O *ka* parece ter sido o "fantasma", como chamaríamos, de uma pessoa, e foi definido como sua personalidade abstrata, à qual, após a morte, os egípcios davam uma forma material. Era uma parte subordinada do ser humano durante a vida, mas após a morte tornava-se ativa; e a ela eram dedicadas as oferendas trazidas ao túmulo pelos parentes dos mortos. Acreditava-se que voltava ao corpo e participava de sua revivificação. Ver Birch, *Mémoire sur une patère Égyptienne* (in *Trans. Soc. Imp. des Antiquaires de France*, 1858; Chabas, *Papyrus Magique*, pp. 28, 29; Maspero, *Étude sur quelques peintures*, p. 191 e seguintes; *Trans. Soc. Bibl. Arch.*, vol. 6, p. 494 e seguintes.; Brugsch, *Aegyptologie*, p. 181; Wiedemann, *Religion der alien Aegypter*, p. 126 e seguintes).

81 – O falecido é sempre identificado com Osíris, ou com o sol que se pôs, o juiz e deus dos mortos. Assim como o sol se põe no oeste e nasce novamente no leste, o falecido é colocado em sua tumba na margem oeste do Nilo e, após ser absolvido no Salão do Julgamento, segue para o leste para começar uma nova existência.

82 – Tatunen, ou Tenen ⟨hieróglifo⟩, era, como Seb com quem ele foi identificado, o deus da terra; seu nome é frequentemente associado ao de Ptah, e ele é, então, descrito como o criador dos deuses e dos homens, e o criador do ovo do sol e da lua. Veja Lanzone, *Dizionario*, p. 1259; Wiedemann, *Religion*, p. 74; Pierret, *Panthéon*, p. 6; e Naville, *La Litanie du Soleil*, p. 118, 119 e Prancha 24, 1. 3. Este deus era, em um aspecto, um destruidor de coisas criadas; compare ⟨hieróglifo⟩, Naville, *op. cit.*, p. 89.

83 – Um nome para o barco do sol da tarde.

84 – O inimigo de Rá era a escuridão e a noite, ou qualquer nuvem que obscurecesse a luz do sol. A escuridão personificada era Apep, Nak etc., e seus demônios acompanhantes eram os *mesu betesh*, ou "filhos da revolta malsucedida".

A Casa do Príncipe[85] mantém o festival, e o som daqueles que se regozijam está na (12) grandiosa morada. Os deuses ficam contentes [quando] veem Rá em sua ascensão; seus raios inundam o mundo com luz. (13) A majestade do deus, que deve ser temido, parte de e chega à terra de Manu; ele ilumina a terra em seu nascimento a cada dia; ele chega ao lugar onde esteve ontem. (14) Ó, que estejas em paz comigo; que eu possa contemplar tuas belezas; que eu avance sobre a terra; que eu possa ferir o asno; que eu possa esmagar (15) o maligno; que eu possa destruir Apep[86] em sua hora[87]; que eu possa ver o peixe *abtu*[4] no momento de sua criação, e o peixe *ant* em sua criação, e o (16) barco *ant*[88] em seu lago. Que eu veja Hórus no comando do leme, com Thoth e Maat ao lado dele; que eu possa agarrar a proa do (17) barco *seket*[89], e a popa do barco *atet*. Que ele conceda ao *ka* de Osíris Ani contemplar o disco do Sol e ver o deus-lua

---

85 – [𓉐], mais plenamente 𓉗 "a grande casa do velho", *ou seja*, o grande templo de Rá em Heliópolis. Ver Brugsch, *Dict. Géog.*, p. 153.

86 – Apep, a serpente, personificando a escuridão, que Hórus, ou o sol nascente, deve derrotar antes que possa reaparecer no leste.

87 – Compare as seguintes cenas que representam Apep na forma de uma serpente, um crocodilo e um burro sendo golpeados pelo falecido.

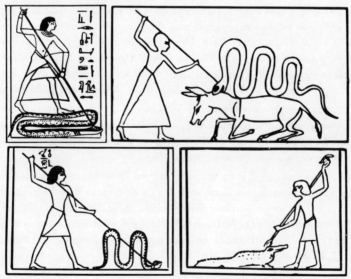

88 – O *abtu* e os peixes *ant* às vezes são retratados em caixões nadando na proa do barco do sol.

89 – Um nome do barco do sol nascente.

sem cessar, todos os dias; e que minha alma (18) possa sair e caminhar para cá e para lá e onde quer que ela queira. Que meu nome seja proclamado quando for encontrado na tábua da mesa de (22) oferendas; que oferendas sejam feitas a mim em minha (24) presença, assim como são feitas aos seguidores de Hórus; que seja preparado para mim um assento no barco do Sol no dia da saída do (26) deus; e que eu seja recebido na presença de Osíris na terra (28) do triunfo!

As seguintes versões deste capítulo foram retiradas de: 1. Naville, *Todtenbuch*, vol. 1, prancha 14; 2. Naville, *Todtenbuch*, vol. 1, prancha 15; 3. *Papiro do Museu Britânico* nº 9901 e 4. *Papiro do Museu Britânico* nº 10.471.

1. (1) um hino de louvor a rá quando ele ascende na parte oriental do céu. Contemple Osíris, Qenna o mercador, (2) que diz: "Louvores a ti, em tua ascensão, tu, Tmu, em tuas coroas de beleza. Tu ascendes, tu ascendes, tu, Rá, resplandeces, (3) tu resplandeces ao raiar do dia. Tu és coroado como o rei dos deuses, e a deusa Shuti te rende homenagem. (4) A companhia dos deuses te louva da dupla morada. Tu avanças pelo ar superior e teu coração está cheio de alegria. (5) O barco *sektet* avança enquanto [Rá] chega ao porto no barco *atet* com bons ventos. Rá se regozija, Rá se regozija. (6) Teu pai é Nu, tua mãe é Nut, e tu és coroado como Rá-Harmachis. Teu barco sagrado avança em paz. Teu inimigo foi abatido e sua (7) cabeça foi cortada; o coração da Senhora da vida se regozija porque o inimigo de seu senhor foi derrubado. Os marinheiros de Rá têm contentamento de coração e Annu se regozija."

(8) O mercador Qenna declara: "Eu vim a ti, ó Senhor dos deuses, Tmu-Harmachis, que passaste sobre a terra... (9) Eu sei pelo que tu vives. Concede que eu possa ser como um daqueles que são teus (10) favorecidos [entre os seguidores] do grande deus. Que meu nome seja proclamado, que seja encontrado, que seja renovado para sempre com... (11). Os remos são erguidos para o barco *sektet*, e o barco sagrado vem em paz. (12) Que eu possa ver Rá quando ele surgir no céu ao amanhecer e quando seus inimigos caírem no cepo. (13) Que eu possa ver [Hórus] guiando o leme e conduzindo com [suas] duas mãos. (14) Que eu veja o peixe *abtu* no momento de sua criação; e que eu veja o peixe *ant* quando ele se manifesta na criação,

o barco *ant* em seu lago. Ó tu Único, ó Tu Poderoso, tu Crescente, (15) que nunca desfalece e de quem o poder não pode ser tirado... o devotado (17) servo do "senhor de Abtu".

O mercador Qenna declara: (18) "Louvado seja, Heru-Khuti-Tmu, Heru-Khepera, poderoso falcão, que fazes o corpo [do homem] se alegrar, belo de rosto por causa de tuas duas grandes plumas. Tu (19) acordas em beleza ao alvorecer, quando a companhia dos deuses e mortais cantam canções de alegria para ti; hinos de louvor são oferecidos a ti ao entardecer. As (20) divindades estelares também te adoram. Ó, tu, primogênito, que jazes sem movimento, (21) levanta-te; tua mãe demonstra amor e bondade para contigo todos os dias. Rá vive e o demônio Nak está morto; tu perduras para sempre, e o (22) demônio caiu.

Tu navegas sobre o céu com vida e força. A deusa Nehebka está no (23) barco *atet;* o barco sagrado se regozija. Teu coração está alegre e tua testa está envolta com as serpentes gêmeas."

2. (I) UM HINO DE LOUVOR A RÁ QUANDO ELE ASCENDE NA PARTE ORIENTAL DO CÉU. Contemple Osíris, Qenna, o mercador, triunfante, que diz: (2) "Louvado sejas, ó tu que nasceste em Nu, e que em teu nascimento tornaste o mundo radiante de luz; toda a companhia dos deuses (3) canta hinos de louvor a ti. Os seres que ministram a Osíris o estimam como Rei do norte e do sul, o belo e amado filho homem. Quando (4) ele se ergue, os mortais vivem. As nações se regozijam nele, e o os Espíritos de Annu cantam para ele canções de alegria. Os espíritos das cidades de Pe e Nekhen (5) o exaltam, os macacos da aurora o adoram e todos os animais e gado o louvam (6) a uma só voz. A deusa Seba abate teus inimigos, portanto, regozija-te (7) dentro do teu barco; e teus marinheiros estão contentes por isso. Tu chegaste ao barco *atet*, e teu coração se enche de alegria. Ó Senhor dos deuses, quando tu (8) os crias, eles concedem louvores a ti. A deusa azul Nut te cerca por todos os lados, e o deus Nu te inunda com seus raios de luz. (9) Ó, lance tua luz sobre mim e permita-me ver tuas belezas, eu, o (10) Osíris Qenna, o comerciante, triunfante! Quando tu avançares sobre a terra, cantarei louvores à tua bela (11) face. Tu te ergues no horizonte do céu, e [teu] disco é adorado [quando] repousa sobre a montanha para dar vida ao mundo."

Declara Qenna, o mercador, triunfante: (12) "Tu te ergues, tu te ergues, saindo do deus Nu. Tu te tornas jovem de novo e és o mesmo que eras ontem, ó poderoso jovem que te criaste. Não... minha mão. (13) Tu vieste com teus esplendores e fizeste o céu e a terra brilhantes com teus raios de pura luz esmeralda. A terra de Punt é (14) consagrada para os perfumes que tu cheiras com tuas narinas. (15) Tu te ergues no céu, ó tu, maravilhoso Ser, as serpentes gêmeas são colocadas sobre tua testa, e tu és o senhor do mundo e de seus habitantes (16); [a companhia] dos deuses e Qenna, o comerciante triunfante, te adoram."

3. (1, 2) UM HINO DE LOUVOR A RÁ QUANDO ELE SE ELEVA NA PARTE ORIENTAL DO CÉU. (3) Contemple Osíris Hunefer, triunfante, que diz: "Louvores a ti, ó tu, que és Rá, quando tu (4) te elevas, e Tmu, quando tu te pões. Tu te elevas, tu te elevas; tu brilhas, (5) tu brilhas, tu, que és coroado rei dos deuses. Tu és o senhor do céu, [tu és] o senhor da terra, [tu és] o criador daqueles que habitam nas alturas (6) e daqueles que habitam nas profundezas. [Tu és] o Único deus que veio (7) à existência no início dos tempos. Tu criaste a terra, (8) tu formaste o homem, tu fizeste o abismo aquoso do céu, tu formaste Hapi [o Nilo], e tu és o criador dos riachos e do (9) grande abismo, e tu dás vida a tudo o que está nele. Tu uniste (10) as montanhas, tu fizeste a humanidade e os animais do campo, tu criaste os céus e a terra. Adorado sejas tu a quem a deusa Maat abraça de manhã e à noite. Tu viajas através do (11) céu com o coração cheio de alegria; o Lago de Testes está em paz. O demônio Nak foi derrotado e seus dois braços foram cortados. O barco *sektet* recebe ventos favoráveis, e o coração daquele que está em seu santuário se regozija. Tu (12) és coroado com uma forma celestial, o Único, provido [com todas as coisas]. Rá sai de Nu em triunfo. Ó tu, jovem poderoso, tu, filho eterno, autogerado, que deu à luz a ti mesmo, (13) ó tu, poderoso, de miríades de formas e aspectos, rei do mundo, Príncipe de Annu, senhor da eternidade e governante da infinitude, a companhia dos deuses se regozija quando tu te elevas e quando tu navegas (14) pelo céu, ó tu, que és exaltado no barco *sektet*. Louvado seja, ó Amen-Rá, tu, que repousas em Maat, tu, que passas pelo céu, e toda face te vê. Tu te tornas grande conforme tua (15) majestade avança, e teus raios estão sobre todas as faces. Tu és desconhecido e não podes ser procurado...

seu companheiro, exceto a si mesmo; tu és (16) o Único... [Os homens] te louvam em teu nome [Rá], e juram por ti, porque tu és o senhor deles. Tu ouviste (17) com os teus ouvidos e viste com os teus olhos. Milhões de anos se passaram no mundo; eu não posso dizer o número deles, pelos quais tu passaste. Teu coração decretou um dia de felicidade em teu nome [de Rá]. Tu passas (18) e viajas através de espaços incontáveis de milhões e centenas de milhares de anos; partiste em paz e conduzes o teu caminho através do abismo das águas para o lugar que amas; isso tu fazes em um (19) pequeno momento de tempo, e tu afundas e fazes um fim das horas."

Osíris, o governante do palácio do senhor das duas terras (ou seja, Seti I), Hunefer, triunfante, diz: (20) Salve, meu senhor, tu, que passas pela eternidade e cujo ser é eterno. Salve, tu, Disco, senhor dos raios de luz, tu te elevas e fazes toda a humanidade viver. Concede-me que eu possa te contemplar ao amanhecer de cada dia."

4. UM HINO DE LOUVOR A RÁ por Nekht, o escriba real, capitão dos soldados, que proclama: "Louvado sejas, ó tu glorioso Ser, tu que és provido [com todas as coisas]. Ó Tmu-Heru-khuti, quando te elevas no horizonte do céu, um grito de alegria sai da boca de todos os povos. Ó tu, belo Ser, tu te renovas em tua estação na forma do Disco dentro de tua mãe Hathor; portanto, em todo lugar, todo coração se enche de alegria com tua ascensão, para sempre. As regiões leste e oeste do céu vêm a ti com homenagens, e emitem sons de alegria em tua ascensão. Ó Rá, tu que és Heru-khuti (Harmachis), o poderoso filho varão, o herdeiro da eternidade, autogerado e autonascido, rei da terra, príncipe do submundo, governante das montanhas de Aukert (isto é, o submundo), tu te ergues no horizonte do céu e derramas sobre o mundo raios de luz esmeralda; tu nasceste da água, tu nasceste de Nu, que cuidou de ti e ordenou teus membros. Tu, que és coroado rei dos deuses, deus da vida, senhor do amor, todas as nações vivem quando tu brilhas. A deusa Nut te homenageia, e a deusa Maat te abraça o tempo todo. Aqueles que te seguem cantam para ti com alegria e se curvam à terra quando te encontram, o deus do céu, o senhor da terra, o rei da retidão e da verdade, o deus da eternidade, o governante infinito, o príncipe de todos os deuses, o deus da vida, o criador da eternidade, o criador do céu por quem é consagrado tudo o que nele existe. A companhia

dos deuses regozija-se com a tua ascensão, a terra se alegra quando contempla os teus raios; os povos que há muito morreram avançam com gritos de alegria ao ver tuas belezas. Tu avanças sobre o céu e a terra, fortalecido a cada dia por tua mãe, Nut. Tu passas pelo céu mais alto, teu coração se enche de alegria; e o Lago de Testes está contente com isso. O Inimigo foi derrotado, seus braços foram cortados, a faca partiu suas articulações. Rá vive em Maa[90] o belo. O barco *sektet* avança e chega ao porto; o sul, o norte, o oeste e o leste se voltam para te louvar, ó tu, substância informe da terra, que te criaste a ti mesmo. Ísis e Néftis te saúdam, elas cantam a ti, em teu barco, hinos de alegria, elas te protegem com as mãos. As almas do leste te seguem, as almas do oeste te louvam. Tu és o governante de todos os deuses e tens alegria de coração dentro do teu santuário; pois a Serpente Nak está condenada ao fogo, e teu coração se alegrará para sempre. Tua mãe Nut está vinculada a teu pai Nu."

---

90 – *Maa*, Lei invariável e inalterável

PRANCHA 2

Vinheta 1: O disco do Sol ☉, sustentado por um par de braços ⊍ saindo do ankh ☥, o sinal da vida, que, por sua vez, é sustentado por um *tet* 𓊽, o emblema do leste e do deus Osíris. O *tet* está sobre o horizonte ⌒. De cada lado do disco estão três babuínos, espíritos da Aurora, seus braços erguidos em adoração ao disco. No lado direito do *tet* está a deusa Néftis 𓎟𓇳𓏏 e à esquerda está Ísis 𓊨𓇳𓏏, cada uma das deusas erguendo as mãos em adoração ao *tet* e ajoelhada sobre o emblema *aat* ⌒, ou hemisfério. Acima está o céu ▭. Esta vinheta pertence propriamente ao hino ao sol nascente.[91]

---

[91] – Compare a vinheta do papiro nº 9.901 do Museu Britânico (Fig. 1). Em alguns papiros, os macacos são quatro (Naville, *Das Aeg. Todtenbuch*, vol. 1, Bl. 26) ou sete (Naville, *op. cit.*, vol. 1, Bl. 21) em número. Na vinheta que costuma acompanhar o hino ao pôr do sol (Fig. 2), mas que não ocorre no presente papiro, um falcão que traz na cabeça um disco cercado por uma serpente, ou seja, Ra-Harmachis 𓅃, ocupa o lugar do disco 𓇳 (por exemplo, papiros do Museu Britânico nºs. 9901 (Naville, *op. cit.*, vol. 1, Bl. 22, e 10.472); e o *tet* é representado pelo suporte 𓊽 (Naville, *op. cit.*, vol. 1, Bl. 22), de um lado do qual estão três divindades com cabeça de falcão e, do outro, três divindades com cabeça de chacal (ver Lanzone, *Dizionario*, 10, p. 56, 57.). Abaixo estão Ísis e Néftis, ajoelhadas em adoração diante de dois deuses-leões que representam o ontem e o amanhã. Uma variante interessante desta última vinheta ocorre no papiro nº 10.472 do Museu Britânico, feito para a senhora Anhai, uma cantora no templo de Amen em Tebas, por volta de 1000 a. C., onde, além dos macacos e figuras das deusas (sendo os títulos de Ísis 𓊨𓇳𓏏𓂋𓇌𓏏𓆇 e os de Néftis 𓎟𓇳𓏏𓊹𓏏), são representados, de cada lado (I) o *utchat alado* 𓂀, com pendente ureu 𓆙 e *shen* 𓍶 (emblemático do circuito do sol) e pena 𓆄 (2); um homem, prostrado, adorando o disco; (3) quatro homens, de pé, com ambas as mãos levantadas em adoração; e (4) um pássaro de cabeça humana 𓅽, emblemático da alma da falecida senhora, de pé sobre um pilar.

Fig. 1

Fig. 2

Texto: (1) [HINO A OSÍRIS] "Glória a Osíris Un-nefer, o grande deus de Abidos, rei da eternidade, senhor da infinitude, que passa por milhões de anos em sua existência. Filho mais velho do ventre (2) de Nut, engendrado por Seb o Erpat[92], senhor das coroas do Norte e do Sul, senhor da elevada coroa branca. Como Príncipe dos deuses e dos homens (3), ele recebeu o cajado, o mangual e a dignidade de seus pais divinos.[93] Que teu coração, que está na montanha de Amenta, esteja contente, pois teu filho Hórus está estabelecido em teu trono. (4) Tu és coroado senhor de Tattu[94] e governante em Abtu.[95] Através de ti, o mundo se torna verde (5), em triunfo diante do poder de Neb-er-tcher.[96] Ele conduz em seu séquito aquilo que é e aquilo que ainda não é, em seu nome (6) Ta-her-seta-nef;[97] ele reboca ao longo da terra em triunfo em seu nome Seker.[98] Ele é (7) extremamente poderoso e terrível em seu nome Osíris. Ele perdura para todo o sempre em seu nome Un-nefer.[99] (8) Louvores a ti, Rei dos reis,

---

92 – A palavra er-pat é composta de er, "líder", e pat, um clã, "tribo" ou "família"; Seb, então, era o príncipe da família dos deuses. Erpat é uma palavra muito antiga e provavelmente era usada no Egito antes de suten, palavra comum para "rei".

93 – Osíris, o sol da noite, era filho de Rá, e pai e filho de Hórus. Ele é sempre representado como uma múmia segurando em suas mãos o cetro, cajado e mangual. Ver Lanzone, Dizionario, p. 690 e seguintes; Wiedemann, Religion, p. 123 e seguintes; Brugsch, Religion und Mythologie, p. 611 e seguintes.

94 – Duas cidades no Baixo Egito levavam o nome Tettet ou Tattu: Busiris, a metrópole do nono nomo, e Mendes, a metrópole do 16º nomo.

95 – Tanto Busiris quanto Abydos reivindicavam ser o lugar de repouso do corpo de Osíris.

96 – Um nome de Osíris quando seus membros espalhados foram reunidos e unificados de novo em um corpo por Ísis and Néftis; ver Lanzone, Dizionario, p. 714. O nome significa "senhor da totalidade".

97 – Quer dizer, "Aquele que desenha o mundo".

98 – Seker é, como Ptah, Osíris e Tenen, uma forma do sol noturno. No festival desse deus, o barco Hennu, um símbolo do deus Seker de Memphis, era conduzido ao redor do santuário ao amanhecer no momento em que o sol lançava seus raios dourados sobre a terra.

99 – Um nome de Osíris, o qual, como um nome importante, é escrito às vezes em um cartucho, por exemplo, e . Normalmente é explicado como significando "o Bom Ser", embora tenha sido sugerido (Proc. Soc. Bibl. Arch., 1886) cujo significado é "bela lebre".

Senhor dos senhores, Príncipe dos príncipes, que desde o ventre de Nut possuíste o mundo (9) e governaste todas as terras e Akert.[100]

Teu corpo é de ouro, tua cabeça é cerúlea, e a luz esmeralda te envolve. O An[101] de milhões de anos, (10) que tudo permeia com teu corpo, e belo em semblante em Ta-sert.[1] Conceda, tu, ao *ka* de Osíris, o escriba Ani, esplendor no céu, poder na terra e triunfo em Neter-khert; e que eu possa navegar até (11) Tattu como uma alma vivente e até (13) Abtu como uma *bennu* (fênix); e que eu possa entrar e sair sem repulsa aos (15) pilares do Tuat. Que me sejam dados (16) pães na casa do frescor, e (17) oferendas de comida em Annu, (18) e uma propriedade para sempre em Sekhet-Aru[2], com trigo e cevada (20) portanto."

---

100 – Um termo genérico para uma necrópole. Akert é o país do qual Osíris era príncipe; e é mencionado como conectado com ⸰⸰⸰ *Stat* e ⸰⸰⸰ *Neter-khert*, cada um dos quais é um nome da grande necrópole na margem ocidental do Nilo.

101 – An ou Ani, um nome ou forma de Rá, o deus-Sol (compare ⸰⸰⸰ "Ani no topo do ciclo dos deuses", Grébaut, *Hymne*, p. 22), e também de Osíris. Ainda, Ani é identificado com o deus-Lua; compare ⸰⸰⸰ "Salve, Ani, tu brilhas sobre nós do céu todos os dias. Que nunca deixemos de contemplar teus raios! Thoth te protege e faz tua alma se levantar no barco *maat* em teu nome de Lua". Quanto à identificação de Ani com Hórus, veja Naville, *La Litanie du Soleil*, p. 99, nota 10. O deus Ani também é chamado de "Olho de Hórus" pelo falecido no capítulo 39 do *Livro dos mortos*, o qual se refere à "união de uma alma a seu corpo no submundo".

PRANCHA 3

Vinheta: Cena da pesagem do Coração do Falecido. Ani e sua esposa entram no Salão da Dupla Lei ou Verdade, onde o coração ⊙, símbolo da consciência, será pesado na balança contra a pena ∫, símbolo da lei. Acima, doze deuses, cada um segurando um cetro ⌡, estão sentados em tronos diante de uma mesa de oferendas de frutas, flores, entre outros. Seus nomes são: ⟨glifos⟩ Harmachis, "o grande deus em seu barco"; ⟨glifos⟩ Tmu; ⟨glifos⟩ Shu; ⟨glifos⟩ Tefnut, "senhora do céu"; ⟨glifos⟩ Seb; ⟨glifos⟩ Nut, "senhora do céu"; ⟨glifos⟩ Ísis; ⟨glifos⟩ Néftis; ⟨glifos⟩ Hórus, "o grande deus"; ⟨glifos⟩ Hathor, "senhora de Amenta"; ⟨glifos⟩ Hu; e ⟨glifos⟩ Sa.

Sobre o braço da balança, senta-se o babuíno ⟨glifo⟩ que era associado a Thoth[102], o escriba dos deuses. O deus Anúbis, com cabeça de chacal, testa o fiel da balança, cujo suporte de suspensão tem forma de pena. A inscrição acima da cabeça de Anúbis diz: "Aquele que está na tumba diz, por favor, *ó* medidor da retidão, guia a balança para que ela *seja* consagrada." À esquerda da balança, de frente para Anubis, está a "Sorte" ou "Destino" de Ani, *Shai* ⟨glifos⟩ e acima está o objeto chamado *mesxen* ⟨glifo⟩, descrito[103] como "um côvado com cabeça humana" que supostamente está relacionado ao local de nascimento. Atrás deles estão as deusas Meskhenet ⟨glifos⟩ e Renenet ⟨glifos⟩: Meskhenet[104] presidindo a câmara de nascimento, e Renenet[105] provavelmente supervisionando a educação das crianças.

---

102 – No papiro de Sutimes (Naville, *Todtenbuch*, vol. 1, Bl. 43), o macaco é chamado ⟨glifos⟩ *neb xemennu ut a maa*, "Senhor de Khemennu, apenas pesador"; e no papiro nº 9900 do Museu Britânico, "Thoth, senhor da balança".

103 – Birch, em *Bunsen's Egypt's Place*, vol. 5, p. 259. No papiro de Anhai (Museu Britânico, nº 10472), há um *meskhen* em cada lado da coluna vertical da balança: um é chamado Shai, e o outro, Renen.

104 – Quatro deusas levavam o nome de Meskhen e deveriam auxiliar na ressurreição de Osíris; elas foram associadas a Tefnut, Nut, Ísis e Néftis. Cada uma usava na cabeça o objeto ⟨glifo⟩, que alguns dizem representar as flores das palmeiras.

105 – O nome dessa deusa provavelmente está relacionado à palavra *renen*, "amamentar". Pierret a identifica com a deusa de mesmo nome que presidia as colheitas, e é descrita

Atrás do *meskhen* está a alma de Ani na forma de um pássaro com cabeça humana pousada em um pilar. À direita da balança, atrás de Anúbis, está Thoth[106], o escriba dos deuses, com sua pena de junco e paleta[107] contendo tinta preta e vermelha, com a qual registrará o resultado do julgamento. Atrás de Thoth está o monstro feminino Amam[108] ⌒⌒𓀠, a "Devoradora", ou Am-mit ⌒𓃥𓄿𓇋𓋔, "a que come dos mortos".

Texto: [Capítulo 30B.] Osíris, o escriba Ani, declara: "Meu coração, minha mãe, meu coração, minha mãe, meu coração, meu nascimento! Que não haja nada que resista a mim no [meu] julgamento; que não haja

como a "senhora das oferendas de todos os deuses", tendo uma cabeça de cobra, que, em alguns casos, é sobreposta com o disco, chifres e penas da deusa Hathor.

106 – Thoth era a personificação da inteligência. Ele foi autocriado e autoexistente, e era o "coração de Rá". Ele inventou a escrita, as letras, as artes e as ciências, e era hábil em astronomia e matemática. Entre seus muitos títulos, estão "senhor da Lei", "criador da Lei" e "gerador da Lei". Ele defendeu Osíris contra seus inimigos e escreveu a história da luta entre Hórus, filho de Osíris, e Set. Como "senhor da Lei", preside o julgamento do coração dos mortos e, sendo o defensor do deus Osíris contra seus inimigos, ele é representado em cenas fúnebres também como o defensor dos mortos perante Osíris. Brugsch conecta o nome Tehuti (Thoth) com a antiga palavra egípcia *tehu*, "íbis", e acredita que significa o "ser que é como um íbis". A palavra *tex* também significa "medir", "calcular", "pesar"; e como esse deus é chamado de "o contador dos céus e das estrelas, e de tudo o que existe", a conexão do nome Thoth com *tex* é evidente. As figuras de bronze e faiança do deus o representam com a cabeça de um íbis e segurando um *utchat* 𓂀 nas mãos (ver n°s 481, 490a e 11385 no Museu Britânico). O *utchat*, ou olho do sol, refere-se à crença de que Thoth trazia de volta todas as manhãs a luz do sol que havia sido removida durante a noite.

107 – As paletas do escriba egípcio eram retangulares e feitas de madeira, pedra, basalto, marfim (ver n°s 5512a, 5513, 5525a e 12779 etc. no Museu Britânico). Elas medem de 25 a 44 centímetros de comprimento e de 5 a 7 centímetros de largura. Geralmente, elas continham duas cavidades redondas para colocar tinta vermelha e preta e uma fenda para segurar as canetas de junco. As inscrições nelas, que normalmente fazem referência a Thoth, são entalhadas, escritas a tinta ou incrustadas em cores; o nome do dono da paleta geralmente é acrescentado. As cores com as quais os egípcios escreviam eram feitas de substâncias vegetais, terras coloridas e preparações de cobre.

108 – Ela também é chamada de "Devoradora de Amenta" (ou seja, o mundo inferior) e Shai. No papiro n° 9901 do Museu Britânico, ela é descrita como

hat	en	emsuh	pehu-s		em	tebt	her-ab-set	em	ma,

"a parte dianteira de um crocodilo; seus quartos traseiros são os de um hipopótamo; sua parte central [é a] de um leão".

nenhuma oposição a mim por parte dos *Tchatcha*[109]; que tu não te apartes de mim na presença daquele que mantém as balanças! Tu és meu *ka* dentro do meu corpo [que] tece[110] e fortalece meus membros. Que tu possas avançar para o lugar da felicidade para o qual[111] estou avançando. "Que o *Shenit*[112] não faça meu nome feder, e que nenhuma mentira seja dita contra mim na presença do deus![113] É bom que tu ouças."[114]...

Thoth, o justo juiz da grande companhia dos deuses que estão na presença do deus Osíris, proclama: "Ouçam este julgamento. O coração de Osíris foi em verdade pesado e sua alma testemunhou por ele; foi considerado verdadeiro por julgamento na Grande Balança. Não foi encontrada nenhuma iniquidade nele; ele não desperdiçou as ofertas nos templos; ele não fez mal por suas ações; e ele não pronunciou más palavras enquanto estava na terra."

A grande companhia dos deuses responde a Thoth, que habita em Khemennu: "Aquilo que sai da tua boca foi ordenado. Osíris, o escriba Ani, triunfante, é santo e justo. Ele não pecou, nem fez mal contra nós. Que não seja permitido à devoradora Amemet prevalecer sobre ele. Ofertas de carne e entrada à presença do deus Osíris serão concedidas a ele, junto a uma propriedade para sempre em Sekhet-hetepu, como é dado aos seguidores de Hórus."

A Devoradora normalmente fica perto da balança em vez de atrás de Thoth; porém, há um papiro citado por Naville, (*Todtenbuch*, vol. 1, Bl. 136) no qual ela aparece agachada ao lado do lago de fogo nas regiões infernais.

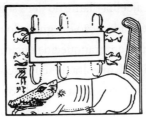

109 – Os quatro deuses dos pontos cardeais, Mestha, Hapi, Tuamautef e Qebhsennuf.

110 – Algumas cópias dizem: "Tu és meu *ka* dentro do meu corpo, o deus Khnemu (isto é, "modelador"), que une (ou forma) e fortalece meus membros". Khnemu foi chamado de "construtor de homens, criador dos deuses, o pai desde o início; criador das coisas que são".

111 – O papiro nº 9.901 do Museu Britânico diz "lugar de felicidade para o qual você vai comigo".

112 – Uma classe de seres divinos.

113 – Quer dizer, "o grande deus, senhor de Amenta".

114 – Esta frase parece estar inacabada; veja o texto egípcio, p. 12.

PRANCHA 4

Vinheta: Ani, declarado justo, é conduzido à presença de Osíris. À esquerda, o deus com cabeça de falcão Hórus, filho de Ísis, usando a dupla coroa do Norte e do Sul, pega Ani pela mão e o conduz adiante em direção a "Osíris, o senhor da eternidade" 𓏏𓊪𓎛 *Ausar neb t'etta*, que está entronizado à direita, dentro de um santuário na forma de baú funerário. O deus usa a coroa *atef* com plumas; um *menat* (ver p. 245, nota 2) pende de sua nuca; e ele segura nas mãos o cajado 𓋹, o cetro 𓌀 e o mangual 𓌡, símbolos de soberania e domínio. Ele está envolto em bandagens ornamentadas com escamas. A lateral de seu trono é pintada para se assemelhar às portas da tumba. Atrás dele estão Néftis, à direita, e Ísis, à esquerda. Diante dele, de pé sobre uma flor de lótus, estão os quatro "filhos de Hórus (ou Osíris)", ou deuses dos pontos cardeais. O primeiro, Mestha, tem cabeça de homem; o segundo, Hapi, a cabeça de um macaco; o terceiro, Tuamautef, a cabeça de um chacal; e o quarto, Qebhsennuf, a cabeça de um falcão. Suspenso, perto da lótus, está um objeto que geralmente é chamado de pele de pantera[115], porém, mais provavelmente, é um couro de boi.

O teto do santuário é sustentado por pilares com capitéis de lótus e é encimado por uma figura de Hórus-Sept ou Hórus-Seker e fileiras de ureus.

No centro, Ani se ajoelha diante do deus sobre uma esteira de junco, erguendo a mão direita em adoração e segurando na mão esquerda o cetro *kherp* 𓋾. Ele usa uma peruca embranquecida encimada por um "cone", cujo significado é desconhecido. Em volta de seu pescoço, há um colar largo de pedras preciosas. Perto dele, está uma mesa de oferendas de carne, frutas, flores, entre outras, e nos compartimentos superiores, há vários recipientes para vinho, cerveja, óleo, cera e flores.

Apêndice: O santuário é, em alguns casos, representado na forma de um pilar, cuja cornija é ornamentada com ureus 𓆗𓆗 ou com o disco do

---

115 – Sobre a pele do boi, na qual o falecido, ou a pessoa que o representava, deveria se envolver, ver Virey, *Tombeau de Rekhmara*, p. 50, e Prancha 26, registro inferior.

sol e penas, símbolos de Maat 𓏏𓏏𓏏𓆄𓆄𓆄. Normalmente, repousa sobre uma base feita em forma de côvado, o trono sobre o qual Osíris se senta, repousa sobre taperes de junco (Papiro do Museu Britânico nº 10.471), ou sobre a base em forma de côvado 𓈋, ou em uma poça de água, da qual brota uma flor de lótus com botões e com os quatro deuses dos pontos cardeais (ver o Papiro do Museu Britânico nº 9.901) de pé sobre ele.

Em alguns dos papiros mais antigos, o corpo de Osíris está pintado de branco e ele está de pé. Ísis é descrita como "grande senhora, mãe divina", e Néftis, como "a senhora do submundo". No papiro do Museu Britânico nº 10.471, a cena da apresentação do falecido a Osíris é incomum e interessante. À direita, o escriba Nekht 𓂋𓐍𓏏𓀀 e sua esposa Thuau 𓅓𓄿𓅱𓏏𓁐 aparecem com ambas as mãos erguidas em adoração a Osíris. Atrás deles, em uma base em forma de côvado, está uma casa com quatro janelas na metade superior e, em cima do telhado, duas projeções triangulares semelhantes às que permitem a entrada de ar nas casas modernas do Oriente. Diante da porta, estão um sicômoro e uma palmeira com cachos de frutas; à esquerda, está o deus Osíris em seu trono, e atrás dele, está "Maat, senhora dos dois países, filha de Rá", acima da qual estão dois braços femininos estendidos saindo de uma montanha e segurando um disco entre as mãos. No centro, entre Osíris e o falecido, há um corpo d'água com três sicômoros de cada lado, e, em cada canto, há uma palmeira com cachos de tâmaras; dele brota uma videira carregada de cachos de uvas.

No papiro nº 10.472 do Museu Britânico, o deus sentado no santuário usa a coroa do deus Tanen 𓋹 e é chamado de "Ptah-Seker-Ausar, dentro do lugar oculto, grande deus, senhor de Ta-sert, rei da eternidade, príncipe do infinito".

Texto: Diz Hórus, o filho de Ísis: "Venho a ti, ó Unnefer, e trouxe o Osíris Ani até ti. Seu coração é [declarado] justo saindo da balança, e não pecou contra deus ou deusa. Thoth o pesou de acordo com o decreto proferido a ele pela companhia dos deuses; e é muito verdadeiro e justo. Conceda-lhe bolos e cerveja; e deixe-o entrar na presença de Osíris; e que ele seja como os seguidores de Hórus para sempre".

Eis que Osíris Ani diz: "Ó Senhor de Amentet (o submundo), estou em tua presença. Não há pecado em mim, eu não menti intencionalmente, nem fiz nada com coração falso. Conceda que eu possa ser como aqueles favorecidos que estão ao seu redor, e que eu possa ser um Osíris, muito favorecido pelo belo deus e amado pelo senhor do mundo, o escriba real genuíno, que ama Ani, triunfante diante do deus Osíris".

Apêndice: O título usual deste capítulo [30B.] é: "Capítulo sobre não permitir que o coração [do falecido] seja afastado dele no submundo." Consiste em uma declaração do falecido para o próprio coração, que chama de *ka* ou "duplo" dentro de seu corpo. Deveria ser acompanhado por uma vinheta do julgamento do coração, no qual o coração é pesado contra o próprio falecido, como no antigo papiro Nebseni.

No papiro Ani, no entanto, observa-se que o coração está sendo pesado contra a pena da Lei, Maat, uma cena que frequentemente acompanha o capítulo 125.

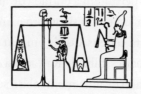

Variantes interessantes das vinhetas do capítulo 30B são dadas por Naville (*Todtenbuch*, vol. 1, Bl. 43), nas quais encontramos o falecido abordando seu coração colocado em um suporte, ou um besouro, ou um coração ao qual estão ligadas as antenas de um besouro. Em certos papiros, este capítulo é seguido por uma rubrica: "[Este capítulo é] para ser recitado sobre um escaravelho[116] de pedra verde circundado com metal *smu*, e [tendo] um anel de prata, que deve ser colocado no pescoço do morto. Este capítulo foi encontrado em Khemennu[117], gravado em uma placa de aço do Sul, na escrita do próprio deus, sob os pés da majestade do deus, no tempo da majestade de Men-kau-Rá[118], o rei do Norte e do Sul, triunfante, pelo filho real Heru-tata-f[119] que o encontrou enquanto viajava para inspecionar os templos".

Os escaravelhos que são encontrados nas múmias, ou repousando sobre o peito logo acima da posição do coração, formam uma seção interessante de toda a grande coleção egípcia. Na série do Museu Britânico, todos os tipos importantes de escaravelho funerário estão representados. São de basalto verde, de granito verde (nºs 7.894 e 15.497), calcário branco (nºs 7.917, 7.927, 15.508), mármore verde claro (nºs 7.905), pedra negra (nºs 7.907, 7.909, 7.913), pasta azul (nºs 7.904, 14.549), vidro azul (nº 22.872) e faiança vidrada roxa, azul ou verde (nºs 7.868, 7.869). Variam em tamanho, de 12 a 7 centímetros de comprimento. Nos exemplares de pedra dura, o texto do Capítulo do Coração, mais ou menos completo, costuma aparecer entalhado na base em contorno; mas, às vezes, é traçado em tinta vermelha (nº 7.915) ou em ouro (nº 15.518). Os hieróglifos incusos, às vezes, são preenchidos com ouro (nº 7.881). O nome da pessoa com quem o escaravelho foi enterrado costuma preceder o texto do Capítulo do Coração; entretanto, em muitos casos, são encontrados espaços em branco deixados sem a inserção do nome — uma prova de que esses amuletos foram comprados prontos. A base, no entanto, é muitas vezes bastante plana (nºs 7.965, 7.966), ou figuras de Osíris, Ísis e Néftis ocupam o lugar da inscrição usual (nºs 15.500, 15.507). As costas dos escaravelhos são, em geral, bastante simples, mas encontramos exemplos gravados com figuras do barco do Sol Osíris ⟨glifo⟩, com mangual e

---

116 – O capítulo 30A nunca é encontrado inscrito sobre escaravelhos.

117 – Isto é, Hermópolis Magna, a metrópole de Un ⟨glifo⟩, o 15º nomo do Alto Egito, a cidade chamada ⲟⲩⲉⲙⲟⲧⲛ ⲃ pelos coptas, e Eshmûnên, الاشمونين pelos árabes. Era a morada dos "oito" (*xemennu*) grandes deuses primordiais e de Thoth, o escriba dos deuses.

118 – O quinto rei da 4ª Dinastia.

119 – Diz-se que esse príncipe era um homem muito instruído, cuja fala era difícil de ser compreendida.

cajado 𓊽, o pássaro *bennu* 𓅣 e o *u'tat* 𓂀, Rá e Osíris (nº 15.507), e o pássaro *bennu* com a inscrição 𓏤𓎡𓃀𓈖𓏥𓄤 *neteri ab en Rá*, "o poderoso coração de Rá" (nº 7.878). Um escaravelho de pedra verde e fina, do período grego ou romano, tem no verso as figuras de quatro divindades gregas (nº 7.966). Em casos raros, os besouros têm rosto humano (nº 7.876, 15.516) ou cabeça (nº 7.999). Escaravelhos feitos com cuidado geralmente têm uma faixa de ouro cruzando e descendo a parte de trás onde as asas se encontram; um exemplo do período tardio (nº 7.977) tem toda a parte de trás dourada. O escaravelho era colocado em um anel oval de ouro, na extremidade do qual havia um anel menor para pendurar no pescoço ou para fixar nas bandagens da múmia (nº 15.504). O escaravelho de faiança vidrada verde de Thothmes III (nº 18.190) estava suspenso com uma corrente de ouro de um torque de bronze. Um grosso fio de ouro para envolver o pescoço está preso ao nº 24.401. A base do escaravelho tem, por vezes, a forma de coração (n.ºs 7917, 7925). Um exemplo notável dessa variedade é o nº 7.925, no qual estão gravados, na parte superior da base, os símbolos para "vida" 𓋹, "estabilidade" 𓊽 e "proteção" 𓏏. Na parte de trás desse escaravelho está –

na asa direita – 𓄿𓃀𓈖𓆓𓂝𓈖𓏪 e na esquerda 𓈖𓅓𓂝𓈖𓋹𓋹𓈖. Um escaravelho de basalto verde muito polido e fino com rosto humano (nº 7876) está colocado em uma base de ouro, em cuja face e bordas está talhado parte do Capítulo do Coração. No período posterior à 22ª Dinastia, escaravelhos funerários gravados em mármore, pasta, entre outros, eram colocados em peitorais em forma de pilar feitos de porcelana egípcia, em verniz azul, verde ou amarelo, que eram costurados nas ataduras da múmia sobre o coração. Em tais peitorais, o barco do Sol é traçado em cores ou trabalhado em relevo, e o escaravelho é colocado de modo a parecer ser levado no barco; à esquerda está Ísis, e à direita, Néftis (nºs. 7.857, 7.864, 7.866).

PRANCHAS 5 E 6

Vinhetas: A procissão fúnebre ao túmulo; ocupando o comprimento das duas pranchas. No centro da Prancha 5, a múmia do falecido é vista deitada em um baú ou santuário montado em um barco com deslizadores puxado por bois. No barco, à cabeceira e aos pés da múmia, encontram-se duas pequenas imagens de Néftis e Ísis. Ao lado, está ajoelhada a esposa de Ani, Thuthu, lamentando. Na frente do barco, está o sacerdote *Sem,* queimando incenso em um incensário e derramando a libação de um vaso ⌡; ele usa suas vestes características, uma pele de pantera. Oito enlutados seguem, um dos quais tem o cabelo branqueado. Na parte traseira, uma arca, ou baú sepulcral, encimada por uma figura de Anúbis 🐕 e ornamentada 🧍🏺 com emblemas de "proteção" e "estabilidade", é puxada em um trenó por quatro atendentes e é seguida por outras duas. Ao lado deles, caminham outros atendentes carregando a paleta, caixas, cadeira, sofá, cajado etc.

Na Prancha 6, a procissão continua até a tumba. No centro está um grupo de mulheres chorando, seguidas por assistentes carregando em forquilhas caixas de flores, vasos de unguentos e outras coisas. No centro direito, estão uma vaca com seu bezerro, cadeiras de madeira pintada com flores em cima delas e um assistente com a cabeça raspada, carregando um pernil ᔓ recém-cortado para o banquete funerário. O grupo da direita está realizando os últimos ritos. Diante da porta da tumba, está a múmia de Ani para receber as honras finais; atrás dele, abraçando-o, está Anúbis, o deus da tumba; e a seus pés, na frente, Thuthu se ajoelha para dar um último adeus ao corpo de seu marido. Diante de uma mesa de oferendas, estão dois sacerdotes: o sacerdote *Sem,* que veste uma pele de pantera, segurando na mão direita um vaso de libação, e, na esquerda, um incensário; e um sacerdote segurando, na mão direita, um instrumento[120] com o qual está prestes a tocar a boca e os olhos da múmia, e, na esquerda,

---

120 – Esse instrumento é chamado 𓌂𓏤𓊌 *ur hekau,* e é feito de um pedaço sinuoso de madeira, uma extremidade que tem a forma de uma cabeça de carneiro encimada por um ureu (Fig. 1).

o instrumento ⁓ para a "abertura da boca".[121] Atrás ou ao lado deles, no chão, enfileirados, estão os instrumentos empregados na cerimônia de "abertura da boca", etc., o instrumento *mesxet* ⁓, a caixa sepulcral ▣, as caixas de purificação ▭ ▭, a faixa ♃, os vasos de libação ⚰⚰⚰, a pena de avestruz ♌ e os instrumentos chamados *Seb-ur*, *Temanu* ou *Tun-tet* ⁓, e o *Pesh-en-kef* ⋎. O sacerdote *Kher-heb* está atrás lendo o serviço dos mortos de um papiro.

Apêndice: No papiro de Hunefer, uma laje ou estela com topo arredondado ⌂ é colocada ao lado da porta da tumba (Fig. 1,). Na parte superior dela, o falecido é mostrado adorando Osíris, e abaixo está a legenda: "Salve, Osíris, o chefe de Amenta, o senhor da eternidade, estendendo-se em infinitude, senhor das adorações, líder da companhia de seus deuses; e salve, Anúbis [habitante] da tumba, grande deus, chefe da morada sagrada. Que concedam que eu possa entrar e sair do submundo, que eu possa seguir Osíris em todos os seus festivais no início do ano, que eu possa receber bolos e que eu possa ir à presença de [Osíris]; eu, o duplo (*ka*) de Osíris, o grande favorecido de seu deus, Hunefer."

No registro superior dessa seção do papiro, está o texto do "Capítulo sobre a abertura da boca da estátua de Osíris". A cena completa, incluindo essa estela e vinheta, aparece no túmulo de Pe-ta-Amen-Apt. Na vinheta do primeiro capítulo do *Livro dos mortos* no papiro de Neb-qet, a alma do falecido aparece representada descendo os degraus da tumba para levar comida para sua múmia na câmara subterrânea (Fig. 2).

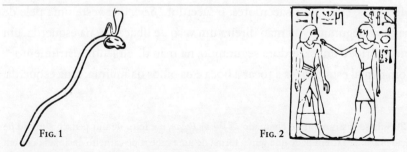

121 – No papiro Neb-seni, o "Guardião da Balança" abre a boca do falecido (Fig. 2).

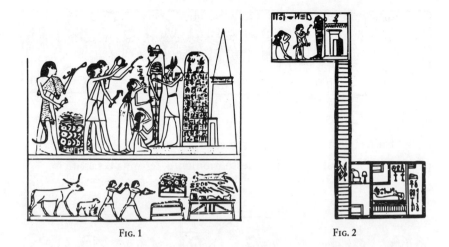

Fig. 1 Fig. 2

As cerimônias realizadas diante da porta da tumba em um funeral egípcio são de interesse considerável. O sacerdote chamado *Kher-heb*, segurando o sacerdote *Sem* pelo braço, dá instruções para o abate de "um touro do Sul". O abatedor, de pé sobre o touro, corta uma perna dianteira (Fig. 3) e retira o coração. Uma mulher, chamada *Tcherauur*, que personifica Ísis, nesse momento sussurra no ouvido do falecido: "Eis que teus lábios são ordenados para ti, para que tua boca possa ser aberta". Em seguida, um antílope e um pato são trazidos por ordem do *Kher-heb*, e suas cabeças são cortadas.[122] O *Kher-heb* então se dirige ao sacerdote *Sem*: "Eu os capturei para ti, trouxe para ti teus inimigos. As mãos dele trazem sua cabeça [como] presente. Eu os matei para ti, ó Tmu; não deixes que os inimigos dele se levantem contra este deus". O abatedor, nesse momento, apresenta a coxa ao *Kher-heb* e o coração a um oficial cujo título era *Smer*, e os três então "colocam a coxa e o coração no chão diante desse deus" (isto é, Osíris). O *Kher-heb* dirige-se ao falecido, representado por sua múmia ou estátua: "Eu trouxe a ti a coxa (Fig. 4) como o Olho de Hórus. Eu trouxe a ti o coração; que não haja revolta contra este deus.

---

122 – A matança do antílope e do pato representava a destruição dos inimigos do falecido, pois, quando Hórus destruiu os inimigos de seu pai, Osíris, "ele cortou suas cabeças, [que tomaram] a forma de patos no céu, fazendo-os cair de cabeça ao chão na forma de antílopes, e na água na forma de peixes".

Fig. 3

Eu trouxe a ti o antílope, sua cabeça está cortada. Eu trouxe a ti o pato, sua cabeça está cortada." Nesse momento, termina o sacrifício.

Fig. 4   Fig. 5   Fig. 6

A próxima parte da cerimônia, ou seja, "a abertura da boca e dos olhos", é realizada pelo sacerdote *Sem*, que se dirige ao falecido: "Vim para te abraçar, sou teu filho Hórus, pressionei tua boca; sou teu filho, eu te amo. A mãe dele bate no próprio peito e chora por ele, e aqueles que estão acorrentados com ele (quer dizer, Ísis e Néftis) batem nos próprios peitos. Tua boca estava fechada, mas eu coloquei em ordem por "ti tua boca e teus dentes". A seguir, o *Kher-heb* chama o sacerdote *Sem* por quatro vezes: "Ó *Sem*, pegue o *Seb-ur* (Fig. 5) e abra a boca e os olhos"; e enquanto o sacerdote *Sem* está realizando a cerimônia, o *Kher-heb* continua: "Tua boca estava fechada, mas ordenei tua boca e teus dentes por ti. Abro para ti a tua boca, abro para ti os teus dois olhos. Abri para ti tua boca com o instrumento de Anúbis. Abri tua boca com o instrumento de Anúbis, com a ferramenta de ferro com a qual as bocas dos deuses foram abertas. Hórus, abra a boca, Hórus, abra a boca. Hórus abriu a boca do falecido, como no passado abriu a boca de Osíris, com o ferro que saiu de Set, com a ferramenta de ferro (Fig. 6) com a qual ele abriu a boca dos deuses. Ele abriu tua boca com ela. Os mortos andarão e falarão, e seu corpo [estará] com a grande companhia dos deuses na Grande Casa do Ancião em Annu, e ele receberá lá a coroa de *ureret* de *Hórus*, o senhor da humanidade". O *Kher-heb*, a seguir, proclama: "Que o sacerdote *Ami-Khent* (Fig. 7) fique atrás dele (isto é, o falecido) e diga: 'Meu pai, meu pai', quatro vezes".

Fig. 7   Fig. 8

Nesse momento, o filho mais velho do falecido fica atrás do morto e, em seu nome, o *Kher-heb* declara: "Sua mãe bate no peito e chora por ele, e aquelas que estão acorrentadas com ele também batem no peito". Outro sacerdote, chamado *Am-Khent-Heru*, assume a mesma posição e declara: "Ísis vai até Hórus, que abraça seu pai". Um oficial sacerdotal pertencente à classe *mesenti*, então, vai para trás do falecido, os sacerdotes *Sem*, *Smer* e *Kher-heb* ficam na frente, e o sacerdote *Sem* e o *Kher-heb*, personificando Hórus e Sut, respectivamente gritam: "Eu sou Hórus, eu sou Sut; não te deixarei iluminar a cabeça de meu pai". O sacerdote *Sem*, assim, deixa a capela *Ka* e retorna, conduzindo o *Se-mer-f*, ou seja, "o filho que o ama"; ao que o *Kher-heb* declara: "Ó Sem, deixe o *Semer-f* entrar na tumba para que ele possa ver o deus". O sacerdote *Sem*, segurando-o pelo braço, então conduz o *Se-mer-f*, que se dirige ao falecido: "Eu vim, trouxe a ti o teu filho que te ama; ele abrirá para ti tua boca e teus olhos". (Fig. 8). Um oficial do túmulo, *Am-as*, assume sua posição atrás do falecido, e o *Se-mer-f* e o *Kher-heb* ficam na frente; o *Kher-heb*, repetindo quatro vezes: "O *Se-mer-f* abre a boca e os dois olhos do falecido, primeiro com uma agulha de ferro, depois com uma haste de metal *smu*"; o *Am-as*, dirigindo-se ao falecido: "Eis o *Se-mer-f*"; e o *Kher-heb*, em nome do *Se-mer-f*: "Pressionei para ti tua boca, assim como teu pai a pressionou em nome de Seker. Salve, Hórus pressionou tua boca para ti, ele abriu teus olhos para ti; Hórus abriu tua boca para ti, ele abriu para ti teus olhos; eles estão firmemente estabelecidos. Tua boca estava fechada; eu ordenei tua boca e teus dentes para ti em sua verdadeira ordem. Tu abriste [novamente] tua boca; Hórus abriu tua boca. Eu consagrei tua boca com firmeza. Hórus abriu para ti tua boca, Hórus abriu para ti teus dois olhos." O *Kher-heb* então fala em nome do sacerdote *Sem*: "Tua boca estava fechada. Eu ordenei para ti tua boca e teus dentes da forma correta. Tua boca está consagrada com firmeza. Tua boca estava rigidamente fechada. A boca dele está consagrada de modo firme, e [seus] dois olhos estão consagrados de modo firme".

O sacerdote *Sem*, em seguida, apresenta ao falecido (Fig. 9) uma oferenda em forma de cone △, e, ao mesmo tempo, o *Kher-heb* declara: "Abra a boca e os dois olhos, abra a boca e os dois olhos. Tu tinhas bem fechada a tua boca, tu [mais uma vez] abriste os teus dois olhos". Então proclama, em nome do sacerdote *Smer* (Fig. 10) que está atrás do falecido:

Fig. 9   Fig. 10   Fig. 11

"Um vem a ti para tua purificação". Em seguida, o *Se-mer-f* avança com quatro caixas (Fig. 11) nas mãos, e o *Kher-heb* diz: "Ó *se-mer-f*, pegue as quatro caixas de purificação, pressione a boca e os dois olhos, abra a boca e os dois olhos com cada uma delas quatro vezes, e diga: tua boca e teus dois olhos estão consagrados com firmeza, e são restaurados apropriadamente; e diga também: eu pressionei com firmeza tua boca, eu abri tua boca, eu abri teus dois olhos por meio das quatro *caixas de* purificação". O sacerdote *Sem*, nesse momento, se aproxima do falecido (Fig. 12) com o instrumento Ƴ, e o *Kher-heb*, ao mesmo tempo, declara: "Ó sacerdote *Sem*, coloque o *pesh-en-kef* sobre a boca dele e diga: eu consagrei para ti as tuas duas mandíbulas em teu rosto que foi dividido em duas partes."

O sacerdote *Sem*, a seguir, faz uma oferenda de uvas (Fig. 13), o *Kher-heb* dizendo: "Ó sacerdote *Sem*, coloque as uvas em sua boca e diga: Ele traz para ti o olho de Hórus, ele o agarra; agarra-o também". Depois que uma pena de avestruz foi oferecida (Fig. 14) pelo sacerdote *Sem*, e várias das cerimônias descritas acima foram repetidas e outros animais abatidos, o *Kher-heb* se dirige ao sacerdote *Sem* e diz: "Pegue o instrumento *Tun-tet* (três vezes) e abra a boca e os olhos" (quatro vezes). Ele então continua: "Ó sacerdote *Sem*, pegue o instrumento de ferro de Anúbis, *Tun-tet* (três vezes). Abra a boca e os dois olhos (quatro vezes) e diga: Eu abro para ti a tua boca com o instrumento de ferro de Anúbis com o qual ele abriu a boca dos deuses.

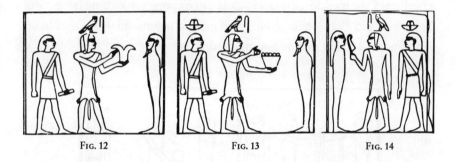

Fig. 12   Fig. 13   Fig. 14

Hórus abre a boca, Hórus abre a boca, Hórus abre a boca com o ferro que sai de Set, com o qual ele abriu a boca de Osíris. Com a ferramenta de ferro (*meskhet*) com a qual ele abriu as bocas dos deuses, ele abriu a boca. Ele [o falecido] entrará e falará [novamente], e seu corpo habitará com a companhia dos grandes deuses em Annu, onde ele recebeu a coroa *ureret* de Hórus, senhor dos homens. Salve, Hórus abriu tua boca e teus dois olhos com o instrumento *Seb-ur* ou *Teman*, com o instrumento *Tun-tet* do Abridor de Estradas (isto é, Anúbis), com o qual ele abriu a boca de todos os deuses do Norte. Hórus, o Grande, vem para te abraçar. Eu, teu filho que te ama, abri tua boca e teus dois olhos. Sua mãe bate no peito de dor enquanto o abraça, e as duas irmãs (isto é, Ísis e Néftis), que são uma, se batem de dor. Todos os deuses abrem tua boca de acordo com o livro do serviço". A seguir, o *Kher-heb* instrui o sacerdote *Sem* a vestir a múmia ou estátua do falecido com a banda ou filete *nemes* (Fig. 15), e a dizer: "Veja!

O filete *nemes*, o filete *nemes*, que vem como a luz, que vem como a luz; vem como o olho de Hórus, o radiante; vem de Nekheb. Os deuses foram atados com isso; envolto está o teu rosto com ele em seu nome de *Hetch* (isto é, luz ou brilho), saindo de Nekheb. "Tudo o que poderia fazer mal a ti na terra é destruído". O sacerdote *Sem*, segurando um vaso de óleo na mão esquerda e untando a boca com o dedo indicador (Fig. 16), diz: "Eu ungi o teu rosto com óleo, ungi os teus olhos. Pintei os teus olho com *uatch* e com *mestchem*. Que nenhuma má sorte aconteça pelo destronamento de seus dois olhos em seu corpo, assim como nenhuma má fortuna se abateu sobre Hórus por meio da derrubada de seu olho em seu corpo. Teus dois olhos estão enfeitados com isso em seu nome de *Uatch*, que te faz exalar fragrância, em seu nome de "o de doce aroma". Vários unguentos aromáticos e perfumes são trazidos, e quando cada um é apresentado, uma frase curta é recitada pelo *Kher-heb* fazendo referência ao triunfo final do falecido no submundo e à ajuda que os grandes deuses lhe prestarão.

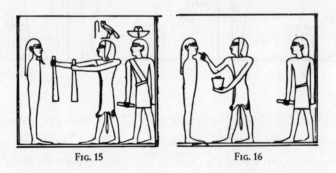

Fig. 15   Fig. 16

Texto: [Capítulo 1] (1) AQUI COMEÇAM OS CAPÍTULOS SOBRE SAIR PARA O DIA, DAS CANÇÕES DE LOUVOR E (2) GLORIFICAÇÃO, SOBRE SAIR E ADENTRAR O GLORIOSO NETER-KHERT NO BELO AMENTA; A SER RECITADO NO (3) DIA DO ENTERRO: ENTRAR APÓS SAIR. Osíris Ani, (4) Osíris, o escriba Ani, diz: "Louvado seja, ó touro de Amenta, Thoth, o (5) rei da eternidade, está comigo. Eu sou o grande deus no barco do sol; lutei (6) por ti. Eu sou um dos deuses, aqueles santos príncipes[123] que fazem Osíris (7) sair vitorioso sobre seus inimigos no dia da pesagem das palavras. (8)

---

123 – Quer dizer, Mestha, Hapi, Tuamautef, Qebhsennuf, os deuses dos pontos cardeais.

Eu sou teu mediador, ó Osíris. Eu sou [um] dos deuses (9) nascidos de Nut, aqueles que matam os inimigos de Osíris (10) e mantêm para ele, em cativeiro o demônio Sebau. Eu sou teu mediador, ó Hórus. (11) Eu lutei por ti, pus em fuga o inimigo em teu nome. Eu sou Thoth, que fez (12) Osíris sair vitorioso sobre seus inimigos no dia da pesagem das palavras na (13) grande Casa do poderoso Ancião em Anu.[124] Eu sou Tetteti[125], filho de Tetteti; fui (14) concebido em Tattu, nasci em (15) Tattu. Estou com aqueles que choram e com as mulheres que lamentam (16) Osíris na terra dupla de Rechtet; e eu faço Osíris sair vitorioso sobre seus inimigos. (17) Rá ordenou a Thoth que tornasse Osíris vitorioso sobre seus inimigos; e aquilo que me foi (18) ordenado, Thoth realizou. Estou com Hórus no dia de vestir (19) Teshtesh[126] e no dia da abertura dos depósitos de água para a purificação do deus cujo coração não se move, e (20) do destrancar da porta das coisas ocultas em Restau[127]. Estou com Hórus, que (21) guarda o ombro esquerdo de Osíris em Sekhem,[128] e (22) entro e saio das chamas divinas no dia da destruição (23) dos demônios em Sekhem. Estou com Hórus no dia dos (24) festivais de Osíris, fazendo as oferendas no sexto dia do festival, [e no] festival Tenat em (25) Annu. Sou um sacerdote em Tattu, Rere no "templo de Osíris[129], [no dia de] lançar (26) a terra.[130] Eu vejo as coisas que estão ocultas em Re-stau. (27) Eu li o livro do festival

---

124 – Um nome do templo de Rá em Heliópolis.

125 – Ou seja, o deus de Tettetu, ou Busiris, uma cidade que se acreditava guardar o corpo de Osíris.

126 – Um nome de Osíris.

127 – Ou seja, "a porta das passagens do túmulo". Uma imagem de Re-stau ⟨hieróglifos⟩ é dada na Prancha 8.

128 – Sekhem é a metrópole de ⟨hieróglifos⟩ ou ⟨hieróglifos⟩ *Khens*, os letopolitas gregos, o segundo nomo do Baixo Egito; é o ⟨copta⟩, ou ⟨copta⟩ dos escritores coptas e estava situada a cerca de 40 quilômetros ao norte de Memphis. De acordo com um texto em Edfu, o pescoço de Osíris, ⟨hieróglifos⟩ *maxaq*, foi preservado lá. O deus Hórus, sob a forma de um leão, era adorado em Sekhem.

129 – A leitura do texto não é usual. O papiro nº 9901 do Museu Britânico tem, depois de *Tattu*, ⟨hieróglifos⟩ , e, de acordo com esse texto, devemos ler: "Eu sou um sacerdote em Tattu exaltando aquele que está nos degraus (Pierret, "degraus da iniciação"); Eu sou um profeta em Abtu no dia de lançar a terra".

130 – Segundo Devéria, "lançar a terra para o alto" significa o dia de cavar a sepultura.

da Alma [que está] em Tattu.[131] Eu sou o sacerdote *Sem*[132] (28), e efetuo o curso dele. Eu sou o grande chefe da obra no dia da colocação do barco *hennu* de Seker (29) em seu trenó. Eu segurei a pá (30) no dia de cavar o solo em Suten-henen. Ó vós que fazeis (31) almas perfeitas entrarem no Salão de Osíris, fazei com que a alma aperfeiçoada de Osíris, o escriba (32) Ani, vitorioso [no Salão da Dupla Verdade], entre convosco na casa de Osíris. Que ele ouça como vós ouvis; que (33) veja como vós vedes; que ele permaneça como vós permaneceis; que ele se sente como (34) vós sentais!

Ó vós que dais pão e cerveja às almas aperfeiçoadas no Salão de (35) Osíris, dai pão e cerveja nas duas estações à alma de Osíris Ani, que é (36) vitorioso diante de todos os deuses de Abtu, e que é vitorioso convosco.

(37) Ó vós que abris o caminho e liberais a passagem para almas perfeitas no Salão de (38) Osíris, abri o caminho e liberai as passagens (39) para a alma de Osíris, o escriba e administrador de todas as oferendas divinas, Ani (40) [que é triunfante], convosco. Que ele entre com um coração ousado e que avance em paz da casa de Osíris. Que ele (41) não seja rejeitado, que não seja recusado, que ele entre [como] quiser, que saia [como] (42) desejar, e que seja vitorioso. Que sua ordem seja cumprida na casa de Osíris; que ele (43) caminhe e que possa falar convosco, e que ele seja uma alma glorificada convosco.[133] Ele não foi considerado em falta (44) lá, e a Balança está livre de [seu] julgamento."

Apêndice: após o primeiro capítulo, Naville publicou em seu *Todtenbuch* o texto de uma composição que também se refere ao funeral e que ele designou como Capítulo 1B. É intitulada "Capítulo sobre fazer a múmia ir para o submundo no dia do funeral". No entanto, o texto está mutilado em alguns lugares, e a versão seguinte foi feita com a ajuda de duas cópias do texto publicadas por Pleyte, *Chapitres Supplémentaires au Livre des Morts*, p. 182 e seguintes; e por Birch, *Proc. Soc. Bibl. Arch.*, 1885, p. 84 e seguintes.

---

131 – Var. 𓃭𓏏𓏤𓊖 "O Carneiro, senhor de Tattu", quer dizer, Osíris.

132 – Ou *setem* 𓏏𓊃𓐍, um sacerdote de Ptah em Mênfis.

133 – Isto é, no Salão da Dupla Verdade.

[Capítulo 1B.] "Louvado sejas[134], Ó tu que vives em Set-Sert de Amenta. Osíris, o escriba Nekht-Amen, triunfante, conhece teu nome. Livra-o dos vermes que estão em Re-stau, e que se alimentam dos corpos dos humanos e bebem seu sangue. Osíris, o favorecido de sua cidade divina, o escriba real Nekht-Amen, triunfante, é conhecido por vós [ó vermes] e conhece vossos nomes. Esta é a primeira ordem de Osíris, o Senhor de Tudo, que completou todas as suas obras ocultas: "Dá fôlego [para aqueles] que temem aqueles que estão na Baía da Corrente de Amenta. Ele ordenou os planos de... Seu trono está colocado no meio da escuridão, e lá é dada a ele glória em Restau. Ó deus da luz, desça a mim e engula os vermes que estão em Amenta. O grande deus que habita em Tattu, a quem ele não vê, ouve suas orações. Aqueles que estão aflitos temem aquele [o deus] que vem com a sentença no bloco sagrado. Osíris, o escriba real Nekht-Amem, vem com o decreto do Senhor de Tudo, e Hórus tomou posse de seu trono para ele. Ele vem com notícias; [que ele entre] de acordo com sua palavra e que ele veja Annu. Os nobres se puseram de pé diante dele, e os escribas o engrandecem. Os príncipes amarram suas faixas e fazem festivais para ele em Annu. Para ele, o céu foi levado cativo; ele tomou a herança da terra nas mãos. Nem o céu nem a terra podem lhes ser tirados, pois eis que ele é Rá, o primogênito dos deuses. Sua mãe o amamenta, ela lhe dá o seio do céu".

[*Rubrica*] As palavras deste capítulo devem ser recitadas depois que [o falecido] for sepultado em Amenta.

Texto: [Capítulo 22][135] (1) CAPÍTULO SOBRE DAR UMA BOCA (2) PARA OSÍRIS ANI, O ESCRIBA E CONTADOR DAS OFERENDAS SAGRADAS DE TODOS OS DEUSES. QUE ELE SEJA VITORIOSO EM NETER-KHERT! (3) "Ergui-me do ovo na terra oculta. Que minha boca me seja dada (4), que eu possa falar com ela perante o grande deus, o senhor do submundo. (5) Que minha mão e meu braço não sejam forçados para trás pelos santos (6) ministros de qualquer deus. Eu sou Osíris, o senhor da entrada da tumba; e Osíris,

---

134 – O deus a quem se dirige é Anúbis, que na vinheta é mostrado de pé ao lado do caixão.

135 – O papiro Nebseni tem uma vinheta na qual o "Guardião da Balança" é mostrado tocando a boca do falecido. Em outros casos, o falecido toca a própria boca.

o vitorioso escriba Ani, tem uma parte[136] com ele (7) que está no topo dos degraus. Conforme o desejo de meu coração, eu vim do Poço de Fogo, e eu o apaguei. (8) Louvado sejas, ó tu, senhor da luz, tu que estás no topo da Grande Casa, e que habita na noite (9) e na escuridão espessa; vim a ti. Eu sou glorioso, eu sou puro; meus braços (10) te sustentam. Tua porção será com aqueles que foram antes. Concede-me minha boca para que eu possa falar (11) ali, e que eu possa seguir meu coração quando ele passar pelo fogo e pela escuridão".

[*Rubrica do Capítulo* 72] (1). Se este texto for (2) conhecido [pelo falecido] na terra e este capítulo for escrito sobre [seu] sarcófago, ele sairá para o (3) dia em todas as formas de existência que desejar, e adentrará [seu] lugar e não será rejeitado. (4) Pão, cerveja e carne serão dados a Osíris, o escriba Ani, no altar de Osíris. Ele (5) entrará nos Campos de Aaru em paz para aprender as ordens daquele que habita em Tattu; (6) lá, trigo e cevada serão dados a ele; lá, ele florescerá como fez na (7) terra; e ele fará tudo o que lhe agradar, assim como [fazem] os deuses que estão no submundo, (8) por milhões de eras eternas, mundo sem fim.

Apêndice: o texto do capítulo 72 não ocorre no Papiro de Ani. É dado por Naville (ver *Todtenbuch*, I, Bl. 84) a partir de um papiro no Louvre. Nas vinhetas que o acompanham, o falecido é representado adorando três deuses, os quais estão de pé em um santuário ou sentados em cima dele. Em outros casos, o falecido está ao lado de um baú sepulcral ou do lado de fora de um pilar com as mãos levantadas em adoração. A seguir, tem-se uma tradução do texto do Louvre:

(1) CAPÍTULO SOBRE A SAÍDA PARA O DIA E A PASSAGEM PELO AMMAHET. (2) "Louvados sejam, ó senhores de *kas*, senhores da retidão e da verdade, infalíveis, que durarão para sempre e existirão por incontáveis eras, concedam que (3) eu possa adentrar tua [presença]. Eu, também eu, sou puro e santo, e obtive poder sobre os feitiços que são meus. Julgado (4) fui em minha forma glorificada. Livrai-me do crocodilo que está no

---

136 – O papiro Nebseni traz: "Osíris, senhor de Re-stau, é o ser que está no topo dos degraus" ⟨𓀀⟩. O papiro de Ani incorretamente traz "seu topo".

lugar dos senhores da retidão e da verdade. Concedam-me (5) minha boca para que eu possa falar com ela. Que oferendas sejam feitas a mim em tua presença, pois eu os conheço e sei teus nomes, e eu sei (6) o nome do grande deus. Concedam abundância de alimento para as narinas dele.

O deus Rekem passa pelo horizonte ocidental do céu. Ele (7) segue viagem, e eu sigo viagem, ele avança, e eu avanço. Que eu não seja destruído no lugar *Mesqet*, que o Maligno não me domine; não me deixeis ser afastado de teus portões; (8) que não se fechem as tuas portas contra mim; pois [comi] pão em Pe e bebi cerveja em Tepu. Se meus braços estiverem agrilhoados na (9) habitação sagrada, que meu pai Tmu estabeleça para mim minha mansão no lugar acima [desta] terra, onde há trigo e cevada em abundância de modo que não podem ser contados. Que lá se façam banquetes para mim, para minha alma e para meu (10) corpo. Conceda-me até mesmo as oferendas dos mortos, pão, cerveja e vinho, bois e patos, ataduras de linho e incenso, cera e todas as coisas boas, belas e puras pelas quais os deuses vivem. Que eu possa ressurgir em todas as formas que (11) eu desejo, sem falta e para sempre. Que eu navegue para cima e para baixo pelos campos de Aaru; que eu possa ir para lá em paz; pois eu sou o duplo deus-leão."

PRANCHAS 7 A 10

Vinheta: A vinheta dessas pranchas, formando uma composição, percorre o topo do texto. Os temas são:

Prancha 7. 1. Ani e sua esposa no salão *seh*[137]; ele está movendo uma peça em um tabuleiro de damas (para ilustrar as linhas 3 e 4 do texto).

2. As almas de Ani e de sua esposa em pé, em cima de um edifício em forma de pilar. Os hieróglifos ao lado da alma de Ani dizem 𓃀𓄿𓏏𓇋𓅃 *ba en Ausar*, "a alma de Osíris".

3. Uma mesa de oferendas, sobre a qual estão um vaso de libação 𓎺, plantas e flores de lótus 𓇥𓇥.[138]

4. Dois leões sentados de costas e sustentando o horizonte 𓈌, sobre o qual se estende o céu 𓇯. O leão à direita é chamado 𓊃𓆑𓏏 *Sef*, que quer dizer "ontem", e o da esquerda, 𓇼𓅓𓊗𓇳 *Tuau*, que significa "amanhã" (para ilustrar as linhas 13-16).

5. O pássaro *bennu*[139] 𓃀𓈖𓏌𓅡 e uma mesa de oferendas (para ilustrar as linhas 26-30).

---

137 – No papiro de Hunefer, a primeira cena desta vinheta é composta por Amenta 𓇋 e os sinais 𓊌 e 𓎺, que representam comida e bebida. De cada lado, está uma imagem do falecido, mas a da esquerda está voltada para a esquerda, e a da direita está voltada para a direita. (1) Compare também a variante do papiro de Mut-em-uaa. (2)

138 – Em muitos papiros, uma figura do falecido, ajoelhado em adoração diante dos leões que sustentam o horizonte, toma o lugar da mesa de oferendas. Aqui o artista provavelmente pretendia representar as almas de Ani e de sua esposa fazendo essas oferendas aos deuses-leões.

139 – O nome do santuário no qual o pássaro *bennu* era adorado era Het-bennu 𓉗𓅡𓉐. Os escritores gregos chamavam esse pássaro de fênix, e os egípcios o consideravam um símbolo de Osíris. Em texto citado por Brugsch (*Wörterbuch*, p. 397), diz-se que criou a si mesmo. O *bennu* também era adorado em Dióspolis Parva, no Alto Egito; dizia-se que a coxa de Osíris estava preservada em um de seus santuários, e seu falo, em outro.

6. A múmia de Ani jazendo em um esquife 🝊 dentro de um santuário funerário 🝋; a cabeça e o pé são Néftis e Ísis na forma de falcões 🝌 🝌. Sob o esquife, há vasos pintados para imitar mármore ou vidro variegado, uma caixa fúnebre, a paleta de Ani, entre outros.[140]

Prancha 8. 1.[141] O deus Heh 🝍, "Milhões de anos", usando o emblema dos "anos" sobre a cabeça e segurando um objeto semelhante na mão direita; ele está ajoelhado e estende a mão esquerda sobre uma piscina na qual está um olho 🝎 (para ilustrar a linha 46).

2. O deus *Uatch-ura* 🝏, "Grande Água Verde", com as mãos estendidas sobre duas piscinas; sob a mão direita, é chamada 🝐: *She en hesmen*, "Piscina de Natrão", e sob a mão esquerda 🝑 *She en Maaat*, "Piscina de Salitre *ou* Sal" (para ilustrar as linhas 47-50).

3. Um pilar com portas, chamado 🝒 *Re-stau*, "Portão das passagens fúnebres" (para ilustrar as linhas 56-58).

4. O *utchat* voltado para a esquerda, 🝓 no topo de um pilar (para ilustrar a linha 73).

5. A vaca (Fig. 1) 🝔 *Mehurt maat Ra*, "Mehurt, o olho de Rá", com um mangual 🝕, tendo na cabeça um disco e chifres 🝖, e, no pescoço, coleira 🝗 e *menat* 🝘 (para ilustrar as linhas 75-79).[142]

---

140 – Em muitos papiros, a alma do falecido na forma de um pássaro com cabeça humana é vista pairando sobre o cadáver (Fig. 1).

141 – O papiro de Ani omite os dois ureus mencionados nas linhas 33-36. De acordo com o papiro de Hunefer (papiro n. 9901 do Museu Britânico, eles representam o norte e o sul (Fig. 2).

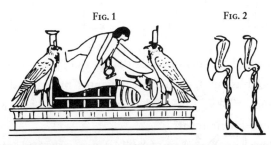

Fig. 1   Fig. 2

142 – No papiro de Hunefer (papiro n. 9901 do Museu Britânico), o deus Thoth é representado oferecendo o utchat para a vaca Mehurt (Fig. 2).

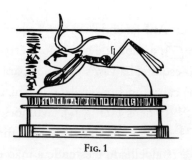

Fig. 1

6. Um baú fúnebre ⬚ do qual emerge a cabeça de Ráe, seus dois braços e mãos, cada um segurando o emblema da vida ☥. O baú, chamado de ⬚ *aat Abtu*, "o distrito de Abidos", ou o "lugar do enterro do leste", tem, na sua lateral, imagens dos quatro filhos de Hórus que protegem os intestinos de Osíris ou o falecido.

Fig. 2

À direita estão ⬚ Tuamautef e ⬚ Qebhsennuf, e à esquerda, ⬚ Mestha e ⬚ Hapi (para ilustrar as linhas 82, 83).

Prancha 9. 1. Figuras de três deuses que, junto a Mestha, Hapi, Tuamautef e Qebhsennuf, são os "sete radiantes" mencionados na linha 99. Seus nomes são: ⬚ Maa-atef-f, ⬚ Kheri-beq-f e ⬚ Heru-khent-maati.

2. O deus ⬚ Anpu (Anúbis), com cabeça de chacal.

3. Figuras de sete deuses, cujos nomes são Netchehnetcheh, Aaqetqet, Khenti-heh-f,[143] Ami-unnut-f,[144] Tesher-maa,[145] Bes-maa-em-kerh,[146] e An-em-hru[147] (para ilustrar as linhas 99-106).

4. A alma de Rá e a alma de Osíris na forma de um pássaro com cabeça humana usando a coroa conversando em Tattu, uma cena de ocorrência muito rara que ilustra as linhas 111 e 112.

Fig. 3

Prancha 10. 1. O Gato, ou seja, o Sol, que habita perto da árvore persea em Heliópolis, cortando a cabeça da serpente Apepi, que representa seus inimigos.[148]

2. Três divindades sentadas, segurando facas. Provavelmente são: Sau, Hórus de Sekhem e Nefer-Tmu.

---

143 – Significado: "Ele habita em sua chama".

144 – Significado: "Aquele que está em sua hora".

145 – Significado: "Vermelho de ambos os olhos".

146 – Significado: "Chama vendo na noite".

147 – Significado: "Trazendo de dia".

148 – Compare a seguinte variante de um papiro em Dublin. No papiro de Hunefer, antes da cena do Gato cortando a cabeça de Apepi, há outra em que o falecido é representado ajoelhado, em adoração, diante de cinco deuses com cabeça de carneiro, cujos nomes são Ra, Shu, Tefnut, Seb e Ba-[neb]-Tattu.

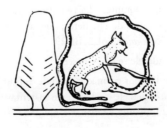

3. Ani e a esposa, Thuthu, que segura um sistro 🜊, ajoelhados, em adoração diante do deus Kheperacom cabeça de besouro, o qual está sentado no barco do sol nascente (para ilustrar as linhas 116 e seguintes).

4. Dois macacos representando Ísis e Néftis (para ilustrar os versos 124, 125).

5. O deus Tmu, sentado dentro do disco solar no barco do sol poente, diante de uma mesa de oferendas.

6. O deus Rehu, na forma de um leão (para ilustrar o verso 133).

7. A serpente Uatchit, a senhora da chama, um símbolo do olho de Rá, enrolada em uma flor de lótus. Acima está o emblema do fogo 🜂.

Texto: [Capítulo 17] (1) aqui começam os louvores e glorificação da saída e entrada (2) no glorioso neter-khert, no belo amenta, da saída para o dia[149] em todas as formas de existência que o agradem (isto é, o falecido), do jogar damas e sentar-se no (3) salão de *seh*, e do avançar como uma alma vivente.

Contemple Osíris, o escriba Ani, depois que (4) ele chegou ao seu local [de descanso]. O que foi feito na terra [por Ani], sendo abençoado, todas (5) as palavras do deus Tmu se realizam. "Eu sou o deus Tmu em [minha] ascenção;[150] Eu sou o Único. Eu vim à existência em Nu. (6) Eu sou Rá que se elevou no princípio. [Ele governou o que criou.]

(7) Quem, então, é este? É Rá, o que se elevou pela primeira vez na cidade de (8) Suten-henen, [coroado] como rei em [sua] ascensão. Os pilares de Shu[151] ainda não haviam sido criados quando ele estava no (9) lugar alto daquele que está em Khemennu.

---

149 – Algumas cópias dizem: "para estar com os seguidores de Osíris e alimentar-se da comida de Un-nefer, para surgir durante o dia"; e outros, "que eu beba água nas fontes dos riachos e esteja entre os seguidores de Un-nefer; que eu veja o disco todas as manhãs". Para os textos, ver Naville, *Todtenbuch*, vol. 2, Bl. 29.

150 – Isto é, o deus-sol quando ele se põe e nasce.

151 – Shu era filho de Ra e Hathor e irmão gêmeo de Tefnut. Ele representava a luz do sol e separava a terra do céu, o qual ele estabeleceu e sustentava. Para um desenho de Shu e de seus quatro apoios, veja Lanzone, *Dizionario*, tav. 385.

"Eu sou o grande deus que deu à luz a si mesmo, até Nu, (10) [que] criou seu nome *Paut Neteru*[152] como deus."

Quem, então, (11) é este? É Rá, o criador do(s) nome(s) de seus membros, que surgiram (12) na forma dos deuses no séquito de Rá.

"Eu sou aquele que não é afastado de entre os deuses."

(13) Quem, então, é este? É Tmu em seu disco, ou (como outros dizem), é Rá em (14) sua ascensão no horizonte oriental do céu.

"Eu sou Ontem; eu conheço (15) Amanhã."

Quem, então, é este? Ontem é Osíris, e (16) Amanhã é Rá no dia em que ele destruirá os (17) inimigos de Neb-er-tcher, quando consagrará como príncipe e governante (18) seu filho Hórus, ou (como outros dizem) no dia em que comemoramos o festival (19) do encontro do falecido Osíris com seu pai Rá, quando a batalha dos (20) deuses foi travada na qual Osíris, senhor de Amentet, era o líder.

O que é isso, então? (21) É Amentet, [quer dizer] a criação das almas dos deuses quando Osíris era o líder em Set-Amentet; ou (22) (como outros dizem), Amentet é aquilo que Rá me concedeu; quando algum deus vem, ele se levanta e (23) batalha por isso.

"Eu conheço o deus que lá habita."

(24) Quem é este, então? É Osíris", ou (como outros dizem) Rá é o seu nome, mesmo Rá (25) o autocriado.

"Eu sou o pássaro *bennu* (26) que está em Annu, e sou o guardião do volume do livro das coisas[153] que são e das coisas que haverão de ser."

Quem (27), então, é este? É Osíris, ou (como outros dizem), é seu corpo morto, ou (como outros dizem) (28) é sua imundície. As coisas que são e as que haverão de ser, são seu corpo morto; ou (como outros dizem) (29) eles são eternidade e infinitude. Eternidade é o dia, e infinitude (30) é a noite.

---

152 – Que significa "substância dos deuses".

153 – Ou: "Eu sou aquele que preside o arranjo (ou ordenação) das coisas". Birch o traduz como: "O Criador de seres e existências" e Pierret: "O rei da existência e dos seres". Em um hino, Rá é chamado *neb enti*, "senhor das coisas que são", e *ari enti*, "criador das coisas que são", e *ari unenet*, "criador das coisas que serão".

"Eu sou o deus Amsu[154] em sua vinda; que suas (31) duas plumas sejam postas sobre minha cabeça."

Quem, então, é este? Amsu é Hórus, o (32) vingador de seu pai, e seu avanço é seu nascimento. As (33) plumas sobre sua cabeça são Ísis e Néftis, quando saem para se colocar (34) lá, tal qual suas protetoras[155], e elas fornecem o que (35) falta à cabeça dele[156], ou (como outros dizem) elas são os dois grandiosos ureus que estão sobre a cabeça de seu (36) pai Tmu, ou (como outros dizem) os dois olhos dele são as duas plumas.

(37) "Osíris Ani, o escriba de todas as ofertas sagradas, eleva-se em seu lugar em triunfo; ele adentra em (38) sua cidade."[157]

O que é isso, então? É o horizonte de seu pai Tmu.

(39) "Eu pus um fim às minhas deficiências e abandonei minhas falhas."

O que, então (40), é isso? É o corte do corruptível[158] no corpo de Osíris, o escriba Ani, (41) triunfante diante de todos os deuses; e todos os seus defeitos são eliminados.

(42) O que é isso, então? É a purificação [de Osíris] no dia de seu nascimento.

(43) "Eu estou purificado em meu enorme ninho duplo[159] que está em Suten henen(44) no dia das oferendas dos seguidores do grande deus que está nele."

---

154 – ⳥ⳤ O nome desse deus foi lido primeiramente Khem e depois Min, mas foi provado que a leitura correta é Amsu (compare as variantes em Naville, *Todtenbuch*, vol. 2, Bl. 41). Esse deus estava associado a Amen-Ra e representava o poder de reprodução. A sede de sua adoração era Apu ⳤ⳥ⳤ, a Panópolis dos gregos e o Akhmîm dos escritores árabes. Figuras de Amsu, em bronze e faiança, são comuns, e bons exemplos são os números 43, 44, 45, 46, 47a e 13.520 na Terceira Sala Egípcia.

155 – Ou "avós". Ísis era a "tcherti maior" e Néftis a "tcherti menor".

156 – As principais leituras variantes são ⳤ⳥ⳤ⳥ⳤ ⳤ⳥ⳤ ⳤ⳥ⳤ.

157 – O papiro do Museu Britânico nº 9.900 traz: "Ergo-me em minha terra, venho de (ou em) meu olho". O papiro de Kenna, em Leyden, possui o mesmo texto que o de Ani.

158 – O papiro de Kenna traz ⳤ⳥ⳤ "as partes traseiras".

159 – As variantes principais são ⳤ⳥ ⳤ⳥ ⳤ e ⳤ⳥.

(45) O que é isso, então? "Milhões de anos" é o nome de um [ninho], (46) "Lago Verde"[160] é o nome do outro; uma piscina de natrão e uma piscina de salitre (47); ou (como outros dizem) "O Atravessador de Milhões de Anos" é o nome de um, "Grande Lago Verde" (48) é o nome de outro; ou (como outros dizem) "O Progenitor de Milhões de Anos" é o nome de um, "Lago Verde" é (49) o nome do outro. Ora, quanto ao grande deus que está nele, é o próprio Rá. (50)

"Passo pelo caminho, conheço a cabeceira[161] da Piscina de Maat."[162]

(51) O que é isso, então? É Re-stau[163]; ou seja, é o submundo no (52) sul de Naarut-f, e é a porta norte da tumba.

Agora, com relação a (53) She-Maaat[164], é Abtu; ou (como outros dizem) é a estrada pela qual seu (54) pai Tmu viaja quando ele vai para Sekhet-Aaru[165], (55) que traz o alimento e sustento dos deuses atrás do santuário. (56) Agora, o Portão de Sert[166] é o portão dos pilares de Shu, (57) o portão norte do submundo; ou (como outros dizem) são as duas folhas da porta pelas quais (58) o deus Tmu passa quando sai para o horizonte oriental do céu.

(59) "Ó deuses que estão na presença[167] (de Osíris), concedei-me teus braços, pois eu sou o deus (60) que surgirá entre vós."

O que é isso, então? São as gotas de sangue (61) que caíram de Rá quando ele avançou (62) para se cortar. Elas surgiram como os deuses Hu e Sa, que estão no (63) séquito de Rá e que acompanham Tmu (64) em cada um dos dias.

---

160 – De acordo com Brugsch (*Dict. Géog.* p. 179), "Lago Verde" é o nome de um dos dois lagos sagrados de Heracleópolis Magna.

161 – Literalmente, "cabeças".

162 – Para o local com este nome no Egito, veja Brugsch, *Dict. Geog.*, p. 248.

163 – Ou seja, "a porta das passagens do túmulo".

164 – Ou seja, a "Piscina da Dupla Verdade".

165 – Após o nome Sekhet-Aaru, o papiro nº 9900 do Museu Britânico traz 𓄿𓃀𓏏𓏤: "Eu vim para a terra do [...] Eu vim do portão Ser". "Então, o que é isso?" O papiro de Ani omite essa passagem.

166 – De acordo com Brugsch, 𓊃 deve ser lido *T'eser* 𓊃. Em 1867, dr. Birch traduziu: "Eu vou do Portão do Taser".

167 – Uma variante diz 𓏏𓆳𓀭 "quem está entre seus seguidores". Ver Naville, *Todtenbuch*, vol. 2. 49.

"Eu, Osíris, Ani (65) o escriba, triunfante, preenchi para ti o *utchat*[168] depois que escureceu (66)[169] no dia da luta dos Dois Combatentes."[170]

O que (67) é isso, então? É o dia em que Hórus lutou contra (68) Set, que lançou sujeira na face de Hórus, e quando Hórus destruiu os (69) poderes de Set. Thoth fez isso com as próprias mãos.

(70) "Eu levanto o cabelo[-nuvem][171] quando há tempestades no céu."

O que é isso, então? (71) É o olho direito de Rá, que se enfureceu contra [Set] quando (72) ele o enviou. Thoth levanta o cabelo[-nuvem] e traz o olho (73) vivo, inteiro, são e sem defeito para [seu] senhor; ou (como outros dizem) é o olho de Rá quando está doente e quando (74) chora por seu outro olho; então, Thoth se levanta para purificá-lo.

(75) "Eu contemplo Rá, que nasceu ontem das (76) nádegas da vaca Meh-urt; a força dele é minha força, e minha força é a força dele."

O que (77) é isso, então? É a água do céu, ou (como outros dizem) (78) é a imagem do olho de Rá pela manhã em seu nascimento diário. (79) Mehurt é o olho de Rá. Portanto, Osíris, o (80) escriba Ani, triunfante, [é] um grande entre os deuses (81) que estão no séquito de Hórus. As palavras são faladas para aquele que ama seu senhor.

(82) O que é isso, então? [quer dizer, quem são esses deuses?] Mestha, Hapi, Tuamautef e Qebhsennuf.

(83) "Louvores a vós, ó senhores da retidão e da verdade, e vós, santos que [ficais] atrás de Osíris, que eliminam completamente (84) pecados e crimes, e [vós] que fazem parte do séquito da deusa Hetep-se(8 5)-khus, conceda para que eu possa ir até vós. Destrua todos os defeitos que (86) estão dentro de mim, assim como fizestes para os sete Radiantes (87) que estão entre os seguidores de seus senhor Sepa. (88) Anúbis designou o lugar deles no dia [quando foi dito], 'Venham, portanto, para cá'."

---

168 – Ou seja, o olho do Sol.

169 – Algumas variantes dizem 🔲 "perfurado".

170 – Rehui foi um nome dado em primeira instância a Hórus e Set, mas posteriormente foi aplicado a quaisquer dois combatentes. O papiro nº 10.184 do Museu Britânico (Sallier IV) afirma que a batalha entre Hórus e Set ocorreu no 26º dia do mês de Thoth, ou seja, outubro.

171 – O escriba omitiu as palavras *em utchat*, "do olho do sol". A palavra *shen* é um nome para as nuvens que cobrem o olho do sol e que parecem cabelos. Brugsch, em seu *Wörterbuch* (Supl.), diz que a palavra significa "tempestade".

O que (89) é isso, então? Esses senhores da retidão e da verdade são Thoth e (90) Astes, senhor de Amenta. Os santos que estão atrás de Osíris, mesmo Mestha, (91) Hapi, Tuamautef e Qebhsennuf, são aqueles encontrados (92) atrás da Coxa no céu do norte. Aqueles que eliminam (93) pecados e crimes e que seguem a deusa Hetep-se-khus (94) são o deus Sebek nas águas. A deusa Hetep-se-khus é o olho de (95) Rá, ou (como outros dizem) é a chama que segue após Osíris para queimar (96) as almas de seus inimigos. Quanto a todas as falhas que estão (97) em Osíris, o escriba das oferendas sagradas de todos os deuses, Ani, triunfante, [são tudo o que ele fez contra os senhores da eternidade] desde que ele surgiu (98) do ventre de sua mãe. Referente (99) aos sete Radiantes, mesmo Mestha, Hapi, Tuamautef, Qebhsennuf, (100) Maa-atef-f, Kheri-beq-f e Hórus-Khenti-maa, Anúbis os nomeou (101) protetores do corpo de Osíris, ou (como outros dizem)(102) [colocou-os] atrás do local de purificação de Osíris; ou (como outros dizem) esses sete gloriosos são (103) Netcheh-netcheh, Aqet-qet, An-erta-nef-bes-f-khenti-heh-f,[172] (104) Aq-her-unnut-f,[173] Tesher-maa-ammi (105) -het-Anes,[174] Ubcs-hra-per-em-khet khet[175] e Maa (106) -em-qerh-an-nef-em-hru.[176] O chefe dos santos (107) que ministram sua câmara é Hórus, o vingador de seu pai. Quanto ao dia (108) [no qual foi dito] "Venha, portanto, para cá", diz respeito às palavras: "Venha, (109) portanto, para cá", que Rá falou a Osíris. Eis que isso seja decretado para mim em Amentet.

"Eu sou a alma que habita nos dois (110) *tchafi*."

O que é isso, então? É Osíris [quando] entra em Tattu (111) e lá encontra a alma de Rá; lá o único deus (112) abraça o outro, e as almas surgem dentro dos dois *tchafi*.[177]

---

172 – Que significa: "Ele não dá sua chama, ele habita no fogo".

173 – Significado: "Ele avança na sua hora".

174 – Significado: "Aquele que tem dois olhos vermelhos, o morador em Het-Anes". De acordo com Brugsch (*Dict. Geog.*, p. 64), Het-Anes, quer dizer, a "casa de pano", era um distrito pertencente ao templo de Suten-henen ou Heracleopolis no Alto Egito.

175 – Significado: "Rosto flamejante surgindo, partindo".

176 – Significado: "Aquele que vê durante a noite e lidera durante o dia".

177 – Esta leitura difere da de qualquer outro papiro desse período. Após as palavras "ganhar existência dentro dos dois *tchafi*", o papiro de Nebseni traz: "É Hórus, o vingador

["Eu sou o Gato que lutou perto da árvore Persea em Annu, na noite em que os inimigos de Neb-er-tcher foram destruídos."]

O que é isso? O gato macho é o próprio Rá, e ele é chamado Maau[178] por causa do discurso do deus Sa [que disse] a respeito dele: "Ele é como (*maau*) ao que ele criou, e seu nome se tornou Maau"; ou (como outros dizem) é Shu quem transfere as posses de Seb para Osíris. Quanto à luta ao lado da árvore Persea próxima, em Annu, ela diz respeito aos filhos da revolta impotente quando a justiça é executada sobre eles pelo que fizeram. Quanto às [palavras] "naquela noite da batalha", elas se referem à invasão [dos filhos da revolta impotente] à parte oriental do céu, após a qual começou uma batalha no céu e em toda a terra.

"Ó tu que estás no ovo (isto é, Rá), que brilhas do teu disco e te elevas no teu horizonte, e que brilhas como ouro acima do céu, igual a quem não há entre os deuses, que navegas acima dos pilares de Shu (isto é, o éter), que dá rajadas de fogo de tua boca, [que tornas as duas terras radiantes com teu esplendor, liberta] os fiéis adoradores do deus cujas formas estão ocultas, cujas sobrancelhas são como os dois braços da balança na noite do ajuste de contas da destruição."

Quem, então, é este? É An-af, o deus que traz o braço. Quanto às [palavras] "aquela noite do ajuste de contas da destruição", é a noite da queima dos condenados e da derrota dos ímpios no bloco [sagrado] e da matança de almas.

Quem, então, é este? É Nemu, o carrasco de Osíris; ou (como outros dizem) é Apep quando ele se eleva com uma cabeça levando *maat* (quer dizer, retidão e verdade) [sobre ela]; ou (como outros dizem) é Hórus quando ele se eleva com duas cabeças, das quais uma carrega *maat*, e a outra, perversidade. Ele concede perversidade àquele que comete perversidade, e *maat* àquele que segue a retidão e a verdade; ou (como outros dizem) é o grande Hórus que habita em [Se]khem; ou (como outros dizem) é Thoth;

---

de seu pai, e Horus-khenti-en-maa", ou (como outros dizem) "as duas almas dentro do tchafi' são a alma de Rá [e] a alma de Osíris, [ou] a alma que está em Shu e a alma que está em Tefnut, isto é, as duas almas que estão em Tattu". Parece que o escriba do papiro de Ani acidentalmente omitiu uma longa seção aqui; o texto é, portanto, fornecido entre colchetes a partir do papiro Nebseni, Prancha 14, l. 16 e seguintes.

178 – Observe o jogo de palavras *maau*, "gato", e *maau*, "gostar".

ou (como outros dizem) é Nefer-Tmu, [ou] Sept,[179] que frustra a ação dos inimigos de Neb-er-tcher.

"Livrai-me dos Vigilantes que carregam facas de abate, que têm dedos cruéis,[180] e que matam aqueles que fazem parte do séquito de Osíris. Que eles nunca me derrotem, que eu nunca caia sob suas facas."

"O que é isso, então? É Anúbis, e é Hórus na forma de Khent-en-maa; ou (como outros dizem) são os Governantes Divinos que frustram as obras de suas [armas]; são os chefes da câmara *sheniu*.

"Que suas facas jamais tenham domínio sobre mim, que eu nunca caia sob seus instrumentos de crueldade, pois conheço seus nomes e conheço o ser Matchet[181] que está entre eles na casa de Osíris, disparando raios de luz de [seu] olho, mas ele próprio é invisível. Ele anda pelo céu vestido com a chama da própria boca, comandando Hapi, mas permanecendo invisível. Que eu seja forte na terra diante de Rá, que eu chegue feliz ao refúgio na presença de Osíris. Que suas oferendas não me sejam prejudiciais, ó vós que presidis seus altares, pois estou entre aqueles que seguem Neb-er-tcher de acordo com os escritos de Khepera. Eu voo como um falcão, cacarejo como um ganso; eu até mato, assim como a deusa serpente Nehebka."

O que é isso, então? Aqueles que presidem nos altares são a semelhança do olho de Rá e a semelhança do olho de Hórus.

"Ó Rá-Tmu, senhor da Grande Casa, príncipe, vida, força e saúde de todos os deuses, livra[-me] do deus cujo rosto é como o de um cachorro, cujas sobrancelhas são como as de um homem, e que se alimenta dos mortos, que vigia na Baía do Lago de Fogo, que devora os corpos dos mortos e engole os corações, e que atira imundície, mas ele mesmo permanece invisível."

Quem é este, então? "Devorador por milhões de anos" é seu nome, e ele mora no Lago de Unt. Quanto ao Lago de Fogo, é aquele que está em Anrutf, perto da câmara *de Shenit*. O homem impuro que andaria por ali cairia entre as facas; ou (como outros dizem) seu nome é "Mathes",[182]

---

179 – Muitos papiros dizem "Nefer-Tmu, filho de Bast, e o *tchatcha*".

180 – Ou instrumentos de morte.

181 – Quer dizer, o "Opressor".

182 – Aquele com uma faca.

e ele é o vigia da porta de Amenta; ou (como outros dizem) seu nome é "Heri-sep-f".

"Salve, Senhor do terror, chefe das terras do Norte e do Sul, senhor do brilho vermelho, que prepara o bloco de matança e que se alimenta das entranhas!"

Quem é este, então? O guardião da Baía de Amenta.

O que é isso, então? É o coração de Osíris, o devorador de todas as coisas abatidas. A coroa *urerit* foi dada a ele com expansões do coração como senhor de Suten-henen.

O que é isso, então? Aquele a quem foi dada a coroa *urerit* com expansões do coração, como senhor de Suten-henen, é Osíris. Ele foi convidado a governar entre os deuses no dia da união da terra com a terra na presença de Neb-er-tcher.

O que é isso, então? Aquele que foi designado para governar entre os deuses é [Hórus] o filho de Ísis, nomeado para governar no lugar de seu pai, Osíris. Quanto ao dia da união da terra com a terra, é a mistura da terra com a terra no caixão de Osíris, a Alma que vive em Suten-henen, o doador de comida e bebida, o destruidor do erro e o guia dos caminhos eternos.

Quem é este, então? É o próprio Rá.

"Livra-me tu do grande deus que arrebata as almas, que devora a imundície e come a sujeira, o guardião da escuridão [que ele mesmo vive] na luz. Aqueles que estão na miséria o temem."

Quanto às almas dentro do (113) *tchafi*, [eles são aqueles que estão] com o deus que arrebata a alma, que come corações e que se alimenta (114) de restos, o guardião da escuridão que está dentro do barco *seker*; aqueles que vivem no crime (115) o temem.

Quem é este, então? É Suti, ou (como outros dizem) é Smam-ur,[183] (116) a alma de Seb.

"Salve Khepera em teu barco, a dupla companhia dos deuses é teu corpo. Protege tu, Osíris (117) Ani, triunfante, dos observadores que julgam, que foram designados por Neb-er(118)-tcher para protegê-lo e agrilhoar seus inimigos, e que matam na carnificina (119); não há como escapar de suas garras. Que eles nunca me apunhalem com suas facas, (120) que eu

---

183 – Quer dizer, "Grande matador".

nunca caia desamparado em suas câmaras de tortura (121). Jamais as coisas que os deuses odeiam foram feitas por mim, pois eu sou puro dentro do Mesqet. (122) Bolos de açafrão foram trazidos a ele em Tanenet."

Quem, então, é este? (123) É Khepera em seu barco. É o próprio Rá. Os observadores (124) que julgam são as símias, Ísis e Néftis. As coisas que os deuses odeiam (125) são iniquidade e falsidade; e aquele que passa pelo local de purificação dentro do Mesqet é Anúbis, que está (126) atrás do baú que contém as entranhas de Osíris.

Aquele a quem foram trazidos bolos de açafrão (127) em Tanenet é Osíris; ou (como outros dizem) os bolos de açafrão (128) em Tanenet são o céu e a terra, ou (como outros dizem) eles são Shu, o fortalecedor das duas terras em (129) Suten-henen. Os bolos de açafrão são o olho de Hórus; e Tanenet é a sepultura (130) de Osíris.

Tmu construiu tua casa, e o duplo deus-leão fundou tua habitação; (131) veja! drogas são trazidas, Hórus purifica e Set fortalece, e Set purifica e Hórus fortalece.

(132) "O Osíris, o escriba Ani, triunfante diante de Osíris, entrou na terra e a possuiu com seus pés. Ele é Tmu, e ele está na cidade."

(133) "Volta-te, ó Rehu, cuja boca brilha, cuja cabeça se move, afasta-te diante da força dele"; ou (como outros dizem) afaste-se daquele que vigia (134) e não é visto. "O Osíris Ani é guardado com segurança. Ele é Ísis, e ele se encontra (135) com o cabelo [dela] espalhado sobre ele. Eu o sacudo sobre sua testa. Ele foi concebido em Ísis e gerado em (136) Néftis; e cortaram dele as coisas que deveriam ser cortadas."

O medo segue atrás de ti, o terror está sobre teus (137) braços. Tu és abraçado por milhões de anos nos braços [das nações]; mortais andam ao teu redor. Tu derrotas os mediadores de teus (138) inimigos, e tu agarras os braços dos poderes das trevas. As duas irmãs (ou seja, Ísis e Néftis) são dadas a ti para teu deleite. (139) Tu criaste aquilo que está em Kheraba e aquilo que está em Annu. Todo deus teme a ti, pois tu és extremamente grande e terrível; tu [vingas] todo (140) deus no homem que o amaldiçoa, e tu atiras flechas… Tu vives de acordo com a tua vontade; tu és Uatchit, a Senhora da Chama. O mal vem (141) entre aqueles que se colocam contra ti.

O que é isso, então? O oculto na forma, concedido por Menhu, (142) é o nome da tumba. Ele vê [o que está] em [sua] mão, é o nome do santuário, ou (143) (como outros dizem) o nome do bloco. Agora ele, cuja boca brilha e cuja cabeça se move, é (144) um membro de Osíris, ou (como outros dizem) de Rá. Tu espalhas teu cabelo e eu o sacudo sobre a testa dele (145), fala-se sobre Ísis, que se esconde em seu próprio cabelo e puxa o próprio cabelo sobre si. Uatchi, a Senhora das Chamas, é o olho de Rá.

PRANCHAS 11 E 12

Vinheta 1: Ani e sua esposa, Thuthu, se aproximando do primeiro Arit[184], cuja cornija está ornamentada com ⸫⸫⸫⸫⸫, ou seja, símbolos de poder, vida e estabilidade. Na entrada estão sentados três deuses, o primeiro com cabeça de lebre, o segundo com cabeça de serpente e o terceiro com cabeça de crocodilo. O primeiro segura uma espiga de milho, e cada um dos outros, uma faca.

Texto [CAPÍTULO 147]: (1) O PRIMEIRO ARIT. O nome do porteiro é Sekhet-hra-asht-aru[3]; o nome do (2) vigia é Meti-heh nome do arauto é Ha-kheru.[185]

[PALAVRAS A SEREM DITAS QUANDO OSÍRIS CHEGA AO PRIMEIRO ARIT EM AMENTA]

Declara (3) Ani, triunfante, quando chega ao primeiro Arit: "Eu sou o poderoso que cria a própria luz. (4) Aproximei-me de ti, ó Osíris, e, purificado daquilo que te contamina, adoro-te. Conduz; (5) não mencione o nome de Re-stau para mim. Louvado seja, ó Osíris, em teu poder e em tua força (6) em Re-stau. Levanta-te e conquista, ó Osíris, em Abtu. Tu percorres o céu, tu navegas na presença de Rá, (7) tu vês todos os seres que têm conhecimento.[186] Salve Rá, que circulas no [céu]. Em verdade, eu [te] digo, ó Osíris, eu sou um (8) governante divino. (9) Que eu não seja expulso daqui[187] (10) nem da parede de brasas ardentes. [Eu] abri o caminho em Re-stau; (11) eu aliviei a dor de Osíris; [eu] abracei aquilo que foi pesado na balança; [eu] abri um caminho para ele no grande vale, e [ele] fez um caminho. Osíris resplandece."

---

184 – "Reverso de face: de muitas formas".

185 – "A voz que viaja." Var. "O de voz alta."

186 – Birch: "espíritos puros". Pierret: "inteligentes".

187 – Ou seja, o *Arit*.

Vinheta 2: O segundo Arit, guardado por três deuses; o primeiro com cabeça de leão, o segundo com cabeça de homem e o terceiro com cabeça de cachorro. Cada um segura uma faca.

Texto: (1) O SEGUNDO ARIT. O nome do (2) porteiro é Un-hat; (3) o nome do vigia é (4) Seqet-hra; o nome do arauto é Uset.

(6) Declara Osíris Ani, quando chega a este Arit: "Ele se assenta para realizar o desejo de seu coração e pesa (7) palavras como o segundo de Thoth. A força de Thoth[188] torna humildes os (8) deuses Maat ocultos[189] que se alimentam de Maat ao longo dos anos [de suas vidas].[190] Eu faço oferendas no (9) momento em que [ele] passa em seu caminho; eu passo e entro no caminho; concede-me que eu possa passar e que eu possa ver Rá com aqueles que fazem oferendas."

Vinheta 3: O terceiro Arit, guardado por três deuses; o primeiro com cabeça de chacal, o segundo com cabeça de cachorro e o terceiro com cabeça de serpente. O primeiro segura uma espiga de milho, e cada um dos outros, uma faca.

Texto: (1) O TERCEIRO ARIT. O nome do (2) porteiro é Qeq-hauau-ent-pehui;[191] o nome do (4) vigia é Se-res-hra;[192] o nome do arauto é Aaa.[193]

Declara Osíris Ani, [quando chega a este Arit]: (6) "Eu estou escondido [no] grande abismo, [eu sou] o juiz do Rehui.[194] Eu vim e acabei com as ofensas de Osíris. Estou construindo o lugar ereto (7) que sai de sua coroa de *urerit*. Eu fiz os negócios dele em Abtu, eu abri o caminho em Re-stau, eu (8) aliviei a dor que estava em Osíris. Eu endireitei seu lugar, e fiz [seu] caminho. Ele resplandece em Re-stau."

---

188 – Var. 𓄿𓏏𓆓𓂋𓏏 "a força de Osíris é a força de Thoth".

189 – Var. 𓏏𓄿𓂋𓏏 *Nemasa* e 𓊪𓏏𓄿𓂋𓏏 *Sah*, "Órion". A leitura em Lepsius é 𓏏𓄿𓂋𓏏 *Masti*, "deuses da coxa".

190 – Var. 𓏏𓄿𓂋𓏏 "seus anos são os anos de Osíris".

191 – Quer dizer, "comedor de sua própria imundície".

192 – Quer dizer, "levado a levantar o rosto".

193 – Quer dizer, "grandioso".

194 – Isto é, Hórus e Set.

Vinheta 4: O quarto Arit, guardado por três deuses; o primeiro com cabeça de homem, o segundo com cabeça de falcão e o terceiro com cabeça de leão. O primeiro segura uma espiga de milho, e cada um dos outros, uma faca.

Texto: (1) O QUARTO ARIT. O nome do (2) porteiro é Khesef-hra-asht- (3) kheru;[195] o nome do (4) vigia é Seres-tepu; (5) o nome do arauto é (6) Khesef-At.[196]

Declara Osíris, o escriba Ani, triunfante, [quando chega a este Arit]: "Eu sou o [poderoso] touro, o (7) filho da ancestral de Osíris. Concedei que o pai dele, o senhor de seus divinos (8) companheiros, possa testemunhar por ele. Aqui os culpados são julgados. Eu trouxe para (9) suas narinas a vida eterna. Eu sou o filho de Osíris, eu abri o caminho, eu passei por ele até Neter-khert."

PRANCHA 12

Vinheta 5: O quinto Arit, guardado por três deuses; o primeiro com cabeça de falcão, o segundo com cabeça de homem e o terceiro com cabeça de cobra. Cada um segura uma faca.

Texto: (1) O QUINTO ARIT. O (2) nome do porteiro é Ankh-f-em-fent;[197] o nome do (3) vigia é Shabu; o nome do arauto é Teb-hra-keha-kheft.

Declara Osíris, o escriba Ani, triunfante, [quando chega a este Arit]: "Eu trouxe a ti os ossos de tuas mandíbulas em Re-stau, eu trouxe tua espinha dorsal em Annu, (7) reunindo todos os teus membros lá.

(8) Eu rechacei Apep por ti. Eu derramei água sobre as feridas; eu fiz um caminho entre vocês. Eu sou o Ancião entre os deuses. Fiz oferendas a Osíris, que triunfou com a vitória, reunindo seus ossos e reunindo todos os seus membros."

---

195 – Quer dizer, "repelindo o rosto, grandioso na fala".

196 – Quer dizer, "o que repele o crocodilo".

197 – Quer dizer, "ele vive de vermes".

Vinheta 6: O sexto Arit, guardado por três deuses; o primeiro com cabeça de chacal, e o segundo e o terceiro com cabeça de cachorro. O primeiro segura uma espiga de milho, e cada um dos outros, uma faca.

Texto: (1) O SEXTO ARIT. (2) O nome do porteiro é Atek-au-kehaq-kheru; o nome do (4) vigia é An-hri; e (5) o nome do arauto é Ates-hra.

Declara Osíris, o escriba Ani, [quando chega a este Arit]: "Eu vim (7) diariamente, eu vim diariamente. Abri o caminho; eu passei por aquilo que foi criado por Anúbis. Eu sou o senhor da (8) coroa *urerit*... palavras mágicas. Eu, o vingador da retidão e da verdade, vinguei o olho dele. Eu envolvi o olho de Osíris, [eu] abri o caminho; Osíris Ani caminhou contigo..."

Vinheta 7: O sétimo Arit, guardado por três deuses; o primeiro com cabeça de lebre, o segundo com cabeça de leão e o terceiro com cabeça de homem. O primeiro e o segundo seguram uma faca, e o terceiro, uma espiga de milho.

Texto: (1) O SÉTIMO ARIT. O nome do (2) porteiro é Sekhem-Matenu-sen; o nome do (4) vigia é Aa-maa-kheru, (5) e o nome do arauto é Khesef-khemi.

Declara Osíris, [o escriba] Ani, [quando chega a este Arit]: (6) "Vim a ti, ó Osíris, que estás limpo de [tuas] impurezas. Tu atravessas o céu, tu vês Rá, tu vês os seres que têm conhecimento. Salve (7) Único! Eis que tu estás no barco sektet, Ele atravessa o horizonte do céu. Eu falo o que eu quero para o corpo dele; cresce forte e vem à vida, conforme ele falou. Tu afastas a face dele. Faz prosperar para mim todos os caminhos [que levam] a ti!"

Vinheta 1: Ani e sua esposa, Thuthu, com as mãos erguidas em adoração, aproximando-se do primeiro *Sebkhet* ou Pilar, que é guardado por uma divindade com cabeça de pássaro usando um disco na cabeça e sentada em um santuário cuja cornija é decorada com ornamentos *khakeru* 𓎱𓎱𓎱𓎱𓎱.

Texto: [CAPÍTULO 146] O PRIMEIRO PILAR. PALAVRAS A SEREM DITAS QUANDO [ANI] CHEGAR AO PRIMEIRO PILAR.

Disse Osíris Ani, triunfante: "Vejam, a senhora dos terrores, com paredes elevadas, a senhora soberana, a senhora da destruição, que profere as palavras que repelem os destruidores, que livra da destruição aquele que viaja pelo caminho. O nome do porteiro é Neruit."

Vinheta 2: O segundo Pilar, guardado por uma divindade com cabeça de leão sentada em um santuário, no topo do qual está uma serpente 𓆙.

Texto: PALAVRAS A SEREM DITAS QUANDO [ANI] CHEGAR AO SEGUNDO PILAR.

Disse Osíris, o escriba Ani, triunfante: "Veja, a senhora do céu, a senhora do mundo, que devora com fogo, a senhora dos mortais; quão mais grandiosa ela é do que todos os homens! O nome do porteiro é Mes-Ptá."

Vinheta 3: O terceiro Pilar, guardado por uma divindade com cabeça de homem sentada em um santuário, cuja parte superior é ornamentada com os dois *utchats* e os emblemas da órbita do sol e da água 𓂀𓈗𓂀.

Texto: PALAVRAS A SEREM DITAS QUANDO [ANI] VEM AO TERCEIRO PILAR DA CASA DE OSÍRIS.

Disse o escriba Ani, triunfante: "Contemple, a senhora do altar, a poderosa a quem as oferendas são feitas, a amada[198] de todos os deuses, que navega até Abtu. O nome do porteiro é Sebaq."

Vinheta 4: O quarto Pilar, guardado por uma divindade com cabeça de vaca sentada em um santuário, cuja cornija é ornamentada com ureus trajando discos 𓏤𓏤𓏤.

Texto: PALAVRAS A SEREM DITAS QUANDO [ANI] CHEGAR AO QUARTO PILAR.

Diz Osíris, o escriba Ani, [triunfante]: "Contemple, ela que prevalece com facas, senhora do mundo, destruidora dos inimigos do Coração Inerte, ela que decreta a fuga dos necessitados dos males. O nome do porteiro é Nekau."

---

198 – As principais variantes são 𓍿𓂧𓅆𓏛𓏲𓏛 "todo deus se une a ela"; 𓏏𓃀𓂋𓏺𓈖𓅆𓏛 "o coração de todo deus se alegra com ela".

Vinheta 5: O quinto Pilar, guardado pela divindade hipopótamo, com as patas dianteiras apoiadas na fivela, o emblema da proteção ⚱, sentada em um santuário, cuja cornija é ornamentada com 𓈖𓏏𓈖𓏏, símbolo das chamas de fogo.

Texto: PALAVRAS A SEREM DITAS QUANDO [ANI] CHEGAR AO QUINTO PILAR.

Disse Osíris, o escriba Ani, triunfante: "Contemple a chama, a dama da respiração para as narinas; não se pode avançar para suplicar a ela, não entrará em sua presença. O nome do porteiro é Hentet-Arqiu."

Vinheta 6: O sexto Pilar, guardado por uma divindade na forma de um homem segurando uma faca e uma vassoura e sentado em um santuário, acima do qual está uma serpente.

Texto: PALAVRAS A SEREM DITAS QUANDO [ANI] CHEGAR AO SEXTO PILAR.

Disse Osíris, o escriba Ani, triunfante: "Contemple, a senhora da luz, a poderosa, a quem os mortais clamam em voz alta; a humanidade não conhece nem sua extensão nem sua altura; jamais foi encontrada sua semelhança desde o princípio. Há uma serpente cujo tamanho é desconhecido; nasceu na presença do Coração Inerte. O nome do porteiro é Semati."

Vinheta 7: O sétimo Pilar, guardado por uma divindade com cabeça de carneiro segurando uma vassoura e sentada em um santuário, cuja cornija é decorada com ornamentos *khakeru*.

Texto: PALAVRAS A SEREM DITAS QUANDO [ANI] CHEGAR AO SÉTIMO PILAR.

Disse Osíris, o escriba Ani, triunfante: "Vejam, o manto que veste o débil (isto é, o falecido), chorando pelo que ama e encobre. O nome do porteiro é Sakti-f."

Vinheta 8: O oitavo Pilar, guardado por um falcão 𓅃 usando as coroas do Norte e do Sul 𓋖, sentado sobre um baú sepulcral de portas fechadas; diante dele há uma vassoura, e atrás dele está o *utchat* 𓂀. Acima do santuário estão dois falcões com cabeça humana, símbolos das almas de Rá e Osíris, e dois emblemas da vida 𓅤𓋹𓅤𓋹.

Texto: PALAVRAS A SEREM DITAS QUANDO [ANI] CHEGAR AO OITAVO PILAR.

Declarou Osíris, o escriba Ani, triunfante: "Contemple, o fogo ardente, cuja chama não pode ser apagada, com línguas de fogo que alcançam longe, o matador, o irresistível, através do qual não se pode passar devido à dor que inflige. O nome do porteiro é Khu-tchet-f."[199]

Vinheta 9: O nono Pilar, guardado por uma divindade com cabeça de leão usando um disco e segurando uma vassoura, sentada em um santuário, cuja cornija é ornamentada com ureus trajando discos 𒐪.

Texto: PALAVRAS A SEREM DITAS QUANDO [ANI] CHEGAR AO NONO PILAR.

Declara Osíris Ani, triunfante: "Contemple, ela que é a principal, a senhora da força, que dá quietude de coração a seu senhor. Sua circunferência é trezentas e cinquenta medidas; ela está vestida com esmeralda do sul; e ela levanta a forma divina e veste o débil. O nome do porteiro é Ari-su-tchesef."[200]

Vinheta 10: O décimo Pilar, guardado por uma divindade com cabeça de carneiro usando a coroa *atef* 𓋹 e segurando uma vassoura, sentada em um santuário, sobre o qual estão duas serpentes 𒈠 𒈠.

Texto: PALAVRAS A SEREM DITAS QUANDO [ANI] CHEGAR AO DÉCIMO PILAR.

Declara Osíris Ani, [triunfante]: "Contemple, ela de voz retumbante, ela que faz chorar aqueles que imploram a ela, a terrível que aterroriza, que não teme ninguém que esteja diante dela. O nome do porteiro é Sekhen-ur."

Apêndice: Os vários "textos" dos próximos onze Pilares estão faltando neste papiro. As traduções deles são dadas aqui conforme encontradas em um papiro publicado por Naville, *Todtenbuch*, vol. 1, 131. 161, 162. Observa-se que faltam os nomes dos porteiros e também que cada texto,

---

199 – Quer dizer, "Protegendo seu corpo".

200 – Quer dizer, "Ele faz a si mesmo".

exceto no caso do vigésimo primeiro Pilar, termina com palavras que se referem ao exame do falecido em cada portão.

O DÉCIMO PRIMEIRO PILAR. "Contemple, ela que repete a matança, a que queima os demônios, ela que é terrível em todos os portais, que se alegra no dia da escuridão. Ela julga o débil envolto."

O DÉCIMO SEGUNDO PILAR. "Contemple, a invocadora das duas terras, que destrói com relâmpagos e com fogo aqueles que vêm, a senhora do esplendor, que obedece a seu senhor diariamente. Ela julga o débil envolto."

O DÉCIMO TERCEIRO PILAR. "Contemple, Ísis, que estendeu suas mãos e braços sobre ele, e fez Hapi brilhar em seu lugar escondido. Ela julga o débil envolto."

O DÉCIMO QUARTO PILAR. "Contemple, a senhora da faca, que dança em sangue; ela faz [o festival do] deus Hak no dia do julgamento. Ela julga o débil envolto."

O DÉCIMO QUINTO PILAR. "Contemple, a Alma Sangrenta, que procura e põe à prova, que investiga e faz escrutínio, que sai à noite e agrilhoa o Demônio em seu covil; que suas mãos sejam dadas ao Coração Inerte em sua hora, e que ela o faça avançar e vir até ela. Ela julga o débil envolto."

O DÉCIMO SEXTO PILAR. Diz Osíris, quando chega a este pilar: "Contemple, a Terrível, a senhora da tempestade, que planta a ruína nas almas dos homens, a devoradora dos cadáveres da humanidade, a ordenadora e criadora de matanças, que avança. Ela julga o débil envolto."

O DÉCIMO SÉTIMO PILAR. "Contemple a Despedaçadora em sangue, (…) a senhora das chamas. Ela julga o débil envolto."

O DÉCIMO OITAVO PILAR. "Contemple a Amante do fogo, a purificadora dos pecadores, a amante da matança, a líder daqueles que adoram, a senhora do templo, a matadora dos demônios na noite. Ela julga o débil enfaixado."

O DÉCIMO NONO PILAR. "Contemple a Doadora de luz enquanto ela vive, a senhora das chamas, a senhora da força e dos escritos do próprio Ptah. Ela testa as faixas de Pa-an."

O VIGÉSIMO PILAR. "Contemple, ela que está dentro da caverna de seu senhor, Vestidora é seu nome; ela esconde o que fez, ela arrebata corações e bebe água avidamente. Ela julga o débil envolto."

O VIGÉSIMO PRIMEIRO PILAR. "Contemple a faca que corta quando [seu nome] é pronunciado e mata aqueles que avançam em direção às suas chamas. Ela tem tramas e conselhos secretos."

Nas últimas recensões do *Livro dos mortos*, o texto referente ao vigésimo primeiro Pilar diz:

(71) "Salve", diz Hórus, "Ó vigésimo primeiro pilar do Coração Inerte. (72) Eu abri o caminho, eu te conheço, eu sei o teu nome, eu sei o nome da deusa que te guarda: 'Espada que fere ao ter seu [próprio] nome pronunciado, a deusa desconhecida com o rosto voltado para trás, a derrubadora daqueles que se aproximam de sua chama' é o nome dela. Tu guardas as coisas secretas do vingador do deus a quem tu guardas, e seu nome é Amem.[201] (73) Ele faz com que as árvores persea não cresçam, que as acácias não produzam, e que o cobre não seja gerado na montanha. Os seres divinos deste pilar são sete deuses. (74) Tchen ou At é o nome daquele na porta; Hetep-mes[202] é o nome do segundo; Mes-Set[203] é o nome do terceiro; Utch-re[204] é o nome do quarto; Ap-uat[205] é o nome do quinto; Beq[206] é o nome do sexto; Anúbis é o nome do sétimo."

(75) "Eu abri o caminho. Eu sou Amsu-Hórus, o vingador de seu pai, o herdeiro de seu pai Un-nefer. Eu vim e sobrepujei todos os inimigos de meu pai Osíris. Eu vim dia a dia com vitória, fazendo eu mesmo a adoração do deus, (76) na casa de seu pai Tmu, senhor do Annu, triunfante no céu do Sul. Eu fiz o que é reto e verdadeiro para aquele que fez a retidão e a verdade; fiz o festival Haker para o seu senhor; encabecei o festival; (77) fiz oferendas de bolos aos senhores dos altares; e eu trouxe ofertas e oblações, bolos e cerveja, bois e patos para meu pai Osíris Un-nefer. Eu me levanto para que minha alma seja integralmente unificada; faço com que o pássaro *bennu* surja diante de [minhas] palavras. Tenho vindo todos os dias à casa

---

201 – Quer dizer, "devorador".

202 – Quer dizer, "nascido da paz".

203 – Quer dizer, "que dá à luz o fogo".

204 – Quer dizer, "forte de boca".

205 – Quer dizer, "abridor de caminhos".

206 – Quer dizer, "oliveira".

sagrada para fazer oferendas de incenso. (78) Eu trouxe roupas de bisso. Eu parti no lago no barco. Eu fiz Osíris, o senhor do submundo, ser vitorioso sobre seus inimigos; e levei todos os seus inimigos para o local da matança no Oriente; eles jamais sairão da prisão do deus Seb ali. (79) Fiz aqueles que se levantam contra Rá ficarem imóveis, e [eu o tornei] vitorioso. Eu vim como um escriba e esclareci todas as coisas. Eu fiz o deus ter o poder de suas pernas. Entrei na casa daquele que está em sua colina,[207] e vi aquele que é governante no salão sagrado. (80) Entrei em Re-stau; escondi-me e descobri o caminho; viajei até Anrutf. Eu vesti aqueles que estão nus. (81) Eu naveguei até Abtu; louvei os deuses Hu e Sau. (82) Eu entrei na casa de Astes, supliquei aos deuses Khati e Sekhet na casa de Neith", ou, como outros dizem, "os governantes". Entrei no Restau; escondi-me e encontrei o caminho; eu viajei para An-rutf. (83) Eu vesti aquele que estava nu. Naveguei até Abtu; glorifiquei Hu e Sau. (84) Recebi minha coroa em minha ascensão e tenho poder para me sentar em meu trono, no trono de meu pai e da grande companhia de deuses. Eu adorei o *meskhen* de Ta-sert. (85) Minha boca profere palavras com retidão e verdade. Eu afoguei a serpente Akhekh. Entrei no grande salão que dá força aos membros; e foi-me concedido navegar no barco de Hai. A fragrância do unguento *anti* exala do cabelo daquele que tem conhecimento. (86) Eu entrei na casa de Astes e supliquei aos deuses Khati e Sekhet dentro da Casa do Príncipe. (87) Cheguei como um favorecido em Tattu."

Vinheta[208] [CAPÍTULO 18 – INTRODUÇÃO] (Registro superior): O sacerdote[209] An-maut-f, que tem ao lado direito de sua cabeça a mecha de Heru-pa-khrat, ou Hórus, a Criança, e que usa uma pele de leopardo, apresentando Ani e sua esposa aos deuses cujos nomes são dados nas Pranchas 13 e 14.

Texto: An-maut-f diz: "Venho a vós, ó governantes poderosos e divinos que estais no céu, na terra e abaixo da terra; (2) e trouxe a vós

---

207 – Isto é, Anúbis, o deus dos mortos.

208 – Esta, a vinheta que a acompanha e as vinhetas das Pranchas 13 e 14 formam uma composição.

209 – Osíris também é chamado de An-maut-f.

Osíris Ani. Ele não pecou contra qualquer um dos deuses. Concedei-lhe que ele possa estar convosco para sempre."

(1) A adoração de Osíris, senhor de Re-stau, e da grande companhia dos deuses que estão no submundo ao lado de Osíris, o escriba Ani, que diz: (2) "Louvado sejas, ó governante de Amenta, Unnefer em Abtu! Vim a ti, e meu coração possui a retidão e a verdade. (3) Não há pecado em meu corpo; nem menti intencionalmente, nem fiz nada com um coração falso. Concede-me comida na tumba, (4) que eu possa adentrar a [tua] presença no altar dos senhores da retidão e da verdade, que eu possa adentrar e avançar no submundo (sem que minha alma seja recusada), que eu possa contemplar a face do Sol, e que eu possa contemplar a Lua (5) para todo o sempre."

Vinheta (Registro inferior): O sacerdote ⟨glifos⟩ Se-mer-f[210], que tem do lado direito da cabeça a mecha de Heru-pa-khrat e veste uma pele de leopardo, apresentando Ani e sua esposa aos deuses cujos nomes são dados nas Pranchas 13 e 14.

Texto: Se-mer-f declara: (1) "Eu vim até vós, ó governantes divinos que estais em Re-stau, e trouxe até vós Osíris Ani. Concedei[-lhe], como aos seguidores de Hórus, bolos e água, e ar, e uma propriedade em Sekhet-Hetep."

(1) A adoração de Osíris, o senhor da eternidade, e de todos os governantes divinos de Re-stau, por Osíris, [o escriba Ani], que (2) diz: "Homenagem a ti, ó rei de Amenta, príncipe de Akert, vim a ti. Conheço os teus caminhos, (3) estou equipado com as formas que tu tomaste no submundo. Concede-me um lugar no submundo perto dos senhores (4) da retidão e da verdade. Que minha propriedade seja em Sekhet-hetep, e que eu receba bolos em tua presença."

---

210 – Para as funções deste sacerdote.

PRANCHA 13

Vinhetas (Registro superior): Um pilar, ou portal, encimado pelas penas de Maat e ureus usando discos. (Registro inferior): Um pilar, encimado por Anúbis 🐕, e um *utchat* 👁.

Texto [CAPÍTULO 18]:[211] (1) Salve Thoth, que tornou Osíris (2) vitorioso sobre seus inimigos, faça com que Osíris [o escriba Ani] seja vitorioso sobre seus inimigos, como tornaste Osíris vitorioso sobre seus inimigos na presença dos (3) governantes divinos que estão com Rá e Osíris em Annu, na noite das "coisas para a noite",[212] na noite da batalha, (4) em uma prisão dos demônios e no dia da destruição de Neb-er-tcher."[213]

§A. **Vinheta:** Os deuses Tmu, Shut Tefnut, Osíris,[214] e Thoth.

Texto: (1) Os grandes governantes divinos em Annu são Tmu, Shu, Tefnut [Osíris e Thoth], (2) e a prisão de Sebau representa a destruição dos demônios de Set quando ele pratica o mal (3) uma segunda vez.

"Salve, Thoth, que tornou Osíris vitorioso sobre seus inimigos, faça com que o Osíris (4) Ani seja vitorioso sobre seus inimigos na presença dos grandes seres divinos que estão em Tattu, na noite de fazer o Tat se levantar em Tattu."

§B. **Vinheta:** Os deuses Osíris, Ísis, Néftis e Hórus.

Texto: (1) Os grandes governantes divinos em Tattu são Osíris, Ísis, Néftis e Hórus, o vingador de seu pai. Agora, a "noite de fazer o Tat se levanta (2) em Tattu" significa [a elevação do] braço e ombro de Osíris, senhor de Sekhem; e esses deuses estão atrás de Osíris [para protegê-lo], como as faixas que o vestem.[215]

---

211 – Isto é, os Campos da Paz.

212 – As palavras são explicadas com este significado: "o amanhecer no sarcófago de Osíris".

213 – Esta seção, omitida no papiro Ani, é fornecida a partir do papiro de Nebseni.

214 – Este deus é omitido da cópia deste capítulo dada na Prancha 23.

215 – O papiro de Nebseni diz: 𓀀𓏤𓊪𓏏𓀀𓀭𓏏 "Agora, a criação do duplo Tat significa os dois ombros e braços de Hórus, senhor de Sekhem; e eles ficam atrás de Osíris, assim como as faixas que o vestem".

(3) "Salve, Thoth, que tornou Osíris vitorioso sobre seus inimigos, faz com que o Osíris Ani triunfe sobre seus inimigos (4) na presença dos grandes governantes divinos que estão em Sekhem, na noite das coisas [do festival] noturno em Sekhem."

§C. **Vinheta:** Os deuses Osíris e Hórus, dois *utchats* em cima de pilares e o deus Thoth.

Texto: (1) Os grandes governantes divinos que estão em Sekhem são Hórus, que não tem visão, e Thoth, que está com os governantes divinos em Naarerutf. (2) Agora, a "noite das coisas do festival noturno em Sekhem" significa a luz do sol nascente no sarcófago de Osíris.

"Salve, Thoth, que tornaste Osíris vitorioso (3) sobre seus inimigos, faz o Osíris Ani triunfante sobre seus inimigos na presença dos grandes governantes divinos em Pe e Tep, na (4) noite de consagrar as colunas de Hórus, e de torná-lo herdeiro das coisas que pertenciam a seu pai."

§D. **Vinheta:** Os deuses Hórus, Ísis, Mestha e Hapi.

Texto: (1) Os grandes governantes divinos que estão em Pe e Tep são Hórus, Ísis, Mestha e Hapi. Então, consagrar as colunas (2) de Hórus [significa] o comando dado por Set a seus seguidores: "Consagrem colunas ali".

"Salve, Thoth, que tornaste Osíris vitorioso sobre seus inimigos (3), torne o Osíris-Ani triunfante sobre seus inimigos na presença do grande deus que rege em… Rekhit, na (4) noite em que Ísis se deita para fazer vigília a fim de lamentar por seu irmão Osíris."

§E. **Vinheta:** (1) Os deuses Ísis, Hórus, Anúbis, Mesthi e Thoth.

Texto: (1) Os grandes governantes divinos que estão em… Rekhit são Ísis, Hórus e Mestha.

"Salve, Thoth, que tornaste Osíris vitorioso (2) sobre seus inimigos, faz de Osíris, o escriba Ani (triunfante na paz!), vitorioso sobre seus inimigos na presença dos grandes divinos (3) que estão em Abtu, na noite do deus Naker, durante a separação dos mortos perversos, durante o julgamento dos espíritos declarado justos, (4) e durante o aumento da alegria em Tenu."

PRANCHA 14

§F. Vinheta: Os deuses Osíris, Ísis e Ap-uat, e o TET.

Texto [CAPÍTULO 18]: (1) Os grandes governantes divinos que estão em Abtu são Osíris, Ísis e Ap-uat.

"Salve, Thoth, que tornaste Osíris vitorioso (2) sobre seus inimigos, faz o Osíris Ani, o escriba e contador das oferendas sagradas de todos os deuses, ser vitorioso (3) sobre seus inimigos na presença dos divinos governantes que julgam os mortos, na noite da (4) condenação daqueles que serão apagados."

§G. Vinheta: Os deuses Thoth, Osíris, Anúbis e Astennu.

Texto: (1) Os grandes governantes divinos no julgamento dos mortos são Thoth, Osíris, Anúbis e Astennu. Agora (2) a "condenação daqueles que serão apagados" é a retenção daquilo que é tão necessário para as almas dos filhos da revolta impotente.

"(3) Salve, Thoth, que tornaste Osíris vitorioso sobre seus inimigos, faz com que Osíris, o escriba Ani (triunfante!), seja vitorioso sobre seus inimigos na presença dos grandes governantes divinos, (4) no festival da quebra e revirar da terra em Tattu, na noite da quebra e revirar a terra no sangue deles e de tornar Osíris vitorioso sobre seus inimigos."

§H. Vinheta: Os três deuses do festival da quebra e revirar a terra em Tattu.

Texto: (1) Quando os demônios de Set vêm e se transformam em feras, os grandes governantes divinos, no festival da quebra e revirar da terra em Tattu, (2) massacram-nos na presença dos deuses, e seu sangue corre entre eles quando são derrotados. (3) O julgamento daqueles que estão em Tattu permite que eles façam essas coisas.

"Salve, Thoth, que tornaste Osíris vitorioso sobre seus inimigos, faz o Osíris Ani ser vitorioso sobre seus inimigos na presença dos governantes divinos (4) que estão em Naarutef, na noite daquele que se esconde em diversas formas, mesmo Osíris."

§1. **Vinheta:** Os deuses Rá, Osíris, Shu e Bebi, com cabeça de cachorro.

Texto: (1) Os grandes governantes divinos que estão em Naarutef são Rá, Osíris, Shu e Bebi. Agora, a noite daquele que se esconde em diversas formas, mesmo Osíris, "é quando a coxa [e a cabeça], e o calcanhar, e a perna, são trazidos para perto do caixão de Osíris Un-nefer.

"Salve, Thoth, que tornaste Osíris vitorioso (3) sobre seus inimigos, faz o Osíris Ani (triunfante diante de Osíris) vitorioso sobre seus inimigos na presença dos grandes governantes divinos que estão em (4) Re-stau, na noite em que Anúbis se deitou com seus braços e mãos sobre as coisas atrás de Osíris, e quando Hórus foi levado a triunfar sobre seus inimigos."

Texto: (1) Os grandiosos governantes divinos em Re-stau são Hórus, Osíris e Ísis.

O coração de Osíris se regozija, e o coração de Hórus (2) está contente; portanto, o leste e o oeste estão em paz.

"Salve Thoth, que tornaste Osíris vitorioso sobre seus inimigos, (3) faz o Osíris Ani, o escriba e contador das oferendas divinas de todos os deuses, triunfar sobre seus inimigos na presença das dez (4) companhias de grandes governantes divinos que estão com Rá, Osíris e com todos os deuses e deusas na presença de Neb-er-tcher. Ele destruiu seus (5) inimigos e destruiu todas as coisas malignas pertencentes a ele.

Rubrica: quando este capítulo for recitado, o falecido sairá para o dia, purificado após a morte, e [fará todas] as formas (ou transformações) que seu coração ditar. Agora, se este capítulo for recitado sobre ele, ele virá à terra, escapará de todo fogo, e nenhuma das coisas imundas que lhe pertencem o envolverão para sempre e para toda a eternidade.

PRANCHA 15

Vinheta: Uma estátua sentada de Ani, o escriba, sobre a qual a cerimônia de "abertura da boca" ⟨hieróglifos⟩ *un re* está sendo executada pelo sacerdote *sem*, vestido com uma pele de pantera e segurando, na mão direita, o instrumento *Ur heca* ⟨hieróglifos⟩, ou seja, "poderoso dos encantamentos". Diante da estátua, estão: o baú sepulcral ⟨hieróglifo⟩, os instrumentos ⟨hieróglifos⟩ Seb-ur, ⟨hieróglifos⟩ Tun-tet e ⟨hieróglifos⟩ Temanu, e o objeto ⟨hieróglifos⟩ Pesh-en-kef.

Texto [CAPÍTULO 23]: (1) O CAPÍTULO DA ABERTURA DA BOCA DE OSÍRIS, O ESCRIBA ANI. Para ser recitado: "Que Ptah abra minha boca, e que o deus da minha cidade[216] solte as ataduras, mesmo as ataduras que estão sobre minha boca (2). Além disso, que Thoth, estando cheio e provido de encantos, venha e solte as ataduras, as ataduras de Set que prendem minha boca (3); e que o deus Tmu as lance contra aqueles que querem me acorrentar com elas, e afaste-os. Que minha boca seja aberta, que minha boca seja aberta por Shu[217] (4) com sua faca de ferro, com a qual ele abriu a boca dos deuses. Eu sou Sekhet, e me sento no grande lado ocidental do céu. (5) Eu sou a grande deusa Sah entre as almas de Annu. Agora, no que diz respeito a todos os encantos e todas as palavras que podem ser ditos contra mim (6), que os deuses possam resistir a eles, e que todos e cada um da companhia dos deuses resistam a eles.[218]

Texto [CAPÍTULO 24]: (1) O CAPÍTULO SOBRE TRAZER AMULETOS SOBRE OSÍRIS ANI [IN NETER-KHERT]. [Ele declara]: "Eu sou Tmu[219], Khepera, que

---

216 – Var. "Por Amem, deus da minha cidade".

217 – Var. "Que Tmu me dê minha mão para atirar neles naqueles que [me] acorrentam. Que minha boca me seja dada, que minha boca seja aberta".

218 – Var. "A eles os deuses sejam capazes de resistir, e toda a companhia de meus deuses, e toda a companhia de seus deuses".

219 – Muitos papiros omitem Tmu.

deu à luz a si mesmo na coxa de sua mãe divina.[220] Aqueles que estão em Nu[221] são transformados em lobos, e aqueles que estão entre os governantes divinos (3) tornaram-se hienas.[222] Eis que reúno o encanto de todo lugar onde está e de todos com quem está, mais rápido que galgos e mais veloz que a luz. (4) Salve, tu, que navegas junto do barco *makhent* de Rá, os estais das tuas velas e do teu leme estão tensos com o vento, enquanto tu navegas sobre o Lago de Fogo em Neter-khert. Eis que tu reúnes o encanto (5) de todos os lugares onde está e de todos com quem está, mais rápido que os galgos e mais veloz que a luz, [o encanto] que cria as formas de existência a partir da (6) coxa da mãe e cria os deuses a partir do (ou no) silêncio, e que dá o calor da vida ao deuses.[223] Eis que o encanto é dado a mim de onde quer que esteja [e daquele com quem está], mais rápido que galgos e mais efêmero que a luz" ou, (como outros dizem), "mais veloz que uma sombra".

Apêndice: O capítulo seguinte, que em geral aparece em outras cópias antigas do *Livro dos mortos*, está intimamente ligado ao capítulo anterior. É aqui retirado do Papiro de Nebseni.

(1) [CAPÍTULO 25] O CAPÍTULO SOBRE FAZER O FALECIDO LEM-BRAR SEU (2) NOME EM NETER-KHERT. [Ele diz]: "Que meu nome me seja dado na grande Casa Dupla, e que eu me recorde do meu nome na Casa do Fogo, na (3) noite da contagem dos anos e da contagem do número dos meses. Eu estou com o Santo e sento-me no lado leste do céu. Se algum deus se aproxima de mim, (4) de imediato proclamo seu nome."

Vinheta: O escriba Ani, vestido de branco e com o coração na mão direita, dirigindo-se ao deus Anúbis. Entre eles está um colar de várias fileiras de contas coloridas, cujo fecho é na forma de pilar ou portal, e ao

---

220 – Birch: "no colo de sua mãe"; Pierret: "*en haut de la cuisse de sa mère*" (no alto da coxa de sua mãe).

221 – Quer dizer, o céu.

222 – Var. ⨾⨾⨾ *behiu*, um animal identificado com a *hyaena croenta* por Hartmann.

223 – Aqui o texto é diferente de qualquer um dado por Naville. As variantes principais são ⨾⨾⨾ , "que cria os deuses do (ou no) silêncio, e que os torna impotentes"; e ⨾⨾⨾ ⨾⨾⨾ "que faz os deuses falarem [em vez de serem] silenciosos, e que lhes tira a voz".

qual está preso um peitoral com uma representação do barco do sol, no qual é colocado um escaravelho, símbolo do Sol.

Texto [CAPÍTULO 26: (1) CAPÍTULO SOBRE DAR UM CORAÇÃO A OSÍRIS ANI (2) NO MUNDO INFERIOR. [Ani diz]: "Que meu coração esteja comigo na Casa dos Corações.[224] Que meu coração esteja comigo e que ele repouse em [mim], ou eu não comerei dos bolos de Osíris na margem leste[225] do Lago das Flores, (3) [nem terei] um barco no qual descer o Nilo, e outro no qual subir, nem irei adiante no barco contigo. Que minha boca me seja dada para que eu possa (4) falar com ela, e meus dois pés para com eles caminhar, e minhas duas mãos e braços para sobrepujar meus inimigos. Que as portas do céu me sejam abertas[226] (5); que Seb, o Príncipe dos deuses, abra suas duas mandíbulas para mim; que ele abra meus dois olhos que estão cegos; que ele me faça esticar meus (6) pés que estão amarrados juntos; e que Anúbis torne minhas pernas firmes para que eu possa ficar de pé nelas. Que a deusa Sekhet faça com que eu me eleve (7) para que eu possa ascender ao céu, e que lá possa ser feito o que eu ordeno na Casa do *Ka* de Ptah.[227] Eu conheço meu coração, *eu* obtive domínio sobre (8) meu coração, eu obtive domínio sobre minhas duas mãos e braços, obtive o domínio sobre meus pés e ganhei o poder de fazer tudo o que meu *ka* desejar. (9) Minha alma não será separada de meu corpo nos portões do submundo; mas em paz entrarei e em paz sairei."

Texto: [CAPÍTULO 30B.]. (1) O CAPÍTULO[228] SOBRE NÃO PERMITIR (2) QUE O CORAÇÃO DE OSÍRIS, O ESCRIBA DAS OFERENDAS SAGRADAS DE TODOS OS DEUSES, ANI, TRIUNFANTE, SEJA TOMADO DELE NO MUNDO INFERIOR.

---

224 – Ou seja, a sala de julgamento de Osíris, na qual os corações foram pesados.

225 – Var. ⟨hieróglifo⟩ "oeste".

226 – Var. ⟨hieróglifos⟩ "Que minhas duas mãos abram [minha] boca na terra": Naville, *Todtenbuch*, vol. 2, Bl. 90.

227 – Ou seja, a Mênfis celestial.

228 – Este capítulo é geralmente acompanhado por uma vinheta. No papiro de Nebseni, o falecido está sendo pesado contra o próprio coração; um macaco, "Thoth, senhor da balança", sentado em um pedestal, segura o meio da balança. No papiro nº 9964 do Museu Britânico, o falecido também é pesado contra o próprio coração, mas, ao mesmo tempo, uma figura dele mesmo também observa o processo. No papiro de Sutimes, um peso quadrado

Ani declara: "Meu coração, minha mãe; meu coração, minha mãe (3). Meu coração pelo qual eu venho a existir. Que nada se coloque contra mim em [meu] julgamento; que não haja resistência contra mim da parte dos Tchatcha; que não haja separação de ti de mim na presença daquele que guarda a Balança! Tu és meu *ka* dentro (4) do meu corpo, [que] une e fortalece meus membros. Que tu possas avançar no lugar da felicidade [para o qual] eu avanço. Que os *Shenit*,[229] que fazem os homens permanecerem firmes, não façam meu nome feder."[230]

Vinheta: Ani segurando sua alma na forma de um pássaro com cabeça humana.

Texto: [CAPÍTULO 61] (1) CAPÍTULO SOBRE NÃO PERMITIR QUE A ALMA DE UMA PESSOA LHE SEJA TOMADA NO SUBMUNDO. Osíris, o escriba Ani, disse: "Eu, eu mesmo, sou ele (2) que saiu da inundação que eu fiz transbordar e que se tornou poderosa como o rio [Nilo]."

Apêndice: Em muitos papiros antigos, o texto do capítulo 61 faz parte de uma composição mais longa que Naville chama de capítulos 61,[231] 60,[232] e 62,[233] que diz:

(1) CAPÍTULO DA ÁGUA POTÁVEL NO INFERNO. [Ele diz]: "Eu, eu mesmo, sou aquele que sai de (2) Seb. O dilúvio foi dado a ele, e obteve poder sobre ele como Hapi. Eu, eu mesmo, abro as (3) duas portas do céu: e as duas portas do abismo aquoso foram abertas para mim por Thoth e por

---

fica em cada prato da balança. Outras vinhetas têm apenas um escaravelho, ou o defunto dirigindo-se ao coração, que repousa sobre um estandarte ☥.

229 – Uma classe de seres divinos.

230 – O capítulo aqui apresentado está incompleto; as palavras que faltam são: [hieróglifos] "agradável para nós, agradável é a audição, e há alegria de coração ao pesar as palavras. Que mentiras não sejam ditas contra mim perto do deus, na presença do grande deus, o senhor de Amentet. Em verdade, quão grande serás quando te levantares em triunfo!".

231 – A vinheta representa o falecido de joelhos, abraçando sua alma.

232 – Vinheta: um homem ajoelhado e segurando uma flor de lótus.

233 – Vinheta: o falecido tirando água de um tanque com as mãos [hieróglifos].

Hapi, os divinos filhos gêmeos do céu, (4) que são poderosos em esplendores. Ó, conceda-me que eu possa obter poder sobre as águas, assim como Set venceu seus inimigos no dia (5) em que ele aterrorizou o mundo. Eu passei pelos grandes, ombro a ombro, assim como eles passaram por aquele grande e esplêndido deus que é (6) provido [com todas as coisas] e cujo nome é desconhecido. Eu passei pelo poderoso do ombro. (7) Atravessei a inundação de Osíris, e Thoth-Hapi-Tmu, o senhor do horizonte, abriu para mim o dilúvio em nome dele, 'Thoth, o que abre a terra'. (8) Eu obtive poder sobre as águas, tal como Set obteve poder sobre seus inimigos. Eu naveguei acima do céu. Eu sou Rá. Eu sou o deus-leão. Eu sou o touro jovem (9). Eu devorei o Pernil, eu tomei a carne. Eu circundei os riachos em Seket-Aru. A eternidade sem limites me foi concedida, contemple (10), eu sou o herdeiro da eternidade; a mim foi dada a infinitude."

Intimamente relacionados ao capítulo acima, estão os dois capítulos curtos que se seguem:

Vinheta: O falecido bebendo água de um riacho.

Texto [CAPÍTULO 63A]: (1) O CAPÍTULO SOBRE ÁGUA POTÁVEL E SOBRE NÃO SER QUEIMADO NO FOGO. [O falecido] diz:

"Salve, Touro de Amenta. Eu sou trazido a ti, eu sou o remo de Rá (3) com o qual ele transportou os anciãos; não permita que eu seja enterrado nem consumido. Eu sou Beb, (4) o filho primogênito de Osíris, que lava todos os deuses dentro de seus olhos em Annu. Eu sou o Herdeiro, (5) o exaltado, o poderoso, o Inerte [de Coração]. Fiz meu nome florescer, e [o] libertei para que eu possa me fazer viver [em memória] neste dia."

Vinheta: O falecido em pé perto de chamas de fogo 𓈖𓈖.

Texto [CAPÍTULO 63B]: (1) O CAPÍTULO SOBRE NÃO SE ESCALDAR COM ÁGUA. [Ele diz]: "Eu sou o remo (2) preparado para remar, com o qual Rá transportou os Anciãos divinos. (3) Eu carrego as umidades de Osíris para o lago longe da chama que não pode ser passada (4); ele é desviado do caminho e não é queimado no fogo. Eu me deito com os *hamemu*; (5) chego à toca do Leão matando e amarrando; e sigo o caminho pelo qual ele saiu."

Vinheta: Ani carregando uma vela de barco, emblemática da respiração e do ar.

Texto [CAPÍTULO 64]: (1) CAPÍTULO SOBRE RESPIRAR NO INFERNO.

Diz Osíris Ani: "Eu sou o Ovo do Grande Cacarejador, e observo e guardo aquele lugar grandioso[234] (2) que o deus Seb proclamou sobre a terra. Eu vivo; e ele vive; eu me fortaleço, eu vivo, eu cheiro o ar. Eu sou (3) Utcha-aab,[235] e vou atrás [para proteger] seu ovo.

Eu frustrei a chance de Set, o poderoso em força. (4) Salve, tu que tornas agradável o mundo com comida *tchefa*, e que habitas no [céu] azul; cuida do bebê no berço quando ele vem a ti."

Apêndice: Os dois capítulos seguintes, que estão intimamente ligados ao capítulo anterior, são tirados respectivamente de Naville, *Todtenbuch*, vol. 1, 131. 67, e do Papiro Nebseni.

Vinheta: Anúbis conduzindo o falecido à presença de Osíris.

Texto: [CAPÍTULO 55]: (1) OUTRO CAPÍTULO SOBRE RESPIRAR. [Ele diz]: "Eu sou Sabsabu. Eu sou Shu. (2) Eu inspiro o ar na presença do deus dos raios solares até os confins dos céus, até os confins da terra, até os limites de Shu (3); e dou fôlego àqueles que se tornam jovens [de novo]. Abro minha boca e vejo com meus olhos."

Vinheta: Um homem segurando uma vela na mão esquerda.

Texto [CAPÍTULO 56]: CAPÍTULO SOBRE INSPIRAR O AR SOBRE A TERRA. [Ele diz]: "(2) Salve, Tmu, concede-me a doce respiração que está em tuas duas narinas. Eu abraço o poderoso trono que está em Unnu,[236] e observo e guardo o Ovo do Grande Cacarejador. Eu cresço, e ele cresce; ele cresce, e eu cresço; eu vivo, e ele vive; eu inspiro o ar, e ele inspira o ar."

---

234 – O texto de Lepsius traz: 𓀀 "Eu guardo aquele grande ovo".

235 – O texto variante dado por Naville indica que essas palavras são o nome ou título de um deus. Birch os traduz por "Discriminador da Pureza" e Pierret por "*le sauvé dont le nom est pur*" (o resgatado cujo nome é puro).

236 – Hermópolis.

Vinheta: Ani de pé, com um cajado na mão esquerda.

Texto [CAPÍTULO 29]: (1) O CAPÍTULO SOBRE NÃO PERMITIR QUE O CORAÇÃO DE UMA PESSOA LHE SEJA TOMADO NO INFERNO. Disse Osíris Ani, triunfante: "Retorne, ó mensageiro de todos os deuses. (2) Tu vieste para levar embora[237] este meu coração que vive? Meu coração que vive não será dado a ti. (3) [Conforme eu] avanço, os deuses dão ouvidos às minhas súplicas, e eles caem sobre seus rostos onde quer que estejam."

---

237 – Em uma vinheta variante dada por Naville, o falecido está segurando o próprio coração com as duas mãos e o oferece a três deuses; e, em outra, um homem está prestes a prender um colar com um pendente de coração na estátua do falecido.

PRANCHA 16

Vinheta: Ani em pé, com as duas mãos erguidas em oração, diante de quatro deuses sentados em um pedestal na forma de ⬭ Maat; diante dele está seu coração colocado sobre um pedestal ⚱.

Texto [CAPÍTULO 27.]: (1) O CAPÍTULO SOBRE NÃO PERMITIR QUE O CORAÇÃO DE UMA PESSOA SEJA TOMADO DELA NO INFERNO. Diz Osíris Ani: "Salve, vós que levais corações, [salve] vós que roubais corações! (2) que vós fizestes. Louvores a vós, ó senhores da eternidade, vós, possuidores da infinitude, não levais embora este coração de Osíris Ani (3) em vossas mãos, este coração de Osíris. E não fazei com que palavras malignas surjam contra ele; porque este coração de Osíris Ani é o coração daquele de muitos nomes, o poderoso cujas palavras são seus membros, e quem envia seu coração para habitar em (4) seu corpo. O coração de Osíris Ani é agradável aos deuses; ele é vitorioso, ele obteve poder sobre ele; ele não revelou o que lhe foi feito com ele. Ele obteve poder (5) sobre os próprios membros. O coração dele o obedece, ele é o senhor deste, está no próprio corpo e nunca cairá dele. Eu, Osíris, o escriba Ani, vitorioso na paz e triunfante no belo Amenta e na montanha da eternidade, ordeno-vos que sejais obedientes a mim no submundo."

Apêndice: Os três capítulos seguintes, que não ocorrem no papiro Ani, fazem parte do grupo dos capítulos relativos ao coração. Eles são retirados de Naville, *Todtenbuch*, vol. 1, Pranchas 40, 42, 39.

Texto [CAPÍTULO 29A]: (1) O CAPÍTULO SOBRE O CORAÇÃO NÃO SER LEVADO NO SUBMUNDO. Ele diz: "Meu coração (2) está comigo e nunca acontecerá que ele seja levado. Eu sou o senhor dos corações, o matador do coração. (3) Eu vivo na retidão e na verdade, e eu tenho meu ser com elas. Eu sou Hórus, um coração puro (4) dentro de um corpo puro. Eu vivo pela minha palavra, e meu coração vive. Que meu coração não seja levado embora (5), que não seja ferido, e que nenhuma ferida ou corte seja feito em mim porque foi tirado de mim. (6) Que eu exista no corpo de meu pai Seb, e no corpo de minha mãe Nut. Não fiz mal (7) contra os deuses; não pequei por vanglória."

Vinheta: O falecido adorando um coração ⳛ.

Texto [CAPÍTULO 30A]: (1) O CAPÍTULO SOBRE NÃO (2) PERMITIR QUE O CORAÇÃO DE UMA PESSOA SEJA TIRADO DELA NO SUBMUNDO. [Ele diz]: "Meu coração, minha mãe; meu coração, minha mãe. Meu coração de minha vida na terra. Que nada se levante (3) contra mim em julgamento na presença do senhor do julgamento; que não seja dito a respeito de mim e daquilo que eu fiz: 'Ele agiu contra o que é correto e verdadeiro"; que nada possa ser contra mim na presença do grande deus, o senhor de Amenta. Louvores a ti, ó meu coração! Louvores a ti, ó meu coração! Louvores a ti, ó minhas rédeas! Louvores a vós, ó deuses que governais as nuvens divinas, e que (5) sois exaltados por causa de seus cetros; falai confortavelmente a Rá, e me fazei prosperar diante de Nehebka. E contemplai-o, embora esteja unido à terra em suas partes mais internas, e embora esteja jazendo nela, ele não está morto em Amenta, mas é um ser glorificado lá".

Vinheta: O falecido segurando o coração contra o peito com a mão esquerda e ajoelhado diante de um monstro que tem uma faca na mão.

Texto [CAPÍTULO 28]: (1) [O CAPÍTULO SOBRE] NÃO PERMITIR QUE O CORAÇÃO DO MORTO SEJA LEVADO NO SUBMUNDO. [Diz ele]: (2) "Salve, deus-leão! Eu sou Um.[238] Aquilo que eu odeio é o bloco do deus. Que este meu coração não seja tirado de mim pelo (3) Lutador[239] em Annu. Salve tu, que amarras Osíris, e que viste Set". Salve tu, que retornas depois de feri-lo e destruí-lo (4). Este coração senta e chora na presença de Osíris; tem consigo o cajado que pediu. Que me possa ser dado por isso, que me possam ser concedidas as coisas ocultas[240] do coração na (5) casa de Usekh-hra; que possa ser concedida a ele comida a pedido dos Oito.[241] Que este meu coração não me seja tirado! Faço-te habitar em teu lugar, unindo

---

238 – Leitura ⳡⳡ ⳡⳡ; outra variante traz: "Eu sou Rá".

239 – Isto é, o ser representado na vinheta.

240 – Var. ⳡⳡ *ta ab*, "calor de coração".

241 – Var. ⳡⳡ *Re xemennu*, "Boca de Hermópolis".

corações em (6) Sekhet-hetepu, e anos de força em todos os lugares de força, levando comida no teu momento, com tua mão, de acordo com tua grande força. Meu coração é colocado sobre os altares de Tmu (7), que o conduz ao covil de Set; ele me deu meu coração, cuja vontade foi feita pelos governantes divinos em Neter-khert. Quando encontram a perna e as faixas, eles as enterram."

Vinheta: Ani e sua esposa, Thuthu, cada um segurando o símbolo do ar ⌘ na mão esquerda, e bebendo água, com a mão direita, de uma piscina ▥, em cujas bordas estão palmeiras carregadas de frutas.

Texto [CAPÍTULO 58]: (1) O CAPÍTULO SOBRE RESPIRAR O AR E SOBRE TER PODER SOBRE A ÁGUA NO SUBMUNDO. Osíris Ani: "Abra para mim! Quem sois então, e para onde ides? (2) Eu sou um de vós. Quem está convosco? É Merti. Separai-vos dele, cada um de vós, quando entrardes no Mesqen. Ele me permitiu navegar até o templo dos seres divinos que encontraram seus rostos. (4) O nome do barco é 'Aquele que reúne as almas'; o nome dos remos é 'Fazendo o cabelo ficar arrepiado'; o nome do porão é 'Bom'; (5) e o nome do leme é 'Seguindo reto para o centro'... [242](6) Concede-me jarros de leite com bolos, pães, copos de bebida e carne no templo de (7) Anúbis."

Rubrica: Se este capítulo for conhecido [por Ani], ele entrará depois de ter saído do submundo.

Vinheta: Ani ajoelhado ao lado de uma ▥ piscina d'água, onde cresce um sicômoro; na árvore aparece a deusa Nut derramando água de um recipiente ⍦ nas mãos de Ani.

Texto [CAPÍTULO 59]: (1) O CAPÍTULO SOBRE INSPIRAR O AR E SOBRE OBTER PODER SOBRE AS ÁGUAS DO SUBMUNDO. Disse Osíris Ani: "Salve, sicômoro da deusa Nut! Concede-me a água e o ar que estão em (2) ti.

---

242 – O texto aqui parece estar corrompido, ou, pelo menos, algumas palavras foram omitidas, pois a passagem equivalente em Lepsius diz 𓈖𓏤𓂋𓏤𓈖𓏤. A leitura variante indicada por 𓂋 *ki t' et* mostra que esta passagem oferecia dificuldades aos antigos leitores egípcios.

Abraço o teu trono que está em Unnu,[243] e vigio e guardo (3) o ovo do Grande Cacarejador. Ele cresce, eu cresço; ele vive, eu vivo; (4) ele inspira o ar, eu inspiro o ar, eu o Osíris Ani, em triunfo."

Vinheta: Ani sentado em uma cadeira diante de uma mesa de oferendas 𓎛; na mão direita, ele segura o cetro *kherp* 𓌥, e na esquerda, um cajado.

Texto [CAPÍTULO 44]: (1) O CAPÍTULO SOBRE NÃO MORRER UMA SEGUNDA VEZ NO INFERNO.[244] Disse Osíris Ani: "Meu esconderijo está aberto, meu esconderijo está revelado! A luz brilhou (2) na escuridão. O olho de Hórus ordenou que eu viesse à existência, e o deus Apuat cuidou de mim. Escondi-me (3) convosco, ó estrelas que nunca se põem. Minha testa é como a de Rá; minha face está aberta; (4) meu coração está sobre seu trono; pronuncio palavras e sei, em verdade, eu sou o próprio Rá. Não sou tratado com escárnio, (5) e violência não é feita contra mim. Teu pai, o filho de Nut, vive por ti. Eu sou teu primogênito, (6) e vejo teus mistérios. Estou coroado como o rei dos deuses, e não morrerei uma segunda vez no submundo."

Vinheta: A múmia de Ani abraçada por Anúbis, o deus dos mortos.

Texto [CAPÍTULO 45]: (1) O CAPÍTULO SOBRE NÃO SE DECOMPOR NO SUBMUNDO. Diz Osíris Ani: "Ó tu, que és sem movimento como Osíris! Ó tu, que és sem movimento como Osíris! (2) Ó tu, cujos membros são sem movimento como [os de] Osíris! Que seus membros não sejam (3) sem movimento, que não se decomponham, que não morram, que não se deteriorem; que (4) me seja feito como se eu fosse o deus Osíris."

---

243 – Isto é, Hermópolis.

244 – Os capítulos 175 e 176 têm o mesmo título. Para o Capítulo 175, ver Prancha 29. O Capítulo 176 (Naville, *Todtenbuch*, vol. 1, Prancha. cc.) diz: "O que eu odeio é a terra de Abydos. Que eu nunca entre na toca, e que nunca me seja feita nenhuma das coisas que os deuses odeiam, pois eu sou... puro dentro do Mesqet. Que Neb-er-tcher me dê seus esplendores no dia do funeral na presença do Senhor das Coisas".
"Se este capítulo for conhecido, [ele] estará na condição de alguém que foi absolvido no mundo inferior."

Rubrica: Se este capítulo for conhecido pelo Osíris Ani, ele não irá se decompor no submundo.

Vinheta: Uma porta. De um lado, está a alma de Ani na forma de um falcão com cabeça humana 🦅, e do outro, o pássaro 🦩.

Texto: [CAPÍTULO 46] (1) O CAPÍTULO SOBRE NÃO PERECER E SOBRE TORNAR-SE VIVO NO SUBMUNDO. Diz Osíris Ani: "Salve, (2) filhos de Shu! Salve, filhos de Shu, [filhos do] lugar do amanhecer, que como filhos da luz tomaram posse da coroa dele. Que eu possa me levantar e que eu possa avançar como Osíris."

Vinheta: Ani, o escriba, de costas para um bloco e uma faca 🪓.

Texto: [CAPÍTULO 40] (1) O CAPÍTULO SOBRE NÃO ENTRAR NO BLOCO. Diz Osíris Ani: "Os quatro ossos do meu pescoço e das minhas costas estão unidos para mim no céu por Rá, o guardião da terra. (2) Isso foi concedido no dia em que foi ordenado que eu me erguesse da fraqueza sobre meus dois pés, no dia (3) em que o cabelo foi cortado. Os ossos do meu pescoço e das minhas costas foram unidos por Set e pela companhia dos deuses, assim como foram (4) no tempo passado; que nada aconteça para separá-los. Tornai[-me] forte contra o assassino de meu pai. Eu obtive poder sobre as duas terras. Nut uniu meus ossos, e [eu] [os] vejo como eram no tempo passado [e eu] os vejo na mesma ordem em que estavam [quando] os deuses não haviam surgido (6) em formas visíveis. Eu sou Penti, eu, Osíris, o escriba Ani, triunfante, sou o herdeiro dos grandes deuses."

PRANCHA 17

Vinheta: Ani em adoração diante de três deuses, cada um dos quais segura um cetro ⌐ na mão esquerda, e o símbolo da vida ☥ na direita.

Texto [CAPÍTULO 93]: (1) O CAPÍTULO SOBRE NÃO DEIXAR UM HOMEM PASSAR PARA O LESTE NO SUBMUNDO. Diz Osíris Ani: "Salve, masculinidade de (2) Rá, que avança e derrota a oposição; coisas que estiveram sem movimento por milhões de anos passam a existir pelo deus Baba. Nisto sou feito mais forte que (3) o forte, e por meio disso tenho mais poder que os poderosos. Portanto, não serei levado nem arrastado à força para o leste para participar dos festivais dos demônios; (4) nem [me serão dados] cortes cruéis com facas, nem serei fechado por todos os lados, nem ferido pelos chifres [do deus Khepera]"...[245]

Vinheta: Ani adorando um deus em um barco cuja cabeça está virada para trás.

Texto [CAPÍTULO 93A] OUTRO CAPÍTULO.[246] [Diz Osíris Ani]: "Então nenhum mal me será feito pelos demônios, nem (6) serei ferido pelos chifres [de Khepera]; e a masculinidade de Rá, que é a cabeça de Osíris, não será engolida. Eis-me, (7) entro em minha propriedade e faço a colheita. Os deuses falam comigo. (8) Não os estripe, ó Rá-khepera. Em verdade, a doença não surgirá no olho de Tmu e também não (9) será destruído. Que eu seja levado ao fim, que eu não seja levado para o leste para participar dos festivais dos demônios que são meus inimigos (10); que cortes cruéis não sejam feitos em mim. Eu, Osíris, o escriba Ani, o contador das oferendas divinas de todos os deuses, triunfante com a vitória feliz, o senhor a ser reverenciado, não sou levado para o leste."

---

245 – O texto do restante deste capítulo está corrompido.

246 – Em outros papiros antigos, estes dois capítulos formam um. A divisão provavelmente surgiu de um erro por parte do escriba.

Texto [CAPÍTULO 43.]: (1) O CAPÍTULO SOBRE NÃO PERMITIR QUE A CABEÇA DE UMA PESSOA SEJA CORTADA NO SUBMUNDO. Diz Osíris Ani: (2) "Eu sou o grande Um, filho do grande Um; eu sou Fogo, o filho do Fogo, a quem (3) foi dada sua cabeça depois de ter sido cortada. A cabeça de Osíris não foi tirada dele; que a cabeça de Osíris Ani não (4) seja tomada dele. Uni os meus ossos, tornei-me inteiro e são; tornei-me jovem mais uma vez; eu sou Osíris, o Senhor da eternidade."

Vinheta: A múmia de Ani deitada em um esquife; acima está sua alma na forma de um pássaro com cabeça humana, segurando *shen* Ω, o emblema da eternidade, em suas garras. Na cabeceira e nos pés está um incensário com fogo nele.

Texto [CAPÍTULO 89]: (1) O CAPÍTULO PARA FAZER A ALMA SE UNIR A SEU CORPO NO SUBMUNDO. Diz Osíris Ani: "Salve, tu deus Annitu! Salve, ó Corredor, (2) que habitas em teu salão! Ó tu, grande deus, concede que minha alma possa vir a mim de onde quer que esteja. Se ela demorar, então traga-me (3) minha alma de onde quer que esteja. [Se] tu me encontrares, ó Olho de Hórus, faze-me ficar de pé como aqueles seres que são como Osíris e que nunca se deitam na morte. Não permita que (4) Osíris Ani, triunfante, triunfante, se deite na morte em Annu, a terra onde as almas são unidas aos seus corpos, mesmo em milhares. Minha alma leva consigo meu espírito vitorioso (5) para onde quer que vá[247] ... (6) Se ela se demorar, conceda que minha alma olhe para meu corpo. [Se] tu me encontrares, ó Olho de Hórus, faze-me ficar de pé como aqueles ... (7) Salve, ó deuses que remam no barco do senhor de milhões de anos, que o rebocam (8) acima do submundo, que o fazem passar pelos caminhos de Nu, que fazem as almas entrarem em seus gloriosos corpos, (9) cujas mãos estão cheias de justiça, e cujos dedos seguram seus cetros, destrua (10) o inimigo. O barco do Sol regozija-se e o grande deus avança em paz. Contemplai [ó deuses], concedam que esta alma de Osíris Ani (11) possa surgir triunfante diante dos deuses, e triunfante diante de vós, do horizonte leste do céu, para seguir até o lugar onde estava ontem, em paz, em paz, em Amenta. (12) Que ele possa contemplar o próprio corpo, que ele descanse no próprio

---

247 – Algumas palavras estão omitidas aqui.

corpo glorificado, que ele jamais pereça e que seu corpo nunca conheça a corrupção."

Rubrica: Para ser dito sobre a [imagem de uma] alma dourada incrustada com pedras preciosas, que deve ser colocada no pescoço de Osíris.

Vinheta: A alma de Ani, na forma de um pássaro com cabeça humana, parada na frente de um pilar.[248]

Texto [CAPÍTULO 91]: (1) O CAPÍTULO SOBRE NÃO PERMITIR QUE A ALMA DA PESSOA FIQUE CATIVA NO SUBMUNDO. Diz Osíris Ani: "Salve, tu que és exaltado, tu que és adorado, (2) tu, poderoso das almas, tu, *Ram* (ou Alma), possuidor de poder terrível, que põe temor de ti nos corações dos deuses, tu, que és coroado em teu grandioso trono! É ele quem abre o caminho para o *khu* e para (3) a alma de Osíris Ani. Eu estou provido [com aquilo que preciso], eu sou um *khu* provido [com aquilo que preciso], aproximei-me do lugar onde estão Rá e Hathor."

Rubrica: Se este capítulo for conhecido, Ani se tornará um ser radiante totalmente provido no submundo. Ele não será impedido, em nenhuma porta do submundo, de entrar e sair milhões de vezes.

Vinheta: Ani em pé na entrada da tumba; e a sombra de Ani, acompanhada de sua alma.

Texto [CAPÍTULO 92]: (1) O CAPÍTULO SOBRE ABRIR O TÚMULO À ALMA DA SOMBRA, SOBRE A SAÍDA PARA O DIA E SOBRE OBTER PODER SOBRE AS PERNAS. Disse Osíris, o escriba Ani, triunfante: "(2) O lugar

---

248 – As três variantes seguintes mostram: (1) a alma voando pela porta da tumba até o falecido; (2) o falecido, acompanhado de sua alma, de pé na porta aberta da tumba; e (3) o falecido, com sua alma pairando acima dele, de pé, de costas para a porta da tumba, sobre a qual está o disco do sol irradiado.

de escravidão está aberto, aquilo que estava fechado está aberto, e o lugar de escravidão está aberto para minha alma [de acordo com a ordem do] olho de Hórus. Eu vinculei e estabeleci (3) glórias sobre a fronte de Rá. [Meus] passos são alongados, [minhas] coxas são levantadas; passei pelo grande caminho, e meus membros estão fortes. (4) Eu sou Hórus, o vingador de seu pai, e trago a coroa de *ureret* para repousar em seu lugar. O caminho das almas está aberto [para minha alma]."

PRANCHA 18

Minha alma (5) vê o grande deus dentro do barco de Rá no dia das almas. Minha alma está (6) na frente, entre aqueles que contam os anos. Venha; o olho de Hórus, que estabelece glórias (7) sobre a fronte de Rá e raios de luz sobre as faces daqueles que estão com os membros de Osíris, libertou minha alma. (8) Ó, não prendais minha alma, não prendais minha sombra (9); que ela contemple o grande deus dentro do santuário no dia do julgamento das almas, que ela repita as palavras de Osíris. (10) Possam aqueles seres cujas moradas são escondidas, que acorrentam os membros de Osíris, que acorrentam as almas dos *khu*, que prendem (11) a sombra[s] dos mortos e podem me fazer mal — que eles não me façam nenhum mal, que desviem de mim o seu caminho. Teu coração (12) está contigo; que minha alma e meu *khu* estejam preparados contra o ataque deles. Que eu possa sentar-me entre os grandes governantes que (13) habitam em suas moradas; que minha alma não seja escravizada por aqueles que agrilhoam os membros de Osíris, que acorrentam almas e que aprisionam (14) a sombra[s] dos mortos. O lugar que possuis não é o Paraíso?"

Rubrica: Se este capítulo for conhecido, ele sairá para o dia e sua alma não será aprisionada.

Vinheta: Ani ajoelhada, com as duas mãos erguidas em adoração, ao lado do barco Seker[249] 𓊹, colocado em seu suporte.

Texto [CAPÍTULO 74]: (I) O CAPÍTULO SOBRE CAMINHAR COM AS DUAS PERNAS E SOBRE AVANÇAR SOBRE A TERRA. Disse Osíris Ani: "Tu fizeste todo o teu trabalho, ó Seker, tu fizeste todo o teu trabalho, ó Seker, na tua morada, dentro das minhas pernas no (2) submundo. Eu brilho acima da Perna[250] do céu, eu avanço o céu; eu me reclino com os (3) espíritos glorificados. Ai! Eu sou fraco e débil; ai! Eu sou fraco e débil. Eu ando.

---

249 – O deus Seker era uma forma do sol noturno, como Ptah, Osíris e Tanen.

250 – Nome de uma constelação.

Eu sou fraco e débil na (4) presença daqueles que rangem os dentes no submundo, eu, Osíris, o escriba Ani, triunfante em paz."

Vinheta: O emblema de Amenta 𒀭 🜨 e Ani em pé com um bastão na mão esquerda.

Texto [CAPÍTULO 8]: (1) O CAPÍTULO SOBRE A PASSAGEM POR AMENTA E A SAÍDA PARA O DIA. Diz Osíris Ani: "A hora se abre; (2) a cabeça de Thoth está selada; perfeito é o olho de Hórus. Eu entreguei o olho de Hórus que brilha com esplendores na fronte de Rá, (3) o pai dos deuses. Eu sou o mesmo Osíris que habita em Amenta. Osíris conhece seu dia e sabe que não viverá nele; nem eu viverei nele. (4) Eu sou a Lua entre os deuses; eu não chegarei a um fim. Levante-se, portanto, ó Hórus; Osíris te considerou entre os deuses."

Texto [CAPÍTULO 2 (1) O CAPÍTULO DA SAÍDA PARA O DIA E DA VIDA APÓS A MORTE.] Diz Osíris Ani: "Salve, Único, resplandecendo da Lua! (2) Salve, Único, resplandecendo da Lua! Conceda que este Osíris Ani possa surgir entre as multidões que estão ao seu redor; (3) deixe que seja consagrado como um habitante entre os radiantes; e permita que o submundo lhe seja aberto. E eis que Osíris, (4) Osíris Ani, surgirá durante o dia para fazer sua vontade sobre a terra entre os viventes."

Vinheta: Ani, de pé, com ambas as mãos erguidas, em adoração diante de um carneiro coroado com plumas e disco 🜨; em frente ao carneiro está uma mesa, sobre a qual estão um vaso de libação e uma flor de lótus.

Texto [CAPÍTULO 9]: (1) O CAPÍTULO DA SAÍDA PARA O DIA, TENDO PASSADO PELO TÚMULO. Diz Osíris Ani: "Salve Alma, tu poderosa em força! (2) Em verdade estou aqui, eu vim, contemplo-te. Passei pelo submundo, vi [meu] pai (3) Osíris, afastei a escuridão da noite. Eu sou o amado dele. Eu vim; vejo meu pai (4) Osíris. Esfaqueei Set no coração. Eu fiz as coisas [necessárias] para meu pai Osíris. (5) Abri todos os caminhos no céu e na terra. Sou o filho amado por seu pai Osíris (6). Tornei-me um governante, tornei-me glorioso, estou provido [do que preciso]. Salve, todos vós deuses, e todos vós radiantes, abri caminho para mim, o Osíris, o escriba Ani, triunfante."

Vinheta: Ani, com um cajado na mão esquerda, parado diante de uma porta.

Texto [CAPÍTULO 132]: O CAPÍTULO SOBRE FAZER UM HOMEM RETORNAR PARA VER DE NOVO SEU LAR NA TERRA. Disse Osíris Ani: "Eu sou o deus-leão (2) saindo a passos largos. Eu disparei flechas, feri [a presa], feri a presa. Eu sou o Olho de Hórus; eu abri o (3) olho de Hórus em sua hora. Eu vim até os sulcos. Que Osíris Ani venha em paz."

Vinheta: Ani espetando uma serpente.

Texto [CAPÍTULO 10 (48)]: OUTRO CAPÍTULO SOBRE AQUELE QUE SAI PARA O DIA CONTRA SEUS INIMIGOS NO SUBMUNDO. Diz Osíris Ani: "Eu dividi os céus, (2) atravessei o horizonte, atravessei a terra, [seguindo] seus passos. Eu sou levado pelos poderosos e radiantes porque, contemple, (3) estou provido de milhões de anos que possuem virtudes mágicas. Eu como com minha boca, mastigo com minhas mandíbulas; e eis que (4) sou o deus que é o senhor do submundo: que me seja dado, Osíris Ani, aquele que permanece para sempre sem corrupção."

PRANCHA 19

Vinheta: Ani em pé, com ambas as mãos levantadas em adoração, diante de Rá, com cabeça de falcão e sentado em um barco flutuando no céu ▬. Na proa está Heru-pa-khrat (Harpócrates) ou "Hórus, a criança"; e a lateral é ornamentada com penas de Maat 𓏏𓏏𓏏𓏏 e o *utchat* 𓂀. As alças dos remos e os topos das forquetas têm a forma de cabeças de falcão, e nas lâminas dos remos estão 𓁁𓂀.

Texto [CAPÍTULO 15]: (1) UM HINO DE LOUVOR A RÁ QUANDO ELE NASCE NO HORIZONTE E QUANDO SE PÕE NA [TERRA DA] VIDA. Diz Osíris, o escriba Ani: "Louvores a ti, ó Rá, (2) quando te levantas [como] Tmu-Heru-khuti (Harmachis), Tu és adorado [por mim] quando tuas belezas estão diante de meus olhos, e quando teus raios resplandecentes (3) [caem] sobre meu corpo. Tu sais em paz no barco *Sektet* com ventos [bons], e teu coração está alegre; [tu sais] no barco *Atet*, (4) e o coração dele está feliz. Tu caminhas sobre os céus em paz, e teus inimigos são derrotados; as estrelas que nunca descansam (5) cantam hinos de louvor a ti, e as estrelas que nunca se põem te glorificam enquanto tu (6) afundas no horizonte de Manu, ó tu, que és belo nas duas partes do céu, tu, senhor que vives e estás estabelecido, ó meu senhor! Louvores a ti, ó tu, que és Rá quando te levantas, e Tmu (7) quando te pões em beleza. Tu ascendes e resplandeces nas costas de tua mãe [o céu], ó tu, que és coroado rei (8) dos deuses. Nut te homenageia, e a ordem eterna e imutável te abraça de manhã e à noite. Tu caminhas acima do céu, alegre de coração, e o Lago (9) Testes está em paz. O Maligno caiu no chão; seus braços e mãos foram cortados, e a faca cortou as articulações do corpo dele. Rá tem um vento favorável (10); o barco *Sektet* avança e, navegando, chega ao porto. Os deuses do sul e do norte, do oeste e do leste te louvam, (11) de quem todas as formas de vida surgiram. Tu enviaste a palavra, e a terra é inundada com silêncio, ó tu, Único, que vivias no céu antes que a terra e as montanhas fossem feitas. (12) Ó Corredor, Senhor, Único, tu, criado das coisas que existem, tu moldaste a língua da companhia dos deuses, tu fizeste surgir tudo o que vem das águas, e tu surgiste da terra inundada do Lago de Hórus (13). Faze-me inspirar o ar que sai de tuas narinas e o vento norte que sai de tua mãe [o Céu]. Faz gloriosa minha forma radiante, ó Osíris, torna (14) forte minha alma. Tu és adorado em paz, ó senhor dos deuses, tu és exaltado por causa de tuas obras maravilhosas. Brilha com teus raios de luz sobre meu corpo dia após dia, sobre mim, (15) Osíris, o escriba, o contador das oferendas divinas de todos os deuses, o superintendente do celeiro dos senhores de Abidos, o escriba real em verdade que o ama (isto é, Rá); Ani, triunfante em paz."

Vinheta: Ani, de pé, com as duas mãos levantadas em adoração. Atrás dele está sua esposa:

Ausar nebt   per   qematet en   Amen   Thuthu.
Osíris, a senhora da casa, sacerdotisa de Amen, Thuthu.

Texto [CAPÍTULO 15]: (1) UM HINO DE LOUVOR. "Ó Osíris, senhor da eternidade, Un-nefer, Hórus dos dois horizontes, cujas formas são múltiplas, cujas criações são incontáveis, (2) Ptah-Seker-Tem em Annu, o senhor da tumba e o criador de Mênfis e dos deuses, o guia do submundo, a quem [os deuses] (3) glorificam quando tu te estabeleces em Nut. Ísis te abraça em paz, e ela afasta os demônios da boca de (4) teus caminhos. Tu viras tua face para Amenta, tu fazes o mundo brilhar como com metal *smu.* Os mortos se levantam para te ver, eles inspiram o (5) ar e veem tua face quando o disco brilha em seu horizonte; seus corações estão em paz, porque eles te contemplam, ó tu que és a eternidade e perpetuidade."

[Ladainha]: (1) "Louvores a ti, [ó senhor das] divindades estrela-das em An, e dos seres celestiais em Kher-aba; tu, deus Unti, que és mais glorioso do que os deuses que estão ocultos em Annu.

"(2) Louvores a ti, ó *An* em *Antes,* Hórus, tu, habitante em ambos os horizontes, com longos passos tu caminhas sobre o céu, ó tu, que habitas em ambos os horizontes.

"(3) Louvores a ti, ó alma da infinitude, tu, Alma que habita em Tattu, Un-nefer, filho de Nut; tu és o senhor de Akert.

"(4) Louvores a ti, em teu domínio sobre Tattu; a coroa *urerit* está estabelecida em tua cabeça; tu és Aquele cuja força está em si mesmo, e tu habitas em paz em Tattu.

"(5) Louvores a ti, ó senhor da acácia, o barco Seker está colocado em seu suporte; tu repeles o Demônio, o gerador do mal, e tu fazes com que o *utchat* repouse em seu *assento*.

"(6) Louvores a ti, ó tu, que és poderoso em tua hora, tu, deus grande e poderoso, habitante de An-rut-f, senhor da eternidade e criador da infinitude; tu és o senhor de Suten-henen.

"(7) Louvores a ti, ó tu, que descansas sobre a Retidão e a Verdade, tu és o senhor de Abtu, e teus membros estão unidos a Ta-sertet; tu és aquele a quem a fraude e a astúcia são odiosas.

"(8) Louvores a ti, ó tu, que estás em teu barco, tu trazes Hapi (quer dizer, o Nilo) de sua fonte; a luz brilha sobre teu corpo, e tu és o habitante de Nekhen.

"(9) Louvores a ti, ó criador dos deuses, tu, Rei do Norte e do Sul; ó Osíris, vitorioso, governante do mundo em tuas estações graciosas; tu és o senhor do mundo.

"Ó, conceda-me um caminho pelo qual eu possa passar em paz, pois sou justo e verdadeiro; não falei mentiras intencionalmente, nem fiz nada com malícia."

PRANCHA 20

Vinheta: Osíris e Ísis em um santuário sepulcral.

Texto [CAPÍTULO 15]: (1) UM HINO DE LOUVOR A RÁ QUANDO ELE ASCENDEU NA REGIÃO LESTE DO CÉU. Aqueles que estão (2) no séquito dele se regozijam, e eis! Osíris Ani em triunfo diz: "Salve tu, Disco, tu, senhor dos raios, que se eleva (3) no horizonte dia a dia. Brilhe com teus raios de luz sobre a face de Osíris Ani, que é vitorioso, pois ele canta hinos de louvor a ti ao (4) amanhecer, e ele o faz se pôr ao entardecer com palavras de adoração. Que a alma de Osíris Ani, o triunfante, avance contigo (5) do céu, que ele avance no barco *matet*, que ele chegue ao porto no barco *sektet*, que ele abra seu caminho entre as (6) estrelas que nunca repousam nos céus."

Osíris Ani, estando em paz e em triunfo, adora seu senhor, o senhor da (7) eternidade, dizendo: "Louvores a ti, ó Hórus dos dois horizontes, que és Khepera o autocriado; quando tu ascendes no horizonte e (8) derramaste teus raios de luz sobre as terras do Norte e do Sul; tu és belo, sim, belo, e todos os deuses se regozijam quando te contemplam, (9) o Rei do céu. A deusa Nebt-Unnet está consagrada sobre tua cabeça; as porções do sul e do norte dela estão sobre tua fronte (10); ela toma seu lugar diante de ti. O deus Thoth está consagrado na proa de teu barco para destruir totalmente todos os teus inimigos. (11) Aqueles que habitam no submundo vêm ao seu encontro, curvando-se em homenagem ao virem em sua direção, e para contemplar [tua] bela (12) imagem. E eu vim diante de ti para que eu possa estar contigo para contemplar teu Disco todos os dias. Que eu não seja fechado na tumba, que eu não seja recusado (13), que os membros do meu corpo sejam renovados quando eu vir tuas belezas, assim como fazem todos os teus favorecidos, (14) porque eu sou um daqueles que te adoraram enquanto vivia sobre a terra. Que eu possa adentrar a terra da eternidade, que eu possa adentrar (15) a terra infinita, pois eis que, ó meu senhor, isto tu ordenaste para mim."

E eis, Osíris Ani, triunfante em paz, o triunfante, diz (16) "Louvores a ti, ó tu que te elevas no teu horizonte como Rá, tu és consagrado por uma lei que não muda nem pode ser alterada. Tu passas pelo céu, e todos os rostos te observam (17), e teu curso, pois tu foste escondido do olhar deles. Tu te mostras ao amanhecer e ao entardecer, dia após dia. (18) O barco *Sektet*, onde está a tua majestade, avança com poder; teus raios brilham sobre [todos] os rostos; [o número] de teus raios amarelos não pode ser conhecido, nem teus raios brilhantes (19) podem ser contados. As terras dos deuses e as cores das terras orientais de Punt devem ser vistas, antes que aquilo que está oculto (20) [em ti] possa ser medido [pelo homem]. Sozinho e por ti mesmo tu te manifestas [quando] passas a existir acima de Nu. Que Ani (21) avance, assim como tu avanças; que ele nunca cesse [de avançar], assim como tua majestade não cessa [de avançar], mesmo que seja por um momento; pois, com passos largos, tu (22), em um pequeno momento, atravessas espaços que precisariam de centenas de milhares e milhões de anos [para o homem atravessar] tu fazes, e então te pões. Tu (23) pôs fim às horas da noite, e tu as contaste, tu mesmo; tu as terminas em tua própria estação designada, e a terra se torna luz. (24) Tu te colocas diante do trabalho de tuas mãos à semelhança de Rá; tu nasces no horizonte."

Osíris, o escriba Ani, triunfante, declara seu (25) louvor a ti quando tu brilhas, e quando tu te elevas ao alvorecer, ele grita em sua alegria por teu nascimento: (26) "Tu és coroado com a majestade de tuas belezas; tu moldas teus membros à medida que avanças, e os produzes sem dores de parto na forma de Rá (27), enquanto sobes ao ar superior. Concede-me que eu possa ir ao céu que é infinito e à montanha [onde habitam] teus favorecidos. (28) Que eu possa me unir àqueles seres radiantes, santos e perfeitos, que estão no submundo; e que eu possa avançar com eles para contemplar tuas belezas quando tu resplandeces (29) ao entardecer e vais para tua mãe Nut.

PRANCHA 21

"Tu colocas teu disco no oeste, e minhas duas mãos estão [levantadas] em adoração [a ti] quando tu te pões (30) como um ser vivente. Contemple, tu és o criador da eternidade e és adorado [quando] te pões nos céus. Dei meu coração a ti sem vacilar, (31) ó tu que és mais poderoso que os deuses.

Osíris Ani, triunfante, declarou: "Um hino de louvor a ti, ó tu que ascendes (32) como ouro, e que inundas o mundo com luz no dia do teu nascimento. Tua mãe te deu à luz na mão [dela], e tu iluminas o curso do Disco. (33) Ó tu, poderosa Luz que brilhas nos céus, tu fortaleces as gerações dos homens com a inundação do Nilo e causa alegria em todas as terras, em todas (34) as cidades, e em todos os templos. Tu és glorioso por causa de teus esplendores, e tu tornas forte teu *ka* com alimentos *hu* e *tchefau*. Ó tu, que és o poderoso das vitórias, (35) tu, que és o Poder de [todos] os Poderes, que fortaleces teu trono contra os poderes da maldade, que és glorioso em majestade no barco *sektet*, e que és extremamente (36) poderoso no barco *atet*, torna-te glorioso, Osíris Ani, com vitória no submundo; concede que no submundo ele possa ser livre de (37) pecado. Rogo-te que deixes de lado [as] faltas dele; concede que ele seja um dos teus veneráveis (38) servos que estão com os radiantes; que ele possa ser unido às almas que estão em Ta-sertet; e que ele viaje para o Sekhet-Aaru (39) por um caminho próspero e feliz, ele, o Osíris, o escriba Ani, triunfante.

(40) Tu sairás para o céu, tu passarás pelo céu, tu te unirás às divindades estelares. (41) Louvores serão oferecidos a ti em teu barco, tu serás cantado no barco *diet*, (42) tu verás Rá dentro do santuário dele, tu te porás com o disco dele todo dia, tu verás (43) o peixe *ant* quando ele surge nas águas turquesas, e tu verás (44) o peixe *abtu* em sua hora. Que o Maligno caia quando armar uma armadilha para me destruir, (45) e que as articulações de seu pescoço e de suas costas sejam despedaçadas.

Rá [navega] com vento favorável, e o barco *sektet* avança (46) e chega ao porto. Os marinheiros de Rá se regozijam, e o coração de Nebt-ankh (47) está contente, pois o inimigo de seu senhor foi derrubado ao chão. Tu verás Hórus vigiando [no Barco], e Thoth e Maat de cada lado dele.

(48) Todos os deuses se regozijam quando contemplam Rá vindo em paz (49) para fazer viver os corações dos radiantes. Que Osíris Ani, triunfante, o escriba das oferendas divinas dos senhores de Tebas, esteja com eles."

Vinheta: Rá, com cabeça de falcão, com o disco sobre a cabeça e o emblema da vida ⚥ sobre os joelhos, sentado na barca solar; diante dele está Ani com ambas as mãos erguidas em adoração.

Texto [CAPÍTULO 133]: (1) A SER RECITADO NO DIA DO MÊS.[251] Osíris Ani, o escriba, triunfante em paz, triunfante, diz: "Rá ascende (2) em seu horizonte, e a companhia de seus deuses segue atrás do deus quando ele aparece de seu lugar secreto, quando mostra força e sai (3) do horizonte leste do céu pela palavra da deusa Nut. Eles se regozijam com as jornadas de Rá, o Ancião; o Grandioso (4) segue em seu curso. Tuas articulações estão unidas,[252] ó Rá, dentro de teu santuário. Tu respiras os ventos, tu atrais as brisas, (5) tu fazes os teus maxilares para festejar em tua morada no dia em que inspiras a retidão e a verdade. Tu afastas os divinos seguidores (6) [que] navegam atrás do barco sagrado, a fim de que possam retornar de novo aos poderosos de acordo com a tua palavra. Tu numeras os teus ossos, tu reúnes os teus membros; (7) tu voltas a tua face para o belo Amenta; tu chegas lá renovado dia após dia. Eis, tu, imagem de ouro, que possuis o esplendor (8) do Disco do céu, tu, senhor do terror; tu avanças e te renovas dia após dia. Salve, lá (9) está regozijando-se no horizonte celestial, e gritos de alegria são elevados às cordas que te puxam. Que os deuses que habitam no céu (10) atribuam louvores a Osíris Ani, quando o contemplarem em triunfo, como a Rá. Possa Osíris, o escriba Ani, ser um príncipe (11) conhecido pela coroa *ureret*; e que as oferendas de carne e as oferendas de bebida de Osíris Ani, triunfante, sejam distribuídas a ele; que ele se torne extremamente forte em seu corpo; e que ele seja o (12) líder daqueles que estão na presença de Rá. Que Osíris, o escriba Ani, triunfante, seja forte na terra e no mundo abaixo da terra; e, (13) ó Osíris, escriba Ani, triunfante, que possas levantar-te fortalecido como o próprio Rá dia após dia. Osíris

---

251 – Este capítulo é geralmente intitulado ⌣⌣⌣⌣⌣⌣⌣⌣⌣ "O livro de tornar perfeito (ou forte) o *khu* no mundo inferior, na presença da grande companhia dos deuses".

252 – Ou "tu és exaltado".

Ani, triunfante, não tardará, (14) nem repousará sem movimento na terra para sempre. Com clareza, com clareza ele verá com seus dois olhos e com seus dois ouvidos ouvirá o que é correto e verdadeiro. (15) Osíris, o escriba Ani, triunfante, volta, retorna de Annu; Osíris Ani, triunfante, é como Rá quando ele range os remos (16) entre os seguidores de Nu".

PRANCHA 22

"Osíris Ani, triunfante, não revelou o que viu, (17) não disse, não contou de novo o que ouviu na casa que está escondida. Salve, há gritos de alegria para Osíris Ani, triunfante, (18) pois ele é um deus e a carne de Rá, ele está no barco de Nu, e seu *ka* está satisfeito conforme a vontade do deus. (19) Osíris Ani, triunfante, está em paz, ele é triunfante como Hórus, e é poderoso porque tem diversas formas."

Vinheta: Rá sentado em um barco, navegando pelo céu em direção ao céu estrelado.

Rubrica: Estas palavras devem ser recitadas sobre um barco (20) de três metros de comprimento e pintado de verde para os governantes divinos. Então farás um céu de estrelas (21) lavadas e purificadas com natrão e incenso. Eis que tu farás uma imagem (22) de Rá sobre uma mesa de pedra pintada de amarelo, e ela será colocada na parte dianteira do barco. (23) Farás uma imagem do falecido, a qual farás perfeita em força (24) no barco; e tu a farás viajar no barco divino de Rá, (25) e o próprio Rá a contemplará ali. Tu não mostrarás a ninguém senão a ti mesmo, (26) ou a teu pai ou a teu filho; permita que eles testemunhem com seus olhos, e ele será visto no submundo como um mensageiro de Rá.

Vinheta: Rá, com cabeça de falcão, com um disco na cabeça, sentado em um barco; diante dele está um grande disco.

Texto [CAPÍTULO 134.]: (1) UM HINO DE LOUVOR A RÁ NO DIA DO MÊS EM QUE NAVEGOU NO BARCO. [Osíris, o escriba Ani, diz]: "Louvores a ti, ó tu que estás em teu barco! Tu te elevas, tu te elevas, (2) tu brilhas com teus raios, e tu fizeste a humanidade se regozijar por milhões de anos conforme tua vontade.

Tu mostras tua face para os seres que tu criaste, ó Khepera, (3) em teu barco. Tu derrotaste Apepi. Ó filhos de Seb, derrubem os inimigos de Osíris (4) Ani, triunfante, destruam os adversários da retidão do barco de Rá. Hórus cortará suas (5) cabeças no céu à semelhança de patos; caireis sobre a terra e vos tornareis feras, e na água na semelhança de peixes.

[Osíris, o escriba Ani,] destrói todo demônio hostil, macho (6) e fêmea, quer passe pelo céu, [ou] apareça (7) na terra, ou apareça na água, ou passe em frente às divindades estelares; e Thoth os fortalece... (8) saindo de *Anreti*. Osíris, o escriba Ani, está calado, e se torna o segundo de Rá. Contemple tu o deus, o grande matador, (9) a ser muito temido, ele se lava em seu sangue, ele se banha em suas entranhas; Osíris, (10) o escriba Ani, os destrói do barco de seu pai Rá-Hórus. A mãe Ísis dá à luz Osíris, o escriba (11) Ani, triunfante, cujo coração vive, e Néftis cuida dele (12); assim como fizeram com Hórus, que repeliu os demônios de Sut. Elas viram (13) a coroa *urertu* colocada sobre sua cabeça e se prostaram sobre seus rostos. Vejam, ó seres radiantes, ó homens (14) e deuses, ó malditos, quando contemplarem Osíris Ani, triunfante como Hórus e adorado (15) por causa da coroa de *ureret*, prostem-se sobre seus rostos; pois Osíris Ani é vitorioso (16) sobre seus inimigos nos céus acima e [na terra] abaixo, na presença dos governantes divinos (17), de todos os deuses e deusas."

Rubrica: Estas palavras devem ser recitadas sobre um grande falcão com a coroa branca na cabeça. Então os nomes de Tmu, (18) Shu, Tefnut, Seb, Nut, Osíris, Ísis, Néftis serão escritos em cor verde sobre uma (19) mesa nova, ungida com unguentos e colocada em um barco com uma figura do morto (20). Então devem pôr incenso no fogo e colocar patos para assar (21). Este é um rito de Rá quando seu barco chega; e fará com que o homem morto vá com Rá para todo lugar que ele navegar, e os inimigos de Rá serão (22) massacrados em verdade. O capítulo do barco *sektet* deve ser recitado no sexto dia do festival.

Vinheta: A escada pela qual a alma passa do submundo para o corpo.

PRANCHAS 23 E 24

Toda a prancha 23 e parte da prancha 24 contém uma repetição do capítulo 18 do *Livro dos mortos*, que também foi dado nas pranchas 13 e 14. A disposição dos deuses na vinheta é, no entanto, um pouco diferente.

PRANCHA 24 (2).

Vinheta: Ani e sua esposa adorando três deuses, que estão sentados em um pilar ou pedestal em forma de porta.

Texto [CAPÍTULO 124]: (1) O CAPÍTULO SOBRE A IDA ATÉ OS GOVER-NANTES DE OSÍRIS. Osíris, o escriba Ani, diz triunfante: "Minha alma construiu para mim uma (2) morada em Tattu. Eu me tornei forte na cidade Pe. Eu lavrei [meus] campos em todas as minhas formas, e minha palmeira ali se ergue como o deus Amsu. Eu não como aquilo que abomino, (3) não como aquilo que detesto; aquilo que abomino, eu abomino, e não me alimento de imundície. (4) Há oferendas de alimentos e carne para aqueles que não serão destruídos ali. Eu não me levanto em meus dois braços sobre nenhuma abominação, não ando sobre elas (5) com meus sapatos, porque meu pão é [feito] de grãos brancos e minha cerveja da cevada vermelha (6) do Nilo. O barco *sektet* e o barco *atet* os trazem para mim, e eu me alimento deles (7) sob as árvores, cujos belos galhos eu mesmo conheço. (8) Quão gloriosa eu torno a coroa branca [quando] levanto o ureu! (9) Salve, guardião da porta, que dá paz às duas terras, traga-me aqueles que fazem oferendas! Conceda que eu possa (10) levantar a terra; que os radiantes possam abrir seus braços para mim; que a companhia dos deuses possa (11) falar com as palavras dos radiantes para Osíris Ani; que os corações dos deuses possam conduzi-lo (12); e que possam torná-lo poderoso no céu entre os deuses que tomaram para si formas visíveis. (13) Sim, que todo deus e toda deusa por quem ele passe torne Osíris, o escriba Ani, triunfante no ano novo. Ele se alimenta de corações (14) e os consome quando vem do leste. Ele foi julgado pelo ancestral da Luz. Ele é (15) um ser radiante enfileirado no céu entre os poderosos. A comida de Osíris, o escriba Ani triunfante, são os mesmos (16) bolos e cerveja feitos para as bocas deles.

Entro pelo Disco, saio pelo deus Ahui. Falo com os seguidores (17) dos deuses, falo com o Disco, falo com os radiantes, e o Disco me concede ser vitorioso na (18) escuridão da noite, dentro de Meh-urt, perto de sua testa. Eis que estou com Osíris e (19) proclamo aquilo que ele proclama entre os poderosos. Ele fala para mim as palavras dos homens, eu escuto e (20) eu conto de volta para ele as palavras dos deuses. Eu, Osíris Ani, triunfante, venho igual àquele que está equipado para a jornada. Tu ergues [retidão e verdade] (21) para aqueles que as amam. Eu sou um ser radiante vestido de poder, mais poderoso que qualquer outro ser radiante."

PRANCHA 25

Vinheta: Uma andorinha empoleirada em um objeto cônico pintado de vermelho e verde.

Texto [CAPÍTULO 86]: (1) AQUI COMEÇAM OS CAPÍTULOS SOBRE FAZER TRANSFORMAÇÕES. A TRANSFORMAÇÃO EM ANDORINHA. (2) Diz Osíris Ani, triunfante: "Eu sou a andorinha, [eu sou] a andorinha, [eu sou] o escorpião, a filha de Rá. Salve, deuses, cujo perfume é doce; salve, deuses, cujo perfume é doce! Salve, tu, Chama que vens (4) do horizonte! Salve, tu que estás na cidade. Que o Guardião da Baía me conduza. Ó, estende sobre mim (5) tuas faixas para que eu possa passar meus dias na Ilha da Chama. Eu saí com minha garantia. Vim com o poder dela. Que as portas se abram para mim (6). Como direi o que vi nelas?

Hórus era como o príncipe da barca sagrada, e o trono de seu pai lhe foi dado. Sut, o filho de Nut, também obteve a queda que (7) engendrou para Hórus. Aquele que está em Sekhem me julgou. Estendi minhas mãos e meus braços para Osíris. Eu passei para o julgamento, (8) e vim para falar; concede que eu possa passar e entregar minha mensagem. Eu entro, tendo sido julgado; eu saio (9) na porta de Neb-er-tcher ampliado e glorificado. Eu sou declarado puro no Grande lugar de passagem [das almas]. Eu deixei de lado minhas falhas. (10) Eu abandonei minhas ofensas. Expulsei os pecados que faziam parte de mim. Eu, eu mesmo, sou puro, (11) eu, eu mesmo, sou poderoso. Ó porteiros, eu fiz o meu caminho [até vós]. Sou como vós. Vim durante o dia. Caminhei com minhas pernas e obtive o poder do andar com o qual caminham os radiantes de luz (12). Eu, eu mesmo, conheço os caminhos ocultos para as portas do Campo de Aaru; e (13), embora meu corpo esteja enterrado, permite que eu me levante; e que eu possa avançar e derrotar todos os meus inimigos na terra."

Apêndice: *Rubrica*. Se este capítulo for conhecido [pelo falecido], ele sairá durante o dia em Neter-khert e entrará de novo depois que saiu. Se este capítulo não for conhecido, ele não entrará depois de sair, nem sairá durante o dia.

Vinheta: Um falcão dourado segurando um mangual ⚒, emblema do governo.

Texto [CAPÍTULO 77]: (1) CAPÍTULO SOBRE A TRANSFORMAÇÃO EM UM FALCÃO DOURADO. Diz Osíris Ani: "(2) Que eu possa, mesmo eu, me levantar na câmara *seshet*, como um falcão de ouro (3) saindo de seu ovo. Que eu possa voar e pairar como um falcão, com costas de (4) três metros de largura e com asas feitas de esmeraldas do Sul. Que eu possa sair do barco *sektet* (5), e que meu coração seja trazido a mim da montanha do leste. Que eu possa pousar no barco *atet*, e que aqueles que estão em (6) suas companhias sejam trazidos a mim, curvando-se ao chegarem. Que eu me levante, que eu me reúna (7) como o belo falcão dourado [que tem] a cabeça de um pássaro *bennu*. Que eu possa entrar na presença de Rá diariamente para ouvir suas palavras, e que eu possa sentar-me entre os (8) poderosos deuses de Nut. Que uma propriedade seja preparada para mim, e que oferendas de comida e bebida sejam colocadas diante de mim nela. Que eu coma nela; (9) que eu possa me tornar um ser radiante nela; que eu possa ser satisfeito nela, o quanto eu desejar; que o trigo sagrado me seja dado como alimento. Que eu, por mim mesmo, obtenha poder sobre o guarda da minha cabeça."

Vinheta: Um falcão verde, segurando um mangual e de pé sobre um pedestal em forma de pilar.

Texto [CAPÍTULO 78]: (1) O CAPÍTULO SOBRE A TRANSFORMAÇÃO EM UM FALCÃO SAGRADO. Diz Osíris Ani: (2) "Salve, tu poderoso, venha a Tattu. Abra meus caminhos e deixe-me passar [para visitar] meus (3) tronos. Faz com que eu me renove e faz com que eu cresça forte. (4) Conceda que eu seja temido, e faça de mim um terror. Que os deuses do submundo me temam, e que eles possam lutar por mim em suas (5) habitações. Que aquele que me deseja fazer mal não se aproxime de mim. Permita que eu ande pela casa das trevas. Que eu (6), o débil, me vista e me cubra; e que eles (isto é, os deuses) não façam o mesmo comigo. Salve, deuses que ouvem meu discurso! Saudações, governantes que estão entre os seguidores de Osíris. Fiquem, portanto, calados, ó deuses, [quando] o deus fala comigo; ele ouve o que é correto e (7) verdadeiro. O que eu falo para ele, tu também digas, ó Osíris. Concede que eu possa percorrer meu curso de acordo com a ordem que sai de tua boca a meu respeito. Que eu veja tuas formas; (8) que eu seja capaz de entender tua vontade. Concede que eu possa avançar, que eu possa obter poder sobre minhas pernas, e que eu possa ser como Neb-er-tcher (9) em seu trono. Que os deuses do submundo me temam e que lutem por mim em suas habitações. Concede que eu possa seguir meu caminho com os divinos que se levantam (10). Que eu possa ser consagrado em meu lugar de descanso como o Senhor da Vida; que eu me una a Ísis, a divina Senhora. Que os deuses (11) me tornem forte contra aquele que me faria mal, e que ninguém venha a me ver cair indefeso. Que eu passe pelos caminhos (12), que eu chegue às partes mais distantes do céu. Rogo falar com Seb, faço súplica a Hu (13) e a Neb-er-tcher para que os deuses do submundo possam me temer, e que possam lutar por mim em suas habitações, quando virem que tu me (14) deste as aves do céu e os peixes do mar.

"Eu sou um daqueles seres radiantes que vivem em raios de luz. (15) Eu fiz minha forma semelhante à forma [do deus] que sai e se manifesta em Tattu, pois me tornei digno de honra em razão da honra dele, (16) e ele te falou das coisas que me dizem respeito. Certamente ele fez o temor de mim [avançar] e criou terror de mim! Os deuses do {continua na próxima *Prancha*}...

PRANCHA 26

… submundo me temem, e (17) lutam por mim [em suas habitações]. Eu, em verdade, sou um ser radiante e um habitante da luz que foi criado e que veio à existência (18) do corpo do deus. Eu sou um dos radiantes que habitam na luz, a quem (19) o próprio Tmu criou, e que surgiu dos cílios de seu olho. Ele cria, glorifica e torna nobres as faces daqueles que vivem com ele. (20) Contemple, o único em Nu! Eles o homenageiam quando surge do horizonte, e eles infundem o temor dele nos deuses (21) e nos radiantes que vieram a existir com ele.

"Eu sou o Um entre os vermes que o olho do Senhor, o Único, criou. E eis! (22) Antes de Ísis existir, e quando Hórus ainda não existia, eu havia me fortalecido e florescido. Eu havia envelhecido e me tornei maior (23) que aqueles que estavam entre os radiantes que passaram a existir com ele, e eu, eu mesmo, me elevei na forma de um falcão sagrado (24), e Hórus me fez digno na forma de sua própria alma, para tomar posse de tudo o que pertence a Osíris no submundo. O duplo deus-leão, (25) o guardião das coisas que pertencem à casa da coroa *nemmes* que está em seu *esconderijo*, disse-me: 'Volte para as alturas do céu, vendo que por meio de Hórus (26) tu te tornaste glorificado em tua forma; a coroa *nemmes* não é para ti; tu tens fala até os confins (27) do céu.' Eu, o guardião, tomo posse das coisas que pertencem a Hórus e Osíris no submundo. Hórus conta em voz alta para mim o que (28) seu pai havia dito sobre mim nos anos [passados], no dia do enterro [de Osíris]. Dei a ti os *nemmes* do duplo deus-leão que possuo (29) para que possas seguir em frente e viajar pelo caminho do céu, e para que aqueles que habitam nos confins do horizonte possam ver-te, e que os deuses do submundo possam te temer (30) e possam lutar por ti em suas habitações. O deus Auhet é deles. Os deuses, os senhores dos limites do céu, eles que são os guardas (31) do santuário do senhor, o Único, caíram diante de minhas palavras, caíram diante de [minhas] palavras. Salve! Aquele que é exaltado em seu túmulo está do meu lado, e ele amarrou sobre minha cabeça a coroa *nemmes*. (32) O duplo deus-leão decretou isso, o deus Auhet abriu um caminho para mim. Eu, eu mesmo, sou exaltado, e o duplo deus-leão amarrou a coroa *nemmes* em mim, e (33) meu adereço de cabeça me foi dado. Ele consagrou meu coração por meio de sua força e de seu grande poder, e eu (34) não cairei em Shu. Eu sou Hetep, o senhor dos dois ureus, o ser que é adorado. Eu conheço o deus resplandecente, (35) e sua respiração está em meu corpo. Não serei rechaçado pelo touro que faz os homens tremerem, mas entrarei todo dia na casa do duplo deus-leão e sairei dali para a casa de Ísis. Eu contemplarei as coisas sagradas que estão escondidas, serão feitos para mim sagrados (37) ritos ocultos, eu verei o que está lá; minhas palavras tornarão plena a majestade de Shu e afastarão o mal. (38) Eu, eu mesmo, sou Hórus que habita em esplendores. Ganhei poder sobre sua coroa, ganhei poder sobre seu esplendor (39), e viajei pelas partes mais remotas do céu. Hórus está em seu trono, Hórus está em seu assento. Meu (40) rosto é como o de um falcão divino. Sou alguém que foi armado por seu senhor. Eu vim de Tattu. Eu vi Osíris, levantei-me (41) de cada lado dele. Nut [me envolveu]. Os deuses me contemplam, e eu contemplei os deuses. O olho de Hórus, que habita na escuridão, me consumiu. Os deuses (42) estendem seus braços para mim. Eu me levanto, obtenho o domínio e rechaço o mal que se opõe a mim. Os deuses abrem para mim o caminho sagrado (43), eles veem minha forma e ouvem minhas palavras que pronuncio em sua presença. Ó deuses do submundo, que se levantam contra mim (44) e que resistem aos poderosos, as estrelas que nunca se põem me guiaram em meu caminho. Eu passei pelos caminhos sagrados da câmara *hemtet* até seu senhor, (45) a Alma imensamente poderosa e terrível. Hórus ordenou que levantassem seus rostos para (46) olharem para mim. Eu me levantei à semelhança de um falcão divino, e Hórus me separou à semelhança de sua própria alma para tomar posse daquilo que pertence a Osíris no submundo. (47) Eu passei pelo caminho, viajei adiante e cheguei até mesmo entre aqueles que vivem em seus esconderijos e que guardam a casa de Osíris. (48) Falo-lhes de seu poder e faço-os conhecer o terrível poder daquele que é provido de dois chifres [para lutar] contra Sut; e eles (49) sabem quem levou o alimento sagrado que o poder de Tmu trouxe para ele. Os deuses do submundo proclamaram (50) uma vinda feliz para mim. Ó Vós, que viveis em vossos esconderijos e que guardais a casa de Osíris, e que engrandecestes vossos nomes, (51) concedais que eu possa ir até vós. Eu uno e reúno seus poderes, e ordeno a força dos caminhos daqueles que guardam o (52) horizonte do *hemtet* do céu. Estabeleci suas moradas para Osíris, ordenei seus caminhos, fiz o que foi ordenado. (53) Eu vim de Tattu, contemplei Osíris, falei a ele sobre as coisas de seu filho, o divino Príncipe a quem ele ama. Há uma ferida no coração de Set, (54) e vi aquele que não tem {*continua na próxima prancha*}...

PRANCHA 27

... vida. Ó, eu os fiz conhecer os planos dos deuses que Hórus concebeu (55) por ordem de seu pai Osíris. Salve, senhor, alma mais terrível e poderosa! Permita-me ir, até eu, (56) permita que eu me eleve! Eu abri e atravessei o submundo. Abri os caminhos dos guardas (57) do céu e dos guardas da terra. Não fui rechaçado por eles; e levantei a tua face, ó senhor da eternidade."

Apêndice: A seguir, tem-se o final do capítulo 78 de acordo com o papiro de Paris citado por Naville (*Todtenbuch*, vol. 1, Bl. 89, ll. 43-48): "Tu és exaltado em teu trono, ó Osíris. Tu ouves coisas alegres, ó Osíris. Tua força é vigorosa, ó Osíris. Tua cabeça está ligada ao teu corpo, ó Osíris. Tua fronte fica firme, ó Osíris. Teu coração está alegre. Ó, tenha prazer em estabelecer alegria para seus servos. Tu estás firmado como um touro de Amenta. Teu filho Hórus é coroado rei em teu trono; toda a vida está com ele. A teu filho são dados milhões de anos, e o temor dele durará por eras incontáveis. A companhia dos deuses o temerá. A teu filho é dado... a companhia dos deuses; ele não muda sua palavra. Hórus é o alimento e o altar. Vou me unir a [meu] pai; e a libertação vem de [meu] pai, de [meu] irmão e do amigo de Hórus. Hórus está no séquito de seu pai. Ele habita em meio à decadência. Ele governa Khem. Para teu filho, os deuses deram a coroa de milhões de anos, e, por milhões de anos, ela o faz viver no olho [de Hórus], o único olho do deus [que é chamado] Nebt-er-tcher, a rainha dos deuses."

Vinheta: O falecido ajoelhado, com as duas mãos levantadas em adoração, diante de três deuses.

Texto [CAPÍTULO 79]: (1) O CAPÍTULO SOBRE ESTAR NA COMPANHIA DOS DEUSES E SOBRE SER TRANSFORMADO NO (2) PRÍNCIPE DOS GOVERNANTES DIVINOS. [O falecido] diz: "Louvores a ti, ó Tmu, (3) senhor do céu, tu, criador das coisas que são e que vêm da terra; que fazes vir a ser aquilo que é semeado, o senhor das coisas que haverão de ser, o progenitor dos deuses, o grande deus (4) que fez a si mesmo, o senhor da vida que faz a humanidade florescer. Louvados sejais vós, ó senhores da criação, ó seres puros cujas moradas (5) estão ocultas. Louvados sejais, ó senhores da eternidade, cujas formas estão ocultas e cujas moradas são desconhecidas. (6) Louvados sejais, ó deuses que habitam na morada das terras inundadas. Louvados sejais, ó deuses que habitam no submundo. Louvados sejais, ó deuses que habitam no céu. (7) Concedei-me que eu possa ir [até vós], pois vos conheço. Eu sou puro, eu sou santo, eu sou poderoso, tenho uma alma, (8) tornei-me poderoso, sou glorioso; trouxe-vos perfume, incenso e natrão. Apagai de vossos corações (9) tudo o que tendes neles contra mim. Eu vim, tendo eliminado todo o mal que habita em vossos corações contra mim, acabei com todo o pecado que cometi (10) contra vós; eu trouxe a vós o que é bom, fiz vir até vós aquilo que é correto e verdadeiro. Eu, mesmo eu, vos conheço (11), conheço vossos nomes, conheço vossas formas que não são conhecidas, que surgem (12) convosco. Eu vim até vós.

Levantei-me entre os homens como o deus, vivendo entre os (13) deuses. Eu sou forte diante de vós como o deus que é exaltado em seu lugar de descanso; quando ele vem, os deuses se regozijam, e deusas e mulheres mortais (14) se alegram quando o contemplam. Eu vim até vós. Eu subi (15) sobre o trono de Rá, sento-me no meu assento no horizonte. Recebo oferendas em meu altar, (16) bebo libações ao entardecer como alguém que o senhor dos mortais tornou nobre. Eu sou exaltado (17) tal qual o deus sagrado, o senhor da grande Casa. Os deuses se regozijam quando o veem em sua (18) bela manifestação no corpo de Nut, que dá à luz a ele diariamente."

Vinheta: A serpente Seta, com pernas humanas.

Texto [CAPÍTULO 86L]: (I) O CAPÍTULO DA TRANSFORMAÇÃO EM SETA. Osíris Ani, triunfante, diz: "Eu sou a serpente Seta, cujos anos são muitos. Eu me deito e nasço dia a dia. Eu sou (3) a serpente Seta, que habita nos limites da terra. Eu deito, eu nasço, (4) eu me renovo, eu rejuvenesço dia após dia."

Vinheta: Um crocodilo sobre um pilar ou porta.

Texto [CAPÍTULO 88]: (1) O CAPÍTULO DA TRANSFORMAÇÃO EM CROCODILO. Diz Osíris Ani, triunfante: (2) "Eu sou o crocodilo que habita no terror, eu sou o crocodilo sagrado e causo destruição. (3) Eu sou o grande peixe em Kamui. Eu sou o senhor a quem prestam homenagem (4) em Sekhem; e Osíris Ani é o senhor a quem prestam homenagem em Sekhem."

Vinheta: O deus Ptah 🜋 em um santuário, diante do qual há uma mesa de oferendas.

Texto [CAPÍTULO 82]: (1) O CAPÍTULO DA TRANSFORMAÇÃO EM PTAH.

Diz Osíris Ani, triunfante: "Eu como pão, (2) bebo cerveja, visto roupas, (3) voo como um falcão, grasno feito um ganso e pouso no caminho (4) próximo à colina dos mortos no festival do grande Ser. Aquilo que é abominável, aquilo que é abominável, eu não comi; e aquilo que (5) é imundo eu não engoli. Aquilo que meu *ka* abomina não *entrou* em meu corpo. Eu vivi de acordo com o (6) conhecimento dos deuses gloriosos. Eu vivo e obtenho força de seu pão, obtenho força quando o como sob a (7) sombra da árvore de Hathor, minha senhora. Eu faço uma oferenda e faço pão em Tattu e oblações em (8) Annu. Eu me visto com o manto da deusa Matait e me levanto e me sento onde quer que meu coração deseje (9). Minha cabeça é como a cabeça de Rá; quando meus membros estão reunidos, eu sou como Tmu. As quatro regiões de Rá são os limites da terra. Eu saio; minha língua (10) é como a língua de Ptah, minha garganta é igual a de Hathor, e eu repito as palavras de meu pai Tmu com meus lábios. Foi ele quem restringiu (11) a serva, a esposa de Seb; e a ele se inclinam [todas] as cabeças, e há temor dele. Hinos de louvor são cantados em homenagem aos meus feitos poderosos (12), e sou considerado o herdeiro de Seb, o senhor da terra, o protetor. O deus Seb dá água fresca, ele faz com que suas auroras sejam minhas. Aqueles que habitam em (13) Annu inclinam suas cabeças diante de mim, pois eu sou o touro deles. Eu me fortaleço a cada momento; meus quadris são fortalecidos por milhões de anos."

Vinheta: Um Carneiro.

Texto [CAPÍTULO 75]: (1) O CAPÍTULO DA TRANSFORMAÇÃO NA ALMA DE TMU.

Diz Osíris Ani, triunfante: (2) "Eu não entrei na casa da destruição; não fui reduzido a nada, não conheci a decadência. Eu sou (3) Rá que veio de Nu, a Alma divina, o criador de seus próprios membros. O pecado é uma abominação para mim, (4) e eu não olho para ele; eu não clamo contra a retidão e a verdade, mas tenho meu ser (5) nelas. Eu sou o deus Hu, e nunca morro (6) em meu nome de 'Alma'. Eu me criei junto a Nu em meu nome de (7) 'Khepera'. Em suas formas eu vim à existência à semelhança de Rá. Eu sou o senhor da luz."

Apêndice: Em outros papiros antigos, o capítulo 85 do *Livro dos mortos* termina da seguinte forma (Naville, *Todtenbuch*, vol. 1, Bl. 97):

"O que eu odeio será enterrado (5). Não me deixe entrar no lugar secreto do deus Tuaa. Eu atribuo glória a Osíris e pacifico o coração daqueles que habitam no deus da criação, que me amam, que espalham (6) o temor de mim, e que causam terror de mim naqueles que habitam em seus próprios lugares. Eis-me, porque sou exaltado em meu lugar de descanso, Nu, (7) sobre o lugar que me é atribuído. Eu sou Nu, e aqueles que praticam o mal não irão me derrotar. Eu sou o filho mais velho e primogênito da matéria; minha (8) alma são os deuses, que são as almas eternas. Eu sou o criador das trevas que faz sua morada nos limites das regiões do céu. Eu venho, e minha alma avança (9) acima do caminho dos Antigos. Eu causo escuridão nos limites do céu e, pela minha vontade, venho para os seus limites, ando sobre meus pés, sou forte (10) para passar acima do céu e acorrento a escuridão e o verme que se esconde nela. Eu dou meus passos para avançar até o senhor das duas mãos. Minha alma (11) e a alma do meu corpo são os ureus, e eu vivo para sempre, o senhor dos anos e o príncipe da eternidade. Eu sou exaltado como senhor da terra, eu sou exaltado. Eu rejuvenesço nas (12) cidades, eu rejuvenesço na minha propriedade, meu nome é 'Meu nome não decai'. Eu sou a Alma, o criador de Nu que faz sua morada em (13) Neter-khert. Meu ninho não é visto, meu ovo não é quebrado. Eu sou o senhor de milhões de anos. Faço meu ninho nos limites do céu. Eu desço à terra de Seb (14). Elimino minhas faltas. Vejo meu pai, o senhor de Mash; e seu corpo respira em Annu. Eu recebo o que preciso (15) por Khnemu e Khui no local do enterro em Amenta..."

Vinheta: Um pássaro *bennu* 𓅣.

Texto [CAPÍTULO 83.]: (1) O CAPÍTULO DA TRANSFORMAÇÃO EM UM *BENNU*.

Diz Osíris, o escriba Ani, triunfante em paz: "Ganhei existência da matéria informe, (2) criei a mim mesmo à imagem do deus Khepera, e cresci na forma de plantas. Estou escondido na imagem da Tartaruga. Sou formado dos átomos de todos os deuses. (3) Eu sou o ontem dos quatro [quartos do mundo] e sou os sete ureus que surgiram no Oriente, o poderoso que ilumina as nações (4) com seu corpo. Ele é deus à semelhança de Set; e Thoth habita entre eles por (5) julgamento do habitante de Sekhem e dos espíritos de Annu. Eu navego (6) entre eles e venho; estou coroado, tornei-me um ser radiante, (7) sou poderoso, tornei-me santo entre os deuses. Eu sou o deus Khonsu que repele todos os que se opõem a ele."

Apêndice: A seguinte rubrica deste capítulo é encontrada em um papiro em Paris; ver Naville, *Todtenbuch*, vol. 1, Bl. 185:

Se este capítulo for conhecido, o purificado avançará um dia após seu enterro e mudará suas formas conforme desejar. Ele habitará entre os servos de Un-nefer e ficará satisfeito com a comida de Osíris e com as refeições da tumba. Ele contemplará o disco do Sol e viajará sobre a terra com Rá. Ele triunfará diante de Osíris, e nenhuma coisa má terá domínio sobre ele para sempre, por toda a eternidade e para todo o tempo.

PRANCHA 28

Vinheta: Uma garça.

Texto [CAPÍTULO 84]: (1) O CAPÍTULO DA TRANSFORMAÇÃO EM GARÇA.

Diz Osíris, o escriba Ani: (2) "Eu consegui domínio sobre os animais trazidos para o sacrifício, com a faca segurada contra suas cabeças e seus pelos, (3) para aqueles que habitam em seus [campos] de esmeralda, os antigos e os radiantes que preparam (4) a hora de Osíris Ani, triunfante em paz. Ele faz matança sobre a terra, e eu faço matança sobre a terra. Eu sou forte e passei pelo (5) caminho elevado [que leva] ao céu. Purifiquei-me, a passos largos fui até minha cidade, mantendo meu caminho até Sepu. (6) Eu estabeleci [aquele que está] em Unnu. Eu estabeleci os deuses em seus lugares, e tornei gloriosos os templos daqueles que vivem em seus santuários. (7) Conheço a deusa Nut, conheço o deus Tatunen, conheço Teshert, trouxe comigo os chifres deles. Conheço (8) Heka, ouvi as palavras dele, sou o bezerro vermelho que é desenhado com a caneta. Quando ouvem [minhas palavras], os deuses dizem: (9) 'Vamos curvar nossos rostos e deixá-lo vir até nós; a luz brilha além de você.' Minha hora está em meu corpo. (10) Eu não falei [mal] no lugar da retidão e da verdade, e a cada dia avanço na retidão e na verdade. Estou envolto em trevas quando navego para celebrar o festival do (11) falecido e, para embalsamar o Ancião, o guardião da terra — eu, o Osíris, o escriba Ani, triunfante! Eu não entrei (12) nos esconderijos das divindades estelares. Eu atribuí glória a Osíris. Eu pacifiquei o coração dos deuses que o seguem. Não senti medo (13) daqueles que causam terror, mesmo daqueles que habitam em suas próprias terras. Eis que sou exaltado (14) em [meu] lugar de descanso em meu trono. Eu sou Nu, e nunca serei derrotado pelo malfeitor. Eu sou o deus Shu (15) que surgiu da matéria informe. Minha alma é deus; minha alma é a eternidade. Eu sou o criador da escuridão, e (16) designo para ela um lugar de repouso nas partes mais distantes do céu. Eu sou o príncipe da eternidade, eu sou aquele que é exaltado [em] Nebu. Eu rejuvenesço em [minha] cidade, (17) eu rejuvenesço em minha propriedade. Meu nome é

'O que nunca falha'. Meu nome é 'Alma, Criador de Nu, que faz (18) sua morada no submundo'. Meu ninho não é visto e não quebrei meu ovo. Eu sou o senhor de milhões de anos — fiz meu ninho (19) nos confins do céu. Eu desci à terra de Seb. Eu eliminei minhas falhas. Vi meu pai (20) como o senhor de Shautat. Quanto a Osíris Ani, que seu corpo possa habitar em Annu; que possa ser manifestado àqueles que estão com o Radiante no local de sepultamento em Amenta..."

Vinheta: Uma cabeça humana brotando de uma lótus em uma piscina de água.

Texto [CAPÍTULO 81A]: (1) [O CAPÍTULO DA] TRANSFORMAÇÃO EM LÓTUS.

Diz Osíris Ani: "Eu sou a (2) lótus pura que sai do deus da luz, o guardião das narinas de Rá, o guardião (3) do nariz de Hathor. Eu avanço e me apresso (4) depois daquele que é Hórus. Eu sou o puro que sai do campo."

Vinheta: Um deus com um disco na cabeça.

Texto [CAPÍTULO 80]: (1) [O CAPÍTULO DA] TRANSFORMAÇÃO NO DEUS QUE DÁ LUZ NAS TREVAS.

Diz Osíris, o escriba Ani, triunfante: "Eu sou (2) o cinturão do manto do deus Nu, que brilha e espalha luz, que permanece em sua presença e envia luz para a escuridão, que une os dois lutadores (3) que vivem em meu corpo pelo poderoso feitiço das palavras de minha boca, que levanta aquele que caiu — pois (4) aquele que estava com ele no vale de Abtu caiu — e eu descanso. Lembrei-me dele. (5) Levei embora o deus Hu de minha cidade, onde o encontrei, (6) e levei a escuridão cativa pelo meu poder. Eu sustentei o Olho [do Sol] quando seu poder diminuiu (7) na chegada do festival do décimo quinto dia e eu pesei Sut nas mansões celestiais ao lado do Ancião que está com ele. Eu dotei (8) Thoth, na Casa do deus da Lua, com tudo o que é necessário para a chegada do festival do décimo quinto dia. Eu levei a coroa *ureret*; a retidão e a verdade estão em meu corpo. (9) Os meses são de esmeralda e cristal. Minha propriedade está entre as valas de safira. (10) Eu sou a senhora que lança luz na escuridão. Vim para iluminar as trevas, e eis! Está iluminada e tornada luminosa. Eu iluminei as trevas (11) e derrotei os destruidores. Fiz reverência aos que estão nas trevas e ressuscitei (12) aqueles que choravam e que haviam contemplado seus rostos e se afundaram. Então eles olharam para mim. Eu sou a Senhora e não permitirei que você ouça falar de mim."

PRANCHAS 29 E 30

Vinheta (PRANCHA 29): Ani e sua esposa em pé, com as mãos levantadas em adoração diante do deus Thoth, que tem *ankh*, "vida", sobre os joelhos, e está sentado em um trono em forma de pilar.

Texto [CAPÍTULO 175]: (1) O CAPÍTULO SOBRE NÃO MORRER UMA SEGUNDA VEZ.

Diz Osíris Ani, triunfante: "(2) Salve, Thoth! O que aconteceu aos santos filhos de Nut? (3) Eles travaram batalhas, sustentaram contendas, praticaram o mal, (4) criaram os demônios, eles fizeram matança, eles causaram (5) problemas; na verdade, em todos os seus atos, os poderosos agiram contra os fracos. (6) Conceda, ó poder de Thoth, aquilo que o deus Tmu decretou [seja feito]! E tu não olhas para o mal, nem és (7) levado à ira quando eles confundem seus anos e geram perturbação em seus meses, pois em tudo o que eles fizeram (8) para ti, eles têm gerado iniquidade em segredo. Eu sou tua paleta de escrita, ó Thoth, e eu trouxe para ti teu tinteiro. Eu não sou (9) daqueles que fazem iniquidade em seus lugares secretos; não permita que o mal me aconteça."

Diz Osíris, o escriba Ani: (10) "Salve, Tmu! Que tipo [de terra] é esta para a qual eu vim? Não tem água, não tem ar; é profundeza insondável, (11) é escura como a noite mais escura, e as pessoas vagam desamparadas por ela. Nela ninguém consegue viver em quietude de coração; nem podem os anseios de amor ser satisfeitos nela. (12) Mas que o estado dos radiantes me seja dado pela água e pelo ar e pela satisfação dos anseios de amor, e permita que a quietude de coração me seja dada pelo pão (13) e pela cerveja. O deus Tmu decretou que verei o rosto dele e que não sofrerei das coisas que o afligem. Que os deuses entreguem (14) seus tronos por milhões de anos. Teu trono passou para teu filho Hórus. O deus Tmu decretou que seu curso será entre os príncipes sagrados. (15) Em verdade, ele governará sobre o teu trono e será o herdeiro do trono do habitante do Lago de Fogo. Foi decretado que em mim ele verá sua semelhança, e que (16) minha face verá o senhor Tmu. Quanto tempo, então, tenho para viver? Está decretado que viverás por milhões de milhões de anos, uma vida de milhões de anos. (17) Seja concedido que eu passe para os santos príncipes, pois estou eliminando tudo o que fiz quando esta terra surgiu de Nu (18), e quando saiu do abismo aquoso, tal como era nos velhos tempos. Eu sou o Destino e Osíris, e modifiquei minha forma para a forma de diversas serpentes (19). O homem não conhece, e os deuses não podem ver a beleza dupla que criei para Osíris, que é maior do que todos os deuses. Eu concedi que ele [governará] no monte dos mortos (20). Em verdade, seu filho Hórus está sentado no trono do habitante no duplo Lago de Fogo, como seu herdeiro. Estabeleci seu trono (21) no barco de milhões de anos. Hórus está assentado em seu trono, entre os amigos [de Osíris] e tudo o que lhe pertencia. Em verdade, a alma de Sut, que (22) é maior do que todos os deuses, partiu para [Amenta]. Que seja concedido que eu vincule a alma dele no barco divino (23) conforme a minha vontade... Ó meu Osíris, tu fizeste por mim o que teu pai Rá fez por ti. Que eu permaneça na terra para sempre; (24) que eu mantenha a posse do meu trono; que meu herdeiro seja forte; que minha tumba e meus amigos que estão na terra floresçam; (25) que meus inimigos sejam entregues à destruição e aos grilhões da deusa Serq! Eu sou teu filho, e Rá é meu pai (26). Para mim também fizeste a vida, força e saúde. Hórus está assentado em seu trono. Conceda que os dias da minha vida cheguem à adoração e honra."

Apêndice: Pela cópia fragmentária deste capítulo que Naville publicou em seu *Todtenbuch*, vol. 50, Bll. 198, 199, está claro que o texto dado no papiro de Ani forma apenas cerca de metade dele, e que seu conteúdo se refere ao estado glorioso do falecido, que vive novamente na forma de Hórus. Ele adentra entre os mortos reverenciados 𓃀𓏤𓏤𓏤𓏤; gritos de alegria se elevam em Suten-henen, e a alegria reina em Naarutef 𓃀𓏤𓏤𓏤𓏤; ele herdou o trono de Osíris e governa a terra inteira, e a companhia dos deuses está contente por isso; 𓃀𓏤𓏤𓏤𓏤; o deus Sut o teme 𓃀𓏤𓏤𓏤𓏤; todos os tipos e condições de homens, mortos e vivos, vêm diante dele e se curvam em reverência quando o contemplam; o deus fez com que todos o temessem; 𓃀𓏤𓏤𓏤𓏤 Sut vem a ele com a cabeça inclinada para a terra 𓃀𓏤𓏤𓏤𓏤;

o falecido quebra e revira a terra em sangue em Suten-henen ▨ ▨ ▨; (compare com cap. 18, §G); seu nome perdurará milhões de milhões de anos ▨ ▨ ▨; seu nome habitará em Suten-henen e ele usará a poderosa coroa *atef* em sua cabeça por milhões e centenas de milhares e dezenas de milhares e milhares e centenas e dezenas de anos ▨ ▨ ▨; pão, cerveja, bois, aves selvagens, todas as coisas boas e puras e água fresca do rio serão oferecidas em abundância a ele, entre outras coisas. Nas linhas finais, descobrimos que o capítulo deveria ser recitado sobre uma figura do deus Hórus feito de lápis-lazúli, que deveria ser colocada perto do pescoço do falecido, e que deveria dar-lhe poder na terra com homens, deuses e espíritos radiantes; o efeito sobre ele seria, além disso, extremamente benéfico se fosse recitado no submundo ▨ ▨ ▨.

Vinheta 1. (PRANCHA 30): O deus Osíris, barbudo e usando a coroa *id* branca, está de pé em um santuário cujo teto é encimado por uma cabeça de falcão e ureus; na parte de trás de seu pescoço está pendurado o *menat* ▨, e em suas mãos ele segura o cajado ▨, o cetro ▨ e o mangual ▨, símbolos de realeza, poder e domínio. Atrás dele está a deusa Ísis, que repousa a mão direita sobre o ombro direito dele; na mão esquerda ela segura o símbolo da vida ▨. Diante de Osíris, sobre uma flor de lótus, estão os quatro filhos de Hórus, os deuses dos pontos cardeais, Mestha, Hapi, Tuamautef e Qebhsennuf.

Vinheta 2. (PRANCHA 29): Ani e sua esposa, Thuthu, de pé, com as mãos erguidas em adoração a Osíris, diante de uma mesa de oferendas.

Texto [CAPÍTULO 125]: (1) O CAPÍTULO SOBRE A ENTRADA NO SALÃO DA DUPLA RETIDÃO E VERDADE: UM HINO DE LOUVOR A OSÍRIS, O HABITANTE DE AMENTET. Osíris, o escriba Ani, triunfante, diz: (2) "Eu vim e me aproximei para ver tuas belezas; minhas mãos estão erguidas em adoração ao teu nome Retidão e Verdade. Aproximei-me do local onde a árvore de acácia não cresce, (3) onde a árvore de copa espessa com folhas não existe, e onde o solo não produz erva nem grama. E eu entrei no lugar das coisas secretas e ocultas, (4) conversei com o deus Sut... Osíris, o escriba Ani, entrou na Casa de Osíris, e viu as coisas ocultas (5) e secretas que nela existem. Os governantes sagrados dos pilares estão na forma de seres radiantes. (6) Anúbis falou a ele com língua humana quando veio de Ta-mera, dizendo: 'Ele conhece nossos caminhos e nossas cidades, eu fui pacificado, (7) e o cheiro dele é para mim mesmo como o cheiro de um de vocês'."

Ani disse para ele: "Eu sou Osíris, o escriba Ani, triunfante em paz, triunfante! (8) Eu me aproximei para contemplar os grandes deuses, e me alimento das refeições de sacrifício com as quais seus *kas* se alimentam. Eu *estive* nos limites [das terras] (9) do Carneiro, o senhor de Tattu, e ele concedeu que eu pudesse avançar como um pássaro *bennu* e que eu tivesse o poder da fala. Eu passei pela inundação do rio. Eu fiz (10) oferendas com incenso. Passei ao lado da árvore de folhas espessas das crianças. Estive em Abtu na Casa de Satet. (11) Eu inundei e afundei o barco de meus inimigos. Naveguei pelo Lago no barco *neshem*. Eu vi os nobres (12) de Kam-ur. Eu estive em Tattu e mantive-me em silêncio. Eu coloquei a Forma divina sobre seus dois pés. (13) Estive com o deus Pat-tep-tu-f, e vi o morador no Templo Sagrado. Entrei na Casa (14) de Osíris, e trajei-me com as vestes daquele que lá está. Entrei em Re-stau e vi as coisas ocultas (15) que lá estão. Fui envolvido, mas encontrei para mim uma passagem. Entrei em An-aarut-f, e trajei meu corpo com a veste (16) que há ali. O unguento *antu* de mulheres me foi dado... Em verdade, Sut falou para mim (17) as coisas que dizem respeito a ele mesmo, e eu respondi, 'Eu deixo o pensamento do julgamento da balança por ti estar dentro de nossos corações'."

A majestade do deus Anúbis pergunta: (18) "Tu sabes o nome desta porta para declará-lo para mim?" Osíris, o escriba Ani, triunfante, (19) triunfante em paz, responde: "'Expulso de Shu' é o nome desta (20) porta." Pergunta a majestade do deus Anúbis: (21) "Sabes o nome da folha superior (2) e da folha inferior dela?" [Osíris, o escriba Ani, responde triunfante em paz]: "'Senhor da retidão e da verdade, [de pé] (23) sobre seus 'dois pés' é o nome da folha superior (24), e 'Senhor da força e do poder, doador de (25) gado' [é o nome da folha inferior].' [A majestade do deus Anúbis pergunta]: "Passa, pois conheces [os nomes] (26), ó Osíris, o escriba, contador (27) das oferendas divinas de todos os deuses de Tebas, Ani, triunfante, Senhor que deve ser reverenciado."

Apêndice: A introdução típica ao capítulo 125 segue (ver Naville, *Todtenbuch*, Bd. I., Bl. 133) da seguinte forma:

I. (1) O SEGUINTE SERÁ DITO POR UMA PESSOA QUANDO CHEGAR AO SALÃO DA DUPLA RETIDÃO E VERDADE, ONDE ELE É PURGADO (2) DE TODOS OS PECADOS QUE COMETEU E ONDE VÊ AS FACES DE TODOS OS DEUSES: Saudações a ti, grande deus, o senhor da Retidão e da Verdade! Venho a ti, ó meu senhor, (3) e aproximei-me para poder contemplar tuas belezas. Conheço-te e conheço os nomes dos quarenta e dois deuses que habitam contigo neste (4) Salão da Dupla Retidão e Verdade, e que eles podem colocar os pecadores nas dádivas, que vivem e que se alimentam do sangue deles no dia (5) em que as naturezas dos mortais são contabilizadas perante Un-neferu.

Na verdade, 'Rekhti-merti-f-ent-Maat' é o teu nome. Em verdade (6) venho a ti e trago diante de ti a Justiça e a Verdade. Por ti rejeitei a iniquidade. Não fiz mal a homem, nem fiz mal a animais. Não cometi nenhum crime (7) no lugar da Retidão e da Verdade. Não conheci o mal; nem agi (8) perversamente. Cada dia trabalhei mais do que me era exigido. (9) Meu nome não chegou ao barco do Príncipe. Não desprezei a Deus. (10) Eu não causei miséria; nem provoquei aflição. Eu não fiz (11) aquilo que Deus abomina. Não deixei que mal algum fosse feito ao servo por seu senhor. Eu (12) não fiz ninguém sentir dor. Eu não fiz [ninguém] chorar. (13) Eu não cometi assassinato; nem jamais ordenei a nenhum homem que matasse em meu nome. Não fiz mal ao povo. Não roubei o que foi oferecido nos (14) templos; nem furtei os bolos dos deuses. Não roubei as (15) oferendas feitas aos mortos abençoados. Não cometi fornicação, nem contaminei meu corpo. (16) Não acrescentei nem diminuí as oferendas devidas. Não roubei dos pomares; nem pisoteei os campos; não aumentei o peso da balança; (17) nem diminuí o peso da balança; não tirei o leite da boca do bebê; não (18) expulsei o gado de seus pastos. Não tomei as aves aquáticas dos deuses. Não pesquei peixes (19) com isca de seus próprios corpos. Não recusei a água em sua primavera. Não quebrei o canal de água corrente. Não apaguei a chama (20) em sua plenitude. Não desconsiderei as estações para as oferendas que são prescritas; não rejeitei o gado separado para o sacrifício. Eu não atrapalhei as procissões do deus. (21) Sou puro. Sou puro. Sou puro. Sou puro. Eu sou puro com a pureza do grande pássaro

Bennu que está em Suten-henen; pois, eis, que sou as narinas do (22) senhor dos ventos que faz todos os homens viverem no dia em que o olho do sol se torna pleno em Annu, no segundo mês da estação do nascimento até o seu fim, (23) na presença do senhor desta terra. Eu contemplo o olho do sol chegar à plenitude em Annu. Que nenhum mal me aconteça nesta terra no (24) Salão da Dupla Retidão e Verdade, porque eu sei, até eu, os nomes dos deuses que lá vivem e que seguem o grande deus."

PRANCHAS 31 E 32

Vinhetas: O Salão da Dupla Retidão e Verdade, onde Ani tem que se dirigir aos quarenta e dois deuses, que estão sentados em uma fileira no meio do salão. Em cada extremidade há uma porta▮, a da direita é chamada de ▽☰┊♀ «♀⌇⌇⌐» "Neb-Maat-heri-tep-retui-f", e a da esquerda, ▽⌐⌇⌇⌐⌐⌐⌐⌐ "Neb-pehti-thesu-menment". No centro do telhado, que é encimado por uma série de ureus e penas simbolizando Maat, está uma divindade sentada com as mãos estendidas, a direita sobre o olho de Hórus 𓂀 e a esquerda em cima de uma piscina ▭.[253] À direita, no final do corredor (Prancha 32), estão quatro pequenas vinhetas, nas quais estão representadas: (1) duas figuras sentadas da deusa Maat, com ♭ símbolos da Retidão e da Verdade, na cabeça, e cetros ⌐ e emblemas da vida ♀ nas mãos direita e esquerda. (2) Osíris, sentado, usando a coroa *atef* e segurando nas mãos o cajado ⌐ e o mangual ⋀. Diante dele, ao lado de um altar de oferendas, está Ani, com ambas as mãos erguidas em adoração. (3) Uma balança com o coração, simbolizando a consciência de Ani, em um prato, e ♭ o símbolo da Retidão e da Verdade, no outro. Ao lado da balança está o monstro triformado Amemit. (4) Thoth, com cabeça de íbis, sentado em um pedestal em forma de pilar, pintando uma grande pena de Maat.

Texto: [A CONFISSÃO NEGATIVA]

(1) Ani diz: "Salve, tu cujos passos são largos, que vens de Annu, eu não cometi iniquidade."

(2) "Salve, tu que és abraçado pela chama, que vens de Kheraba, eu não roubei com violência."

(3) "Salve, Fentiu, que vens de Khemennu, eu não roubei."

(4) "Salve, Devorador da Sombra, que vens de Qernet, eu não cometi nenhum assassinato; eu não fiz mal."

(5) "Salve, Nehau, que vens de Re-stau, eu não defraudei ofertas."

---

253 – No papiro de Nebseni, um macaco com cabeça de cachorro e uma balança são representados de cada lado da divindade sentada e em cada extremidade do telhado; e cada ureu usa um disco e chifres.

(6) "Salve, deus na forma de dois leões, que vens do céu, eu não diminuí oblações."

(7) "Salve, tu, cujos olhos são de fogo, que vens de Saut, eu não saqueei o deus."

(8) "Salve, tu, Chama, que vens e vais, não falei mentiras."

(9) "Salve, Triturador de ossos, que vens de Suten-henen, eu não roubei comida."

(10) "Salve, tu que lanças a Chama, que vens de Het-Ptah-ka, eu não causei dor."

(11) "Hall, Qerer, que vens de Amentet, eu não cometi fornicação."

(12) "Salve, tu, cujo rosto está voltado para trás, que vens de teu esconderijo, eu não causei derramamento de lágrimas."

(13) "Salve, Bast, que vens do lugar secreto, eu não agi de forma enganosa."

(14) "Salve, tu, cujas pernas são de fogo, que vens da escuridão, eu não transgredi."

(15) "Salve, Devorador de Sangue, que vens do bloco da execução, eu não agi com malícia."

(16) "Salve, Devorador das entranhas, que vens de Mabet, eu não devastei a terra arada."

(17) "Salve, Senhor da Retidão e da Verdade, que vens da cidade da Retidão e da Verdade, eu não fui um bisbilhoteiro."

(18) "Salve, tu que caminhas para trás, que vens da cidade de Bast, eu não movi meus lábios [contra nenhuma pessoa]."

(19) "Salve, Sertiu, que vens de Annu, eu não fui irritado e colérico, exceto por uma causa justa."

(20) "Salve, tu, ser de dupla iniquidade, que vens de Ati, eu não corrompi a esposa de nenhum homem."

(21) "Salve, serpente de duas cabeças, que vens da câmara de tortura, eu não corrompi a esposa de nenhum homem."

(22) "Salve, tu que consideras o que é trazido a ti, que vens de Pa-Amsu, eu não me contaminei."

(23) "Salve, chefe dos poderosos, que vens de Amentet, eu não causei terror."

(24) "Salve, tu, Destruidor, que vens de Kesiu, eu não transgredi."

(25) "Salve, tu que ordenas a fala, que vens de Urit, eu não ardi de raiva."

(26) "Salve, Babe, que vens de Uab, eu não tapei meus ouvidos contra as palavras da Retidão e da Verdade."

(27) "Salve, Kenemti, que vens de Kenemet, eu não causei sofrimento."

(28) "Salve, tu que trazes a tua oferta, eu não agi com insolência."

(29) "Salve, tu que ordenas a fala, que vens de Unaset, eu não provoquei discórdia."

(30) "Salve, Senhor das faces, que vens de Netchfet, eu não julguei precipitadamente."

(31) "Salve, Sekheriu, que vens de Utten, eu não fui um bisbilhoteiro."

(32) "Salve, Senhor dos dois chifres, que vens de Saïs, eu não multipliquei palavras excessivamente."

(33) "Salve, Nefer-Tmu, que vens de Het-Ptah-ka, eu não causei dano nem mal."

PRANCHA 32

(34) "Salve, Tmu em tua hora, que vens de Tattu, eu nunca amaldiçoei o rei."

(35) "Salve, tu que trabalhas com a tua vontade, que vens de Tebu, eu nunca poluí a água."

(36) "Salve, tu, portador do sistro, que vens de Nu, eu não falei desdenhosamente."

(37) "Salve, tu que fizeste a humanidade florescer, que vens de Saïs, eu nunca amaldiçoei a Deus."

(38) "Salve, Neheb-ka, que vens do teu esconderijo, eu não roubei."

(39) "Salve, Neheb-nefert, que vens de teu esconderijo, eu não defraudei as ofertas dos deuses."

(40) "Salve, tu que colocaste em ordem a cabeça, que vens do teu santuário, eu não saqueei as ofertas aos mortos abençoados."

(41) "Salve, tu que trazes o teu braço, que vens da cidade de Maati, eu não roubei a comida da criança, nem pequei contra o deus da minha cidade natal."

(42) "Salve, tu, cujos dentes são brancos, que vens de Ta-she, eu não matei com má intenção o gado do deus."

Apêndice: A seguinte versão da Confissão Negativa é dada no papiro de Nebseni (Naville, *Todtenbuch*, Bd. I., Bll. 134, 135), mostrando variações importantes no texto e na ordem em que os deuses são endereçados.

"(1) Salve, tu, cujos passos são longos, que vens de Annu, eu não cometi iniquidade.

(2) Salve, tu que és abraçado pela chama, que vens de Kher-aba, eu não roubei com violência.

(3) Salve Fenti, que vens de Khemennu, eu não fiz ninguém sofrer dor.

(4) Salve, Devorador de Sombras, que vens de [teu] retiro, eu não roubei.

(5) Salve, tu, cujos membros são terríveis de se ver, que vens de Restau, eu não cometi nenhum assassinato.

(6) Salve, deus que está na forma de dois leões, que vens do céu, eu não defraudei oferendas.

(7) Salve tu, deus cujos dois olhos são de fogo, que vens de Sekhem, eu não fiz mal.

(8) Salve, deus flamejante e que vai e vem, eu não roubei os deuses.[254]

(9) Salve, Triturador de Ossos, que vens de Suten-henen, eu não contei mentiras.[255]

(10) Salve, tu que te lanças da chama, que vens de Het-Ptah-ka, eu não roubei comida.

(11) Salve, Qerti, que vens de Amentet, eu não causei aflição.

(12) Salve, tu cujos dentes são brancos, que vens de Ta-she, eu não transgredi.

(13) Salve, Devorador de sangue, que vens do bloco, eu não matei o gado que é separado para os deuses.

(14) Salve, Devorador das entranhas, que vens de Mabit, eu não fiz nenhum mal.

(15) Salve, senhor da Retidão e da Verdade, que vens de Maati, eu não devastei as terras aradas.

(16) Salve, Caminhante, que vens de Bast, eu não fui um bisbilhoteiro.

(17) Salve, Aaati, que vem de Anuu, eu não movi meus lábios contra nenhuma pessoa.

(18) Salve, tu deus do mal duplo, que vens de Ati, eu não fiquei com raiva sem motivo.

(19) Salve, tu deus que és semelhante a uma serpente, que vens da câmara de tortura, eu não cometi adultério com a esposa de nenhum homem.

(20) Salve, tu que consideras aquilo que é trazido diante de ti, que vens de Pa-Amsu, eu não me contaminei.

(21) Salve, tu poderoso Chefe, que vens da cidade das acácias, eu não causei terror.

---

254 – Var. ⸢ 𓂝 𓃒 𓉐 𓁹 ⸣ "Eu tenho ou realizei engano no lugar da Correção e da Verdade".

255 – Uma variante tem, "quem veio adiante de Seshet" 𓂋𓏤𓊖 e outra, "quem veio adiante de Annu".

(22) Salve, Khemi, que vens de Kesui, eu não fiz aquilo que é abominável.

(23) Salve, tu que ordenas a fala, que vens de Urib, eu nunca pronunciei palavras inflamadas.

(24) Salve, Babe, que vens do nomo de Heq-at , eu não fechei meus ouvidos às palavras da Retidão e da Verdade.

(25) Salve, tu que ordenas a fala, que vens de Unes, eu não instiguei contenda.

(26) Salve, Bast, que vens da cidade secreta, eu não fiz [ninguém] chorar.

(27) Salve, tu, cujo rosto está voltado para trás, não cobicei nem cometi fornicação, nem fiz qualquer coisa abominável.

(28) Salve, pés flamejantes, que vens da escuridão, eu não me vinguei.

(29) Salve, Kenemti, que vens de Kenemti, eu jamais causei tristeza.

(30) Salve, tu que trazes tua oferta, que vns de Sau, eu não agi com insolência.

(31) Salve, senhor das faces, que vens de Tchefet, eu nunca julguei precipitadamente.

(32) Salve, Sekheriu, que vens de Unth, eu não transgredi, nem envergonhei ou irritei Deus.

(33) Salve, senhor dos dois chifres, que vens de Saui, não falei em demasia.

(34) Salve, Nefer-Tmu, que vens de Het-Ptah-ka, eu não causei dano nem fiz mal.

(35) Salve, Tmu em tua hora, que vens de Tattu, eu não causei traição.

(36) Salve, tu que trabalhas em teu coração, que vens de Tebtu, eu jamais contaminei a água.

(37) Salve, tu, portador do sistro, que vens de Nu, eu não falei com desdém.

(38) Salve, tu que fazes a humanidade florescer, que vens do teu salão, eu não amaldiçoei a Deus.

(39) Salve, Neheb-nefert, que vens de..., não me comportei com arrogância.

(40) Salve, Neheb-kau, que vens de tua cidade, eu não fui arrogantemente orgulhoso.

(41) Salve, Tcheser-tep, que vens de teu esconderijo, eu nunca aumentei minha condição além do que era apropriado.

(42) Salve, tu que trazes teu braço, que vens de Aukert, eu nunca menosprezei o deus em minha cidade."

No papiro Nebseni (Naville, *Todtenbuch*, Bd. I., Bll. 137, 138), o capítulo 125 termina da seguinte forma:

(2) "Louvados sejais, ó deuses, eu vos conheço, (3) e conheço vossos nomes. Não me jogai contra vossas (4) facas de matança e não trazei minha maldade à presença do deus a quem seguis, (5) não deixai que chegue o tempo das minhas faltas diante de vós. Rogo-vos, declarai-me justo e verdadeiro na presença do (6) Deus universal, porque fiz o que é certo e verdadeiro em Ta-mera; eu não amaldiçoei o deus...

"Louvados sejais, ó deuses que viveis em vosso salão da (7) Retidão e da Verdade, e que não tendes mal em vossos corpos, que vos alimentais de sua própria substância na (8) presença de Hórus que vive em seu disco, livrai-me de Baabi, que se alimenta das entranhas dos poderosos no dia do grande julgamento que será realizado por vós. (9) Vim a vós; não cometi faltas; não pequei; não fiz mal; não acusei ninguém falsamente; portanto, não permitis que nada seja feito contra mim. Eu vivo em retidão e verdade, (10) e alimento meu coração com retidão e verdade. O que os homens ordenaram, eu fiz, e os deuses estão satisfeitos com isso. Eu pacifiquei o deus, pois fiz sua (11) vontade. Dei pão ao faminto e água ao que tem sede, roupas ao nu e um barco ao marinheiro naufragado. (12) Fiz oferendas sagradas aos deuses e dei refeições da tumba aos santos mortos. Ó, então, livrai-me e protegei-me; não me acusai diante do grande deus. (13) Sou puro de boca e puro de mãos. Que aqueles que me virem digam: 'Venha em paz, venha em paz.' Pois eu ouvi a conversa que o Asno teve com o Gato na Casa de Hept-re. (14) Testemunhei diante dele [o deus] e ele julgou. Eu vi a divisão das árvores persea (15) em Restau. Ofereço orações na presença dos deuses, sabendo o que diz respeito a eles. Apresentei-me para fazer uma declaração de retidão e verdade e para colocar (16) a balança em seus suportes nos bosques de amaranto. Salve, tu que és exaltado em teu lugar de descanso, tu senhor da coroa *atef*, que declaras teu nome como o senhor dos (17) ventos, livra-me de teus anjos de destruição, que fazem coisas terríveis acontecerem e calamidades ocorrerem, e (18) que não têm nada que tampe seus rostos, porque eu fiz o certo e o verdadeiro, ó Senhor da retidão e da verdade. Eu sou puro, em minhas partes dianteiras fui purificado, e em minhas partes traseiras (19) fui purificado; minhas rédeas foram banhadas na piscina da retidão e da verdade, e nenhum membro do meu corpo faltou. Fui purificado na piscina do sul. Descansei em Hemet, ao norte do (20) campo dos gafanhotos, onde os santos marinheiros se purificam durante a noite, para que possam pacificar o coração dos deuses depois que eu tiver passado por ele (21) de noite e de dia. Que os deuses me digam, 'Nós o deixamos vir', e que me digam, 'Quem és tu, e qual é o teu nome?' Meu nome é 'Eu cresci entre (22) as flores, morando na oliveira'. Então eles me dirão: 'Passe direto'. Eu passei pela cidade ao norte dos bosques, e os deuses dizem: 'O que viu lá?' [Eu vi] a Perna e a Coxa. (23) 'O que tu tens a ver com elas?' Eu vi regozijo nas terras dos Fenkhu. 'O que eles te deram?' Eles me deram uma (24) chama de fogo junto a uma placa de cristal. 'O que você fez com elas?' Eu queimei no lugar de Maati com as coisas da noite. 'O que tu (25) encontraste lá no lugar de Maati?' Um cetro de pederneira que faz uma pessoa prevalecer. 'Qual é então [o nome] deste cetro de pederneira?' 'Doador de ventos' é o seu nome. 'O que então fizeste à chama de fogo com a placa de (26) cristal depois de a enterrar?' Pronunciei palavras sobre ela, fiz (27) conjuração com ela, apaguei o fogo e usei a placa para criar (28) uma piscina de água. 'Venha, então, passe pela porta deste Salão de duplo Maati, pois tu (29) nos conheces.' 'Não te deixarei entrar por cima de mim', diz o trinco da porta, (30) 'a menos que digas meu nome.' 'Peso do lugar da retidão e da verdade' é o teu nome. 'Eu não te deixarei (31) passar por mim', diz o batente direito da porta, 'a menos que digas o meu nome'. (32) 'Pesador dos trabalhos da retidão e da verdade' é o teu nome. 'Não te deixarei entrar por mim', diz o batente esquerdo (33) da porta, 'a menos que digas meu nome'. 'Juiz do (34) vinho' é o teu nome. 'Eu não te deixarei passar', diz a soleira da porta, (35) 'a menos que digas meu nome'. 'Boi de Seb' é o teu nome. 'Não abrirei para ti', (36) diz o ferrolho da porta, 'a menos que digas meu nome'. 'Carne de sua (37) mãe' é teu nome. 'Eu não abrirei para ti', diz a tranca da porta, 'a menos que digas o meu nome'. 'O *utchat* de Sebek, o Senhor de Bakhan, vive' é o teu nome. (38) 'Não te abrirei e não te deixarei passar por mim', diz o habitante da porta, 'a menos que digas o meu nome". 'Braço de Shu que se posiciona para proteger Osíris' (39) é o teu nome. 'Não te deixaremos passar por nós', dizem as guarnições da porta, 'a menos que digas nossos nomes'. 'Serpentes filhas de Rennut' são vossos nomes. 'Tu (40) nos conheces, passa por nós.' 'Não pisarás em mim', diz o chão do salão, a menos que digas meu nome.' 'Sou silenciosa, sou pura.' 'Eu não sei (41) [os nomes de] teus dois pés com os quais andaria sobre mim; diga-os para mim.' '... antes de Amsu' é o nome do meu pé direito, 'Luto de Néftis"é o nome de (42) meu pé esquerdo. 'Pise em mim, pois você me conhece.' 'Eu não te questionarei', informa o guarda da porta do salão, a menos que digas meu nome.' 'Discernidor de corações, (43) buscador de rédeas' é teu nome. 'Eu te questionarei agora. Quem é o deus que vive em sua hora? Diga.' O contador das duas terras. 'Quem então é o contador (44) das duas terras?' É Thoth. 'Venha então', disse Thoth, 'venha para cá.' E eu me aproximo para o teste. 'Qual é, agora, a tua condição?' Estou livre de (45) todo o mal, estou protegido dos atos malignos daqueles que vivem em seus dias e não estou entre eles. 'Eu te testei. (46) Quem é aquele que desce ao fogo, cujas paredes são [coroadas] com ureus, e cujos caminhos estão no lago [de fogo]?' Aquele que o atravessa (47) é Osíris. 'Avança, em verdade foste testado. Teu pão está no *utchat*, tua cerveja está no *utchat*, e as refeições da tumba são trazidas a ti sobre a terra do *utchat*. Isto foi decretado para ti.'"

PRANCHA 32 (CONTINUA)

Vinheta: O deus Nu.
Texto: (1) O cabelo de Osíris Ani, triunfante, é o cabelo de Nu.

Vinheta: Rá, com cabeça de falcão e usando um disco.
Texto: (2) A face de Osíris, o escriba Ani, é a face de Rá.

Vinheta: A deusa Hathor, usando disco e chifres.
Texto: (3) Os olhos de Osíris Ani, triunfante, são os olhos de Hathor.

Vinheta: O deus Ap-uat e estandarte 🐕.
Texto: (4) As orelhas de Osíris Ani, triunfante, são as orelhas de Ap-uat.

Vinheta: O deus Anpu, com cabeça de chacal 𓃥.
Texto: (5) Os lábios de Osíris Ani, triunfante, são os lábios de Anpu.

Vinheta: O escorpião Serqet 🦂, segurando o *shen* ⊖ e *ankh* ☥☥.
Texto: (6) Os dentes de Osíris Ani, triunfante, são os dentes de Serqet.

Vinheta: A deusa Ísis.
Texto: (7) O pescoço de Osíris Ani, triunfante, é o pescoço de Ísis 𓏏.

Vinheta: O deus com cabeça de carneiro, com um ureu entre os chifres.
Texto: (8) As mãos de Osíris Ani, triunfante, são as mãos do Carneiro, o senhor de Tattu.

Vinheta: O deus Uatchit, com cabeça de serpente.
Texto: (9) O ombro de Osíris Ani, triunfante, é o ombro de Uatchit.

252

Vinheta: A deusa Mert, com as mãos estendidas, de pé, em cima do emblema de ouro ⌒, tendo na cabeça um cacho de plantas 🌿.

Texto: (10) A garganta de Osíris Ani, triunfante, é o sangue de Mert.

Vinheta: A deusa Neith 𓏐.

Texto: (11) Os antebraços de Osíris Ani, triunfante, são os antebraços da senhora de Sais.

Vinheta: O deus Sut.

Texto: (12) A coluna de Osíris Ani, triunfante, é a coluna de Sut.

Vinheta: Um deus.

Texto: (13) O baú de Osíris Ani, triunfante, é o baú dos senhores de Kher-aba.

Vinheta: Um deus.

Texto: (14) A carne de Osíris Ani, triunfante, é a carne do Poderoso do terror.

Vinheta: A deusa Sekhet, com cabeça de leão, usando um disco.

Texto: (15) Os quadris e as costas de Osíris Ani, triunfante, são os quadris e as costas de Sekhet.

Vinheta: Um *utchat* sobre um pilar.

Texto: (16) As nádegas de Osíris Ani, triunfante, são as nádegas do Olho de Hórus.

Vinheta: Osíris, usando a coroa *atef* e segurando o mangual e o cajado.

Texto: (17) O membro privado de Osíris Ani, triunfante, é o membro privado de Osíris.

Vinheta: A deusa Nut.

Texto: (18) As pernas de Osíris Ani, triunfante, são as pernas de Nut.

Vinheta: O deus Ptah 𓁳.

Texto: (19) Os pés de Osíris Ani, triunfante, são os pés de Ptah.

Vinheta: A estrela Órion.

Texto: (20) Os dedos de Osíris Ani, triunfante, são os dedos de Saah (Órion).

Vinheta: Três ureus 𓆙 𓆙 𓆙.

Texto: (21) Os ossos das pernas de Osíris Ani, triunfante, são os ossos das pernas dos ureus viventes.

Apêndice: A versão completa do capítulo 42 do *Livro dos mortos*, referente à identificação do corpo de Osíris com o dos deuses, é a seguinte:

(1) [CAPÍTULO 42] O CAPÍTULO PARA AFASTAR A MATANÇA EM SUTENHENEN.

Diz Osíris: "Ó terra do cetro! (2) Ó coroa branca da Forma divina! Ó lugar sagrado de repouso! Eu sou a Criança. Eu sou a Criança. Eu sou a Criança. Eu sou a Criança. Salve, deusa Aburt! Tu dizes diariamente: 'O bloco de abate está (3) preparado como tu sabes, e tu que eras poderoso foste levado à decadência'. Eu estabeleço aqueles que me louvam. Eu sou o nó sagrado na tamargueira, mais belo (4) em fulgor do que ontem." Deve ser dito quatro vezes. Eu sou Rá que estabelece aqueles que o louvam. Eu sou o nó na tamargueira, mais belo em fulgor que o disco de ontem... (5) avançando neste dia. Meu cabelo é o cabelo de Nu. Meu rosto é o rosto de Rá. Meus olhos são os olhos de Hathor. Meus ouvidos são os ouvidos de Ap-uat. (6) Meu nariz é o nariz de Khent-sheps. Meus lábios são os lábios de Anpu. Meus dentes são os dentes de Khepera. Meu pescoço é o pescoço de Ísis, a dama divina. (7) Minhas mãos são as mãos de Khnemu, o senhor de Tattu. Meus antebraços são os antebraços de Neith, a senhora de Saïs. Minha coluna é a coluna de Sut. Meu membro privado é o membro privado de Osíris. Meus quadris (8) são os quadris dos senhores de Kheraba. Meu seio é o seio daquele que é terrível e espantoso. Minha barriga e minha coluna são a barriga e a coluna de Sekhet. Minhas nádegas (9) são as nádegas do olho de Hórus. Meus quadris e coxas são os quadris e coxas de Nut. Meus pés são os pés de Ptah. Meus dedos e ossos da perna são os dedos e ossos da perna dos (10) ureus viventes. Não há membro do meu corpo que não seja membro de algum deus. Thoth protege meu corpo por completo, e eu sou [semelhante] a Rá todos os dias. (11) Ninguém me agarrará pelos braços; ninguém me arrastará pela mão. E não me causará ferimento nem homens, nem deuses, nem mortos santificados, nem aqueles que pereceram, nem qualquer um dos tempos antigos, (12) nem qualquer mortal, nem ser humano. Eu venho e avanço, e meu nome é desconhecido. Eu sou ontem, e meu (13) nome é 'Vidente de milhões de anos'. Eu viajo, viajo pelo caminho de Hórus, o juiz. Eu sou o senhor da eternidade; eu sinto e tenho poder para perceber. Eu sou o senhor da coroa vermelha. Eu sou o olho do Sol, sim, (14) estou em meu ovo, em meu ovo. Foi-me concedido viver nele. Eu estou no olho do Sol, quando ele se fecha, e eu vivo pela força dele, eu saio e brilho; (15) eu entro e venho à vida. Eu estou no olho do Sol, meu assento está no meu trono, e eu me sento nele dentro do olho. Eu sou Hórus que atravessa milhões de anos. (16) Tenho governado o meu trono e o governo com as palavras da minha boca; e quer [eu] fale, quer [eu] me cale, mantenho a balança equilibrada. Em verdade, minhas formas são alteradas. Eu sou o (17) deus Unen, de estação em estação; o que é meu está dentro de mim. Eu sou o único nascido de um único, que dá voltas em seu curso; (18) estou dentro do olho do Sol. As coisas não são más nem hostis comigo, nem estão contra mim. Eu abro a porta do céu. Eu governo meu trono e dou [novo] nascimento a mim mesmo neste dia. Não [sou] a Criança que trilhou (19) o caminho de ontem, mas eu sou 'Hoje' para nações incontáveis. Sou eu quem os fortalece por milhões de anos, estejam no céu, ou (20) na terra, ou no sul, ou no norte, ou no oeste ou no leste; o temor de mim está em seus corações. Eu sou o puro que habita dentro do olho sagrado. Eu não morrerei (21) de novo. Minha hora está com você, mas minhas formas estão dentro de minha morada. Eu sou aquele que é desconhecido, e os deuses com semblantes rosados estão (22) comigo. Eu sou o revelado. A época em que [o deus] criou o céu para mim e ampliou os limites da terra e tornou grande a sua descendência não pode ser descoberta. (23) Meu nome se separa e se afasta de todas as coisas más pelas palavras que lhes digo. Eu sou aquele que ressurge e resplandece; a muralha das muralha; o único, [filho] de um único. Rá (24) nunca perde sua forma, ele nunca morre, ele nunca morre. Em verdade, eu digo: eu sou a planta que vem de Nu, e minha mãe é Nut. Salve, (25) ó meu

Criador, eu sou aquele que não tem poder para andar, o grande nó dentro de ontem. Meu poder está em minhas mãos. Eu não sou conhecido, [mas] eu sou aquele que lhes conhece (26). Não posso ser segurado pela mão, mas sou aquele que pode segurá-los na mão. [Salve] Ó Ovo! [Salve] Ó Ovo! Eu sou Hórus que vive por milhões de anos, cuja chama ilumina seus rostos e (27) arde em seus corações. Eu tenho o comando do meu trono e avanço na minha hora. Abri os caminhos, afastei-me de todo o mal. Eu sou (28) o macaco de ouro, três palmas e dois dedos [de altura], que é sem pernas e sem braços, e que habita na Casa de Ptah. Eu avanço assim como avança o macaco de (29) ouro três palmas e dois dedos [de altura], que não tem pernas nem braços, e que habita na casa de Ptah." Quando [tu] tiveres recitado este capítulo, tu abrirás um caminho e entrarás nele.

PRANCHA 33

Vinheta: Um lago de fogo, em cada canto do qual está sentado um babuíno.[256]

Rubrica: (1) Osíris Ani, triunfante, está cingido com roupas [finas], ele está calçado com (2) sandálias brancas, e ele está ungido com unguento *anta* muito precioso; e um touro, (3) ervas, incenso, patos, flores, cerveja e bolos foram oferecidos a ele. E eis que delinearás sobre uma telha limpa (4) a imagem de uma mesa de oferendas em cores limpas, e tu a enterrarás em um campo onde (5) porcos não pisaram. Se esta palavra então for escrita sobre ela, ele mesmo se levantará novamente, (6) e os filhos de seus filhos florescerão tal como Rá floresce sem cessar. Ele habitará em favor (7) na presença do rei entre os líderes, e bolos e copos de bebida e porções de carne serão dados a ele à mesa (8) do grande deus. Ele não será afastado de nenhuma porta em Amentet; ele viajará (9) com os reis do norte e do sul, e habitará com os (10) seguidores de Osíris perto de Un-nefer, para sempre e para sempre e para sempre.

Vinheta: um Tet 🎋.[257]

Texto: [CAPÍTULO 155] (1) O CAPÍTULO DE UM TET DE OURO: Osíris Ani, triunfante, diz: "Tu te levantas, ó coração inerte! (2) Tu brilhas, ó

---

256 – Uma cena um tanto semelhante forma a vinheta do capítulo 126, mas além dos macacos, há dois ureus em cada canto. O texto declara: "Salve, quatro macacos que se sentam na proa do barco de Ra, que fazem avançar o direito e a verdade de Neb-er-tcher, que me atribuem minha fraqueza e minha força, que pacificam os deuses pela chama de suas bocas, que dão oferendas sagradas aos deuses, e refeições sepulcrais da tumba aos resplandecentes, que se alimentam da retidão e da verdade, não têm falsidade e abominam a maldade. Destruí o mal que está em mim, acabem com a minha iniquidade, tirem as feridas que eu tinha na terra e destruam toda a maldade que se apega a mim". [Os macacos dizem]: "Entre e não deixes nada se opor a você". "Concedei que eu possa passar pela tumba, que eu possa entrar em Re-stau, que eu possa entrar pelas portas ocultas do mundo inferior, e que oferendas e outras coisas possam ser feitas a mim como aos resplandecentes que entram e saem dos caminhos da tumba e que atravessam [as portas dela].

257 – O 🎋 representa quatro pilares, ou seja, os quatro cantos do céu, ou todo o universo. Como símbolo religioso, representa o deus Osíris.

coração inerte! Coloca-te ao meu lado. Eu vim e trouxe para ti um tet de ouro; alegra-te com ele."

Apêndice: Na última recensão deste capítulo (Lepsius, *Todtenbuch*, Bl. 75), a rubrica é dividida em duas partes, que dizem: "Para ser recitado sobre um Tet de ouro incrustado em madeira de sicômoro e colocado no pescoço do radiante; e ele passará pelas portas do submundo pelo poder das palavras aqui ditas. Irá colocá-lo em seu lugar no dia do ano novo entre os seguidores de Osíris.

"Se este capítulo for conhecido pelo falecido, ele se tornará perfeito no submundo. Ele não será afastado às portas de Amentet; bolos e cerveja e oferendas de carne serão oferecidos a ele sobre os altares de Rá, ou (como alguns dizem) de Osíris Un-nefer; e ele triunfará sobre seus inimigos no submundo para todo o sempre."

Vinheta: Uma fivela ou laço.

Texto: [CAPÍTULO 156]. (1) O CAPÍTULO DE UMA FIVELA DE CORNALINA.[258]

Diz Osíris Ani, triunfante: "O sangue de Ísis, os encantos de Ísis, (2) o poder de Ísis, são uma proteção para mim, o líder, e eles esmagam aquilo que eu abomino."

Apêndice: *Rubrica:* Este capítulo será dito sobre uma fivela de jaspe vermelho[259] (ou cornalina) que foi mergulhada em água de flores de *ankham* e incrustada em madeira de sicômoro, colocada no pescoço do radiante. Se este capítulo for inscrito nela, irá se tornar o poder de Ísis e o protegerá; e Hórus, filho de Ísis, se alegrará ao vê-lo. Nenhum caminho lhe será intransponível, e uma mão se estenderá para o céu e a outra para

---

258 – O papiro Nebseni acrescenta as palavras: 𓏏𓏤𓂝𓇋𓏤𓀔𓈖𓂜 "para ser colocado perto do pescoço do radiante".

259 – O amuleto da fivela normalmente é feito de cornalina, jaspe vermelho, pórfiro vermelho, vidro vermelho, ou faiança vermelha, mas exemplos em pedra cinza e preta e madeira também são conhecidos, às vezes, era feito inteiramente de ouro, mas com frequência era apenas cravejado em ouro. Grandes modelos de madeira da fivela eram colocados nas mãos de madeira que eram presas no peito dos caixões; geralmente ficavam sobre o peito esquerdo e o *tee* no direito.

a terra. Se este capítulo for conhecido [pelo falecido], ele estará entre aqueles que seguem Osíris Un-nefer, triunfante. Os portões do submundo serão abertos para ele, e um lar será dado para ele, com trigo e cevada, em Sekhet-Aaru; e os seguidores de Hórus que colhem nele proclamarão seu nome como um dos deuses que estão nele.

Vinheta: Um coração.

Texto: [CAPÍTULO 29B]. (1) O CAPÍTULO DE UM CORAÇÃO DE CORNA-LINA. Diz Osíris Ani, triunfante: "Eu sou o *Bennu*, a alma de Rá, e o guia dos deuses para (2) o submundo. As almas vêm à terra para fazer a vontade de seus *kas*, e a alma de Osíris Ani sai para fazer a vontade de seu *ka*."

Vinheta: Um encosto de cabeça.

Texto: [CAPÍTULO 166] (1) O CAPÍTULO DO TRAVESSEIRO QUE É COLOCADO SOB A CABEÇA DE OSÍRIS ANI, TRIUNFANTE, PARA AFASTAR AS DORES DO CORPO DE OSÍRIS. (2) [Ani diz]: "Erga tua cabeça para os céus, pois eu te uni triunfantemente. Ptah derrubou seus inimigos e os teus; todos os teus inimigos caíram, e eles nunca mais se levantarão, ó Osíris."

PRANCHAS 33 E 34

Vinheta: A câmara da múmia, disposta em planta, representando o chão e as paredes planas, em quinze compartimentos. No centro, sob um dossel, está colocado o esquife com a múmia de Ani, ao lado do qual está o deus Anúbis,[260] com as mãos estendidas sobre o corpo. Ao pé do caixão, está ajoelhada a deusa Ísis, e na cabeceira, a deusa Néftis, cada uma acompanhada por uma chama de fogo, nos compartimentos imediatamente atrás delas. O Tet ocupa o compartimento imediatamente acima do caixão, e o chacal — símbolo de Anúbis ou Ap-uat — agachado na tumba, com um cetro com pendentes *menats* — ocupa o compartimento abaixo. Os quatro filhos de Hórus, ou deuses dos pontos cardeais — Mestha, Hapi, Tuamautef e Qebhsennuf — ficam nos cantos dos quatro compartimentos adjacentes. Em cada um dos dois compartimentos superiores e externos está o pássaro com cabeça humana símbolo da alma, em pé sobre um pilar; o da direita está virado para o oeste ou sol poente, o outro, à esquerda, voltado para o leste ou sol nascente. No compartimento inferior direito está a figura da Alma Aperfeiçoada; no compartimento correspondente à esquerda está uma figura Ushabti.

---

260 – No papiro Nebseni, o texto referente a Anúbis diz: "Anúbis, que habita na região dos embalsamados, o chefe da casa sagrada, impõe suas mãos sobre o senhor da vida (isto é, a múmia) e fornece para ele tudo o que lhe pertence, e diz: 'Salve, tu belo, o senhor! Tu foste contemplado pelo olho do Sol, foste amarrado por Ptah-Seker, foste restaurado por Anúbis; a respiração te foi dada por Shu, e foste levantado pelo belo, o príncipe da eternidade. Tu tens os teus olhos. Teu olho direito está no barco *sektet*, e teu olho esquerdo está no barco *sektet*. Tuas sobrancelhas parecem belas diante da companhia dos deuses. Tua testa está a cargo de Anúbis. A parte de trás da tua cabeça está em boas condições na presença do falcão sagrado. Teus dedos estão estabelecidos por decreto escrito na presença do senhor de Khemennu, e Thoth dá a ti o discurso dos livros sagrados. Teu cabelo está em boas condições na presença de Ptah-Seker. Osíris está em êxtase, e reverência é feita a ele antes da companhia dos grandes deuses. Ele olha para o grande deus, ele é conduzido por belos caminhos, ele é fortalecido com refeições da tumba, e seus inimigos são derrubados abaixo dele na presença da companhia dos grandes deuses que estão na grande casa do ancião em Annu'."

Texto [capítulo 151] [Ísis diz:] "Eu vim para ser uma protetora para ti. Eu levo (2) a ti ar para tuas narinas, e o vento norte, que vem do deus Tmu, para teu nariz (3) — completei os teus pulmões. Fiz-te (4) como um deus. Teus inimigos caíram sob os teus pés. (5, 6) Tu foste vitorioso em (7) Nut, e tu és poderoso para prevalecer com os deuses."

[Néftis diz:] "(2) Eu dei a volta para te proteger, irmão Osíris; (3) eu vim para ser uma protetora para ti. [Minha força estará atrás de ti, minha força estará atrás de ti, para sempre. Rá ouviu teu clamor, e os deuses concederam que tu fosses vitorioso. Tu és elevado e tu és vitorioso sobre o que foi feito a ti. Ptah derrubou teus inimigos, e tu és Hórus, filho de Hathor.]"

[A chama de Ísis diz:] "Eu te protejo com esta chama, e afasto-o (o inimigo) do vale da tumba, e afasto a areia de teus pés. Abraço Osíris Ani, que é triunfante em paz e em retidão e verdade."

[A chama de Néftis diz:] "Eu vim para cortar em pedaços. Não sou cortada em pedaços, nem permitirei que tu sejas cortado em pedaços. Eu vim para fazer violência, mas não permitirei que violência te seja feita, porque estou te protegendo."

[O Tet diz:] "Eu vim depressa e afastei os passos do deus cujo rosto está oculto. Iluminei o santuário dele. Estou atrás do sagrado Tet, ou o dia do desastre repulsivo.[261] Eu te protejo, ó Osíris."

[Mestha diz:] "Eu sou Mestha, teu filho, ó Osíris Ani, triunfante. Vim para te proteger e farei sua morada florescer eternamente. Eu ordenei a Ptah, assim como o próprio Rá o ordenou."

[Hapi diz:] "Eu sou Hapi, teu filho, ó Osíris Ani, triunfante. Eu vim para te proteger. Tua cabeça e teus membros estão unidos; e eu feri teus inimigos abaixo de ti. Dei-te tua cabeça para sempre e para sempre, ó Osíris Ani, triunfante em paz."

[Tuamautef diz:] "Eu sou teu amado filho Hórus. Eu vim para te vingar, ó meu pai Osíris, daquele que te fez mal; e coloquei-o sob teus pés para sempre, e para sempre, e para sempre; ó Osíris Ani, triunfante em paz."

[Qebhsennuf diz:] "Eu sou teu filho, ó Osíris Ani, triunfante. Eu vim para te proteger. Recolhi teus ossos e juntei teus membros. [Eu trouxe

---

261 – Variante ⌇ *hru xesef sat*, "dia de repelir o abate".

teu coração e o coloquei em seu trono dentro de teu corpo. Eu fiz tua casa florescer depois de ti, ó tu que vives para sempre.]"

[O pássaro voltado para o sol poente diz]: "Louvado seja Rá quando ele se põe na parte ocidental do céu. Osíris Ani, triunfante em paz no submundo, diz: 'Eu sou uma alma aperfeiçoada'"

[O pássaro voltado para o sol nascente diz]: "Louvado seja Rá quando ele ascende na parte oriental do céu de Osíris Ani, triunfante."

[A Alma Aperfeiçoada diz]: "Eu sou uma alma aperfeiçoada no ovo sagrado do peixe *abtu*. Eu sou o grande gato que habita no trono da retidão e da verdade onde se eleva o deus Shu."

[O texto perto da imagem de Ushabti (Capítulo 4) diz]: Osíris Ani, o superintendente, triunfante, diz: "Salve, imagem *shabti*! Se for decretado que Osíris [Ani] fará qualquer um dos trabalhos que devem ser feitos no submundo, que todo empecilho seja removido de diante dele; mesmo que seja arar os campos, ou encher os canais com água, ou carregar areia [do leste para o oeste]." A imagem *shabti* responde: "Eu farei [isso]; em verdade, estou aqui [quando] tu chamares."

Vinheta: Ani, com ambas as mãos levantadas em adoração, diante de uma mesa de oferendas; atrás dele está sua esposa segurando lótus e outras flores na mão esquerda.

Texto: [CAPÍTULO 110.] (1) AQUI COMEÇAM OS CAPÍTULOS DE SEKHE-T-HETEPU E OS CAPÍTULOS DA SAÍDA PARA O DIA, DA ENTRADA E DA SAÍDA DO SUBMUNDO E DA CHEGADA A SEKHET (2) AANRU E DE ESTAR EM PAZ NA GRANDE CIDADE ONDE HÁ BRISAS FRESCAS. Permita que eu tenha poder lá. Permita que eu me torne forte para arar lá. (3) Permita que eu colha lá. Permita que eu coma lá. Permita que eu beba lá. [Permita que eu corteje lá.] E permita que eu faça todas estas coisas lá, assim como são feitas na terra.

Diz Osíris Ani, triunfante: (4) "Set levou embora Hórus para ver o que está sendo construído no Campo da Paz, e espalhou o ar sobre (5) a alma divina dentro do ovo nesse dia. Ele entregou a parte mais interna do corpo de Hórus dos santos de Akert. Eis que naveguei no poderoso barco no Lago da Paz. Eu, mesmo eu, o coroei na Casa de (6) Shu. Sua morada estrelada renova sua juventude, renova sua juventude. Naveguei em seu lago para que eu pudesse chegar às suas cidades, e me aproximei da cidade de Hetep. Pois eis que repouso nas estações [de Hórus]. Eu passei pela região da companhia dos deuses que são idosos e veneráveis. (7) Pacifiquei os dois guerreiros sagrados[262] que guardam a vida. Fiz o que é certo e justo, trouxe uma oferenda e apaziguei os dois lutadores sagrados. Eu cortei o (9) escalpo de seus adversários, e acabei com os (10) infortúnios que se abatiam sobre [seus] filhos; (11) aniquilei todo o mal que sobreveio às suas almas; eu obtive domínio sobre ele, (12) tenho conhecimento disso. Naveguei nas águas [do lago] (13) para chegar às cidades. Eu tenho poder (14) sobre minha boca, sendo provido [com] amuletos; que [os demônios] não tenham domínio sobre mim, (16) que não tenham domínio sobre mim. Que eu seja equipado em teus Campos de Paz. O que tu desejas, isso farás, [diz o deus]."

Vinheta: O Sekhet-hetepet ou "Campos da Paz", cercado e entre-cortado por riachos. Eles contêm o seguinte:

(*a*.) Thoth, o escriba dos deuses, segurando a caneta e a paleta, apresenta Ani, que está fazendo uma oferenda, e seu *ka* a três deuses com cabeças de lebre, serpente e touro, respectivamente, e são intitulados ⊖ *pauti*, "a companhia dos deuses". Ani e uma mesa de oferendas em um barco. Ani se dirigindo a um falcão em um pedestal em forma de pilar, diante do qual há um altar e um deus. Três ovais.[263] A legenda diz: 🐦 — ⚒ ⌄⊖ — 🪶 *un em hetep sexet nifu er fent* — "Estar em paz no Campo [da Paz] e ter ar para as narinas."

(*b*.) Ani colhendo trigo, com as palavras 🐦 ⊙ ⌣ *asex Ausar*, "Osíris colhe"; guiando os bois pisando o milho; de pé com as mãos em adoração ao pássaro bennu 🐦 e segurando o cetro *kherp* ⎸ e ajoelhado diante de dois vasos de cevada vermelha e trigo. Os hieróglifos ⊔⊔⊔ 🐦🐦🐦 parecem significar "a comida dos radiantes". Três ovais.[264]

---

262 – Isto é, Hórus e Set.

263 – No papiro Nebseni eles são chamados 〰〰 Qetqetmu, 〰〰 Hetepmu e 〰〰 Urmu.

264 – Em vez de três, o papiro Nebseni tem quatro ovais, que são chamados Hetep, An , Uakhakha e Neb-taui.

(*c.*) Ani arando[265] com bois em uma parte dos Campos da Paz chamada ⸫⸫⸫ "Sekhet-aanre"; com a palavra *sekau*, "arar". As duas linhas de hieróglifos dizem:

re	*en*	*hete'et*	*atru*	*1000*	*em*	*au-f*

Capítulo do cavalo do rio. O rio tem mil [côvados] de comprimento.

an	*t'et*	*usex-f*	*an*	*un*	*remu*	*neb*	*am-f*	*an*

Não se pode dizer sua largura. Não existe nenhum peixe nele, não

hefau	*nebt*	*am-f.*

[existem] serpentes nele.

(*d.*) Um barco com um lance de degraus ⊿ e flutuando em um riacho; acima está a legenda *tehefau*, um barco de oito remos, com cada extremidade em forma de cabeça de serpente, com um lance de degraus; na popa está escrito , e na proa, *meter am Un-nefer*, "o deus nele é Un-nefer". O riacho que flui no lado convexo da pequena ilha é chamado de *ashet pet*, "inundação do [céu]". Na outra ilha há um lance de escada, ao lado do qual está escrito . O espaço à esquerda representa a morada dos mortos abençoados e é descrito como:

---

265 – No papiro de Turim, publicado por Lepsius, arar, semear, colher e pisar o milho são mostrados em uma divisão, e o falecido fica em adoração diante de "Hapi, o pai dos deuses". No papiro de Nebseni, o falecido adora a companhia dos deuses que vivem no Campo de Hetep, dizendo: "Saudações, ó senhores de *kas*, vim em paz a seus campos para receber comida *tchefau*. Concedei vós que eu possa me aproximar do grande deus todo dia, que eu possa ter refeições sepulcrais, e que meu *ka* possa ser suprido com a carne, e a bebida, oferecida aos mortos. Que Osíris e a companhia dos deuses, que moram no Campo de Hetep, deem uma oblação real, que concedam comida e bebida e todas as coisas boas, além de bandagens e incenso todos os dias. E que eu me sente à mesa [do deus] todo dia para receber pão de seu pão, bolos e vinho, leite e comida *tchefau*; e que eu possa seguir no séquito do deus quando ele fizer sua aparição em seus festivais em Res-tau".

duset   *xu*   *au-sen*   *meh sexef*   *at*   *meh xemt an*

A sede dos radiantes. Seu comprimento é de côvados sete, o trigo côvados três,

saku   *aqeru*   *asexet – sen*

os mortos abençoados que são aperfeiçoados, colhem [isso].

PRANCHAS 35 E 36

Vinheta: Um salão, dentro do qual, à esquerda, Ani está de pé diante de duas mesas de oferendas contendo água de libação e flores de lótus, com as mãos erguidas, adorando Rá, com cabeça de falcão.[266] Em seguida estão dispostas sete vacas, cada uma agachada diante de uma mesa de oferendas, e cada uma com um *menat* preso ao pescoço;[267] e um touro em frente de uma mesa de oferendas. Atrás deles estão quatro lemes; e na extrema direita estão quatro tríades de deuses, cada tríade tendo uma mesa de oferendas com um vaso de libação e uma flor de lótus.

Texto: [CAPÍTULO 148] (I) Diz Osíris Ani, triunfante: "Louvado sejas, (2) ó tu, senhor, tu senhor da retidão e da verdade, o Único, o senhor da eternidade e criador (3) da infinitude, vim a ti, ó meu senhor Rá. Eu fiz (4) oferendas de carne para as sete vacas e para seu touro. Ó vós que dais (5) bolos e cerveja para os radiantes, concedei a minha alma estar convosco. (6) Que Osíris Ani, triunfante, nasça sobre suas coxas; que ele seja como um (7) de vós para todo o sempre; e que ele se torne um ser glorioso (8) no belo Amenta."

---

266 – No papiro de Turim, publicado por Lepsius, o deus usa a coroa tripla ou *atef* em vez de um disco e uma serpente ⊗, e o texto o descreve como 𓀀 "Osíris, o senhor da eternidade, o príncipe, o senhor da infinitude, o grande deus, o governante de Akertet". Atrás do deus está uma figura feminina usando 𓏦 na cabeça, o símbolo da "bela Amenta", com ambas as mãos "estendidas para receber" o falecido. A saudação a Osíris e Amenta pelo falecido diz: "Honra a ti, ó tu Touro de Amentet, Príncipe, senhor da eternidade, o grande deus, o governador de Akertet, receba tu o Osíris no belo Amentet em paz, e que possa estender as mãos para me receber".

267 – Em outros papiros, os nomes desses animais são dados da seguinte forma:
(1) 𓏏 *het kau nebt tcher*, "a morada dos *has* do senhor do universo";
(2) 𓏏 *sentet utheset*, "órbita, a elevação do deus";
(3) 𓏏 *amenit xentet auset-s*, "a escondida habitando em seu lugar";
(4) 𓏏 *hatet sahet*, "o nobre divino do norte";
(5) 𓏏 *urt meru tesert*, "o muito amado, de cabelo vermelho";
(6) 𓏏 *xnemt anxit*, "a consorte da vida";
(7) 𓏏 *sexem ren-s em abet-s*, "seu nome prevalece em sua morada";
(8) 𓏏 *ka t'ai kauit*, "Touro, fazendo as vacas frutificarem".

[*Endereçado aos Lemes*]: "(1) Salve, tu belo Poder, tu, belo leme do céu do norte."

"(2) Salve, tu que circundas o céu, tu, piloto do mundo, tu, belo leme do céu do oeste."

"(3) Salve, tu, radiante, que vives no templo onde estão os deuses em formas visíveis, tu, belo leme do céu do leste."

"(4) Salve, tu que habitas no templo dos de rosto radiante, tu, belo leme do céu do sul."

[*Endereçado às quatro Tríades*]:[268] "(5) Salve, deuses que estão acima da terra, pilotos do submundo."

"(6) Salve, deuses-mãe que estão acima da terra, que estão no submundo e que estão na Casa de Osíris."

"(7) Salve, deuses, pilotos de Tasert, que estão acima da terra, vós pilotos do submundo."

"(8) Salve, seguidores de Rá, que estão no séquito de Osíris."

Vinheta: Ani diante de uma mesa de oferendas, com ambas as mãos erguidas em adoração. Atrás dele está sua esposa, usando uma flor de lótus e um cone na cabeça, segurando um sistro e uma flor de lótus na mão esquerda.

Texto: [CAPÍTULO 185] (1) UM HINO DE LOUVOR A OSÍRIS, O RESIDENTE EM AMENTET, UN-NEFER EM ABTU, Osíris Ani, triunfante, diz: "Salve, ó meu senhor, que atravessas (2) a eternidade, e cuja existência perdura para sempre. Salve, Senhor dos Senhores, Rei dos Reis, Príncipe, o Deus dos deuses que (3) vivem contigo, vim a ti. Fazei para mim um assento com aqueles que estão no submundo, que adoram (4) imagens de teu *ka* (5) e estão entre aqueles que [perduram] por (6) milhões de milhões de anos...[269] (10) Que nenhum atraso surja para mim em Ta-mera. Concede (11) que todos eles possam vir até mim, grandes (12) e também pequenos.

---

268 – No papiro de Turim, os quatro filhos de Hórus ocupam o lugar dessas tríades.

269 – O texto desta passagem está corrompido, e a versão aqui dada é pouco mais que uma sugestão, com um salto na numeração do 6 para o 10.

Tu podes conceder ao *ka* de Osíris Ani [o poder] de entrar e sair (13) do submundo; e não permita que ele seja repelido aos portões do Tuat."

PRANCHA 37

Vinheta: Um santuário no qual está

Sekeri-Ausar neb   setait   neter aa   neb   Neter-xert

Seker-Osíris, senhor do lugar escondido, o grande deus, o senhor do submundo.

Ele usa a coroa branca com penas e segura em suas mãos o cetro, o mangual e o cajado.

A deusa Hathor, na forma de um hipopótamo, com um disco e chifres sobre a cabeça; ela segura na mão direita um objeto não identificado e, na esquerda, o símbolo da vida. Diante dela estão mesas com oferendas de carne, bebida e flores. Atrás do hipopótamo, a vaca divina, Meh-urit, simbolizando a mesma deusa, observa da montanha funerária, com o *menat* no pescoço. Ao pé da montanha está a tumba; e em primeiro plano cresce um grupo de plantas com flores.

Texto: [CAPÍTULO 186] Hathor, a senhora de Amentet, residente na terra de Urt, senhora de Ta-sert, o Olho de Rá, o residente em sua fronte, a bela Face no Barco de Milhões de Anos...[270]

---

270 – As poucas palavras que restaram estão corrompidas.

BIBLIOGRAFIA

ARCHAEOLOGIA, Londres, v. 52, 1890.

EL-LATIF, A. **Relation de l'Égypte.** Paris, 1810

AMÉLINEAU, E. Un Tombeau Égyptien. **Revue des Religions,** t. 23, Paris, 1894.

BIRCH, S. On the Shade or Shadow of the Dead. **Mémoire sur une patère Égyptienne.** Société Impériale des Antiquaires de France, Paris, 1858.

BIRCH, S. The Funereal Ritual or Book of the Dead. *in*: BUNSEN, C. **Egypt's Place in Universal History,** vol. 5, Londres, 1867, pp. 123-333.

BIRCH, S. On the Egyptian Belief concerning the Shadow of the Dead. **Proceedings of the Society of Bible Archaeology,** Londres, vol. 8, 1885.

BRUGSCH, H. **Die Ägyptologie.** Leipzig, 1890.

BRUGSCH, H. **Dictionnaire géographique de l'ancienne Égypte.** Leipzig, 1877-1881.

BRUGSCH, H. **Religion und Mythologie der Aegypter.** Leipzig, 1887.

BRUGSCH, H. **Hieroglyphisch-demotisches Wörterbuch.** Leipzig, 1867.

BUNSEN, C. **Egypt's Place in Universal History.** Londres, 1867.

BURTON, R. **The Book of the Thousand Nights and a Night.** Londres, 1885.

CHABAS, F. **Le Papyrus Magique.** Chalon-sur-Saône, 1860.

GOLENISCHEFF, W. Eine altere Redaction des 108 Kapitels des Todtenbuches. **Zeitschrift für Ägyptische Sprache und Altertumskunde,** Berlin, 1874.

GRÉBAUT, E. **Hymne à Ammon-Ra.** Paris, 1874.

LANZONE, R. **Dizionario di Mitologia Egiziana.** Turim, 1881.

LEFÉBURE, E. Le Menat et le Nom de l'eunuque. **Proceedings of the Society of Bible Archaeology,** Londres, 1891.

LEFÉBURE, E. **Traduction Comparée des Hymnes au Soleil.** Paris, 1868.

LEPSIUS, K. **Denkmäler aus Ägypten und Äthiopien.** Berlin, 1849-1859.

LORET, V. Les Fêtes d'Osiris au mois de Khoïak 1. *in*: MASPERO, G. (org.). **Recueil de travaux relatifs à la philologie et à l'archéologie égyptiennes et assyriennes.** Paris, t. III 1882.

MARIETTE, A.; MASPERO, G . **Les Mastaba de l'Ancien Empire.** Paris, 1882.

MASPERO, G. **Mélanges d'Archéologie.** Paris, 1876, t. 3.

MASPERO, G. **Un Manuel de Hiérarchie Égyptienne.** Paris, 1879.

MASPERO, G. (org.). **Recueil de travaux relatifs à la philologie et à l'archéologie égyptiennes et assyriennes,** Paris, 1870-1890.

MASPERO, G. Les Momies Royales de Déir el-baharî. *in*: **Mémoires publiés par les membres de la Mission archéologique française au Caire.** Paris, 1881-1884, t. I, pp. 511-788.

MASPERO, G. **Étude sur quelques peintures et sur quelques textes relatifs aux funérailles.** Paris, 1881.

MEMOIRES publiés par les membres de la Mission archéologique française au Caire. Paris, 1881-1890.

MÜLLER, M. Über einige Hieroglyphenzeichen. *in*: MASPERO, G. (org.). **Recueil de travaux relatifs à la philologie et à l'archéologie égyptiennes et assyriennes,** Paris, 1887, t. 9.

NAVILLE, E. **Das Aegyptische Todtenbuch der XVIII bis XX Dynastie.** Berlin, 1886.

NAVILLE, E. **La Litanie du Soleil.** Leipzig, 1875.

PERROT, G.; CHIPIEZ, C. **Histoire de l'Art, l'Égypte.** Paris, 1882.

PETRIE, W. **Medum.** Londres, 1892.

PIERRET, P. **Le panthéon égyptien.** Paris, 1881.

PLEYTE, W. **Chapitres supplémentaires du Livre des Morts.** Traduction et Commentaire. Leyden, 1881.

PROCEEDINGS of the Society of Bible Archaeology, Londres, 1886.

ROUGÉ, E. **Mémoire sur l'inscription du tombeau d'Ahmès, chef des Nautonier.** Paris, 1853.

SMITH, R. **Lectures on the Religion of the Semites.** Nova York, 1889.

VIREY, P. Le Tombeau de Rekhmara. *in*: **Mémoires publiés par les membres de la Mission archéologique française au Caire,** t. 5, Paris,1889.

VYSE, H. **Operations carried on at the Pyramids of Gizeh in 1837.** Londres, 1840. Vol. 1 e 2.

WIEDEMANN, A. **Die Religion der alten Aegypter.** Münster, 1890.